英国煤业史

马瑞映 等 著

陕西师范大学出版总社

图书代号　SK19N2053

图书在版编目(CIP)数据

英国煤业史／马瑞映等著. — 西安：陕西师范大学出版总社有限公司，2019.12
ISBN 978-7-5695-0943-4

Ⅰ.①英… Ⅱ.①马… Ⅲ.①煤炭工业—工业史—研究—英国—近现代 Ⅳ.①F456.162

中国版本图书馆 CIP 数据核字(2019)第 275360 号

英国煤业史
YINGGUO MEIYE SHI
马瑞映　等著

责任编辑	邓　微
责任校对	王红凯
出版发行	陕西师范大学出版总社
	（西安市长安南路 199 号　邮编 710062）
网　　址	http://www.snupg.com
印　　刷	西安市建明工贸有限责任公司
开　　本	680mm×1000mm　1/16
印　　张	18.25
插　　页	2
字　　数	252 千
版　　次	2019 年 12 月第 1 版
印　　次	2019 年 12 月第 1 次印刷
书　　号	ISBN 978-7-5695-0943-4
定　　价	86.00 元

读者购书、书店添货或发现印刷装订问题，请与本公司营销部联系、调换。
电话：(029) 85307864　85303635　传真：(029) 85303879

目 录

绪　论　/001

第一章　近现代英国采煤技术的发展　/007

　　第一节　采煤业中的技术要素以及英国早期的采煤状况　/008

　　第二节　18世纪至19世纪初英国采煤技术的发展　/017

　　第三节　19世纪中期到20世纪初英国采煤技术的新成就　/044

　　第四节　近代英国采煤技术的影响及特点　/075

第二章　英国的煤炭利用与市场发展　/087

　　第一节　自然经济下的英国煤炭市场　/088

　　第二节　18、19世纪前期的英国煤炭市场　/096

　　第三节　19世纪中期之后的英国煤炭市场　/113

第三章　一战后煤炭工业危机与其国有化政策　/126

　　第一节　英国煤炭工业困境引发的社会矛盾　/126

　　第二节　英国煤炭工业的重组与国有化政策　/134

第四章　英国政府对煤矿事故的治理　/146

　　第一节　17世纪至19世纪早期英国对煤矿事故的治理　/147

　　第二节　19世纪中后期英国政府对煤矿事故的治理　/170

　　第三节　20世纪英国政府对煤矿事故的综合治理　/202

第五章　英国煤矿遗址的保护与再利用　/ 223

　　第一节　英国煤矿遗址概述　/ 223

　　第二节　煤矿遗址的保护和修复改造　/ 233

　　第三节　英国煤矿遗址的改造经验及对我国的启示　/ 254

参考文献　/ 270

后　记　/ 286

绪　论

　　煤炭是自然界中重要的非可再生资源,是人类进入工业化社会后不可或缺的工业原料。目前,在人类社会已经历的柴薪、煤炭和石油三个能源时期中,煤炭是现代工业经济兴起、发展和延续的重要物质基础,对世界历史的变迁与人类文明的演进具有重大的推动作用。英国的煤炭资源来自地质期的石炭纪,储量巨大,遍布约克郡(Yorkshire)、兰开夏郡(Lancashire)等英格兰东北部地区,肯特郡(Kent County)和格洛斯特郡(Gloucestershire)的中部地区,以及南威尔士和苏格兰中部,且裸露在地表,容易开采。英国所拥有的巨大财富使它成为世界上较早大规模使用煤炭做燃料的国家之一。英国采煤到目前已有上千年的历史,即使仅从16世纪开始算起,英国的煤炭工业至今也有500余年的发展史。在前工业时代的英国,木柴、木炭作为一种燃料,主要用于日常生活。从17世纪开始,英国处于"森林危机"这一隐患之中,煤炭逐步取代传统社会中经常使用的木炭与柴薪等资源,以其廉价、丰富、实用的优势,既为家庭供暖、供热和烹饪提供热能,又在部分工业生产中提供动力,是市场上十分重要的交易对象,日益成为社会普遍使用的关键性燃料。自此,能源体系开始更迭,世界历史迎来煤炭世纪。

　　作为工业发展的能源动力,煤炭在工业革命和国家现代化进程中发挥了重要作用。工业革命时期,煤炭资源与蒸汽动力、钢铁工业的结合,使煤炭产业的市场需求量不断扩大,其地位不断提升,成为主导英国工业革命得以持续进行的引擎,奠定了它世界工厂的地位,在英国经济史上写下了辉煌的篇章。有学者甚至这样评价:英国地下蕴藏的煤炭资源成就了工业革命,为它的工业、农业、矿冶业和交通运输业提供了充足的燃料,被誉为英国"制造业的灵魂",构成了工业革命及此后很长时期英国工业发展最主要的动力。据统计，19世纪初期，英国的煤炭产量就达到100万吨，远远高于世界其他国家；到1913年英国的煤炭产量达到其历史最高水平——2.92亿吨，成为支撑英国经济在18—19世纪成功转型并完成向20世纪跨越发展的重要基石。可以说，在整个19世纪，煤炭能源是英国乃至世界能源史的主旋律，在工业化发展、交通运输改善等诸多方面发挥着令人意想不到的种种功能和作用。

此后，煤炭工业的不可替代性在英国社会持续了50多年。在某种程度上，正是英国领导欧洲社会乃至整个世界逐渐进入一种相对新型的能源经济时代。然而，进入20世纪70、80年代，受石油、天然气等新兴能源的冲击，煤炭在英国能源结构中的比例不断减小，地位逐渐下降，在世界经济中的地位同样相对下降。因此，在某种程度上，煤炭工业的历史正是近代以来英国崛起、发展、最后走向衰落的历史，是英国历史发展的一个精妙缩影。

本书选择以煤炭作为研究对象，旨在考察煤炭工业的相关历史及其发展进程，主要论述近现代英国采煤技术的发展，梳理煤炭市场的持续扩大，阐释一战后煤炭工业危机与其国有化政策，最后从英国政府的角度，对煤矿事故的治理和煤矿遗址的保护及再利用进行勾勒与探讨，以期为中国煤炭工业和社会经济的发展带来借鉴。

首先，采煤是英国工业化的关键，采煤技术的发展是煤炭工业发展的前提性条件。以英国采煤技术的发展为线索，可以探讨煤炭工业在技术进步中涉及的诸多问题，思考技术在国家工业化发展中对社会生产力和人民生活的影响，为英国工业化进程提供崭新的视角，更深刻和全面地理解能源在经济发展中的重要作用。作为工业化的主要能源之一，煤炭的开采技术贯穿于英国发展的各个阶段。第一次工业革命完成了早在中世纪就已经开始的能源转化进程，煤炭代替木材成为人类的主要能源，并在工业中广泛利用，加速了工业化的进程。煤炭的开采也经历了从原始的手工作业向现代化生产手段的演进，技术的不断演进给采煤业带来了很大的生产动力，煤炭工业在社会中的影响力随着采煤技术的演进和工业化的发展日益扩大。与此同时，随着技术的进步，煤炭工业内部的问题也日益复杂化，其中有很多值得去深入研究和发掘的领域。通过第一部分的研究，读者不仅能够对煤炭工业有更全面和具体的了解，而且也可以深入了解英国早期社会的发展状况，了解技术在与生产相结合的过程中所遭遇的种种问题以及它对社会生产和人民生活的影响。

其次，主要考察英国的煤炭利用与市场发展状况。作为较早完成工业化的国家之一，英国曾经有发达的煤炭市场。利用这个市场，英国可以将丰富的煤炭储备最大限度地转化成生产力。同时，由于在国民经济中占有较大的比重，煤炭贸易积累了相当雄厚的资本和技术力量，这些力量为改变国内外贸易做出了诸多努力，如修建运河、发明机车等，都被陆续运用于其他领域，英国的整个国民经济都极大地受益。从英国煤炭市场的发展中可以看出：丰富的煤炭储量是国家的天然禀赋，如何建立良好的供需体系，使巨大的能源储备产生最大价值，对于一个国家来说，是更为关键的问题。我国的煤炭储量居世界前列，当前又处于发展市场经济、建设工业化国家的关键时期，对能源的需求十分旺盛。总结英国煤炭市场建设和发展上的得失，有助于我们提升对煤炭市场的认识，厘清发展煤炭贸易的思路，掌握煤炭经济运行的规律，建立健全和谐、高效、可持续发展的煤炭经济体系，使我国丰富的煤炭资源能更加充分且有效率地为国民经济的发展服务。

再次，阐释第一次世界大战之后煤炭工业危机与其国有化政策。一战是世界历史的转折点，也是英国工业经济发展的重要分水岭。在战争结束以后，战时工业体系不仅面临恢复到和平时期的生产秩序的问题，还面临着提高工业生产率及竞争的问题。20世纪20年代，随着英国国内经济萧条和工业产值的下滑，英国在国际上的地位逐渐下降。与此同时，国内煤炭产业受到经济危机的冲击，煤炭企业经营面临空前挑战，煤矿资本家企图通过对矿工采取削减工资、延长工时的措施降低煤炭生产成本，提高英国煤炭在国际煤炭市场的竞争力，矿工对煤矿资本家的这一要求给予了回绝，随着煤矿资本家与矿工之间矛盾的不断加剧，事态进一步恶化，导致了以煤炭工人为主要力量的"1926年英国工人总罢工"。这场总罢工震撼了整个英国，对近代英国社会生活的各个领域产生了深远影响。

面对煤炭工业危机及引发的社会矛盾，英国政府对传统煤炭工业开启了重组与国有化的进程。20世纪20年代，可以作为第一阶段，主要由鲍德温政府（1924—1929）和麦克唐纳工党政府（1929—1931）具体实行，属于"合理化"时期；第二阶段主要由国民政府实行，是以应对经济危机同时兼顾工业的重组时期。第二次世界大战期间，煤炭行业又进入战时状态，更为集中的战时一体化政策又一次被提及和实施。这一特殊阶段属于英国联合政府时期，保守党和工党之间的平衡发生了变化，能源行业都因效率或是资本原因进入国有化进程中。战时经济管制的效用有力地推动了能源国有化的实施，使煤炭行业的国有化得到进一步发展。在艾德礼政府时期，能源国有化政策达到高潮。这一阶段是国有化发展日臻成熟的阶段，艾德礼政府大刀阔斧的国有化政策改革使煤炭行业完全实现国有化，不仅给煤炭行业带来巨大发展，也奠定了英国经济在20世纪下半期发展的基础。

最后，从政府的角度，论述英国对煤矿事故的治理和煤矿遗址的保护与再利用。采煤业曾是英国工业发展中的一个重要行业，历史上因开采煤炭资源导致煤矿事故频发，煤矿事故成为英国采煤业发展的一只"拦路虎"。英国政府对煤矿事故的治理过程曲折而艰难，不断丰富和完善治理措施，通过议会立法、监察制度的管控、行政机构的设立等多样化举措积极开展调控，使煤矿事故的治理逐步步入正轨，政府对煤矿事故的治理逐渐以事故治理为主向预防与治理并重转变，在此期间政府也完成了自身角色的转换，积极主动地承担起治理煤矿事故的重任。经过一个多世纪的治理，英国煤矿事故死亡率得以大幅下降。煤矿死亡率已经从早期的高死亡率下降到1988年的0.03%。煤矿事故死亡率的下降固然有其机械化程度不断提高的原因，但英国政府在防治煤矿事故方面取得的许多宝贵经验值得我们学习。纵观英国政府对煤矿事故的治理历史，可以看出煤矿事故治理是一个循序渐进和持之以恒的过程。采煤业作为一个高危行业，短时间的好转并不意味着一劳永逸，需要我们始终如一的关注。

此外，煤炭在支撑起英国经济发展的同时，也对自然环境和人类生存环境造成了严重破坏。在长期的开采过程中，一些煤矿因各种原因逐渐停用，乃至关闭。这种趋势到20世纪50年代后逐渐加速，废弃和关闭煤矿造成的严重影响逐渐显现。其中，最直接的影响就是矿区经济迅速滑坡，失业人口剧增，人民生活水平急速下滑，社会问题频繁发生。同时，煤矿的关闭，也直接造成了大量废弃煤矿遗址的产生。它们数量大、占地广，成为区域经济发展的负累，而且这些煤矿废弃堆多位于山谷山顶，因疏于管理，一旦遇到暴雨、泥石流等自然灾害，极有可能威胁煤矿区人民的生命财产安全。英国是最早关注煤矿遗址问题的国家。该部分主要论述了英国煤矿遗址产生的主要原因、分布状况及人们认识的变迁和相关法律的出台，从煤矿遗址改造的必要性、改造的基本条件、基本模式及基本原则等方面探究了对它的保护和修复改造。煤矿遗址保护和修复改造工程的成功实现，一方面可以避免由煤矿遗址造成的安全威胁，使矿区人民的生命财产安全得以保障；另一方面，这些变废为宝式的修复改造工程，使矿区经济实现了复兴，失业率减少，人民生活水平稳步提高，矿区面貌焕然一新，实现区域经济的全面复兴。此外，英国煤矿遗址修复改造工程的成功实施，创造了一种新型的经济发展模式。随着国际间交流的不断深入，这些模式不断完善，同时，相关经验也不断得到推广，有助于我国煤矿遗址的治理和改造，实现我国矿区经济的全面复兴。

从某种程度上说，煤炭在工业史中的重要性再怎么强调都不过分。在18、19世纪，英国从依赖自然资源转向依赖煤炭资源，开启了能源史上的煤炭世纪，这成为英国乃至世界经济的主旋律。工业革命时期，廉价、实用、易开采以及储量丰富的煤炭资源使英国人获得了欧洲其他国家甚至是世界上任何国家所没有的巨大财富。煤炭被广泛应用于冶炼钢铁和充当蒸汽机燃料，不断增长的能源需求使煤炭产业成为英国一项巨大的产业。由此，它领导世界历史进入一种新型能源经济的繁荣时代。从 1780 年到 1880 年，正是依赖于煤炭资源，才使英国成为工业革命的发源地，建立了世界上技术最先进、最有活力和最繁荣的工业经济，实现了英国社会的历史性转变。至 20 世纪 20 年代，英国煤炭的使用达到了相对意义上的最大值。在煤炭经济的整个发展史中，采煤技术的革新、煤炭的利用与市场的发展、煤炭工业的重组与国有化过程，以及英国政府对煤矿事故的处理和对煤矿遗址的保护等，都为理解英国煤炭经济的发展以及社会的变迁提供了一个崭新视角。

第一章　近现代英国采煤技术的发展

18世纪至20世纪最初十几年是英国煤炭工业发展兴盛的一段历史时期。在采煤技术的推动下，煤炭工业成长为英国工业部门中的主导行业，为英国制造业、运输业以及钢铁工业提供了充足的能源。本章主要从技术角度入手，论述近代英国采煤业的发展历程，以此突显技术进步在英国煤业史中的重要作用，从而更加清晰地认识近代英国崛起和能源开发之间的辩证关系。第一节主要从采煤的技术要素和英国早期的采煤状况方面展开论述，介绍近代英国采煤技术起步的背景，对采煤过程中的生产和安全技术进行简要说明，明晰采煤所需具备的技术要素；概括英国采煤技术处于起步阶段时，煤炭的尝试性利用、煤炭贸易的兴起和采煤活动的普遍展开。第二节通过对18世纪至19世纪早期英国采煤业中生产技术、安全技术和管理特点的分析，阐述英国煤炭开采及其技术的系统化发展。这个阶段英国的采煤技术无论在生产还是安全方面都突破了原始的、自然的方式，出现许多新发明，其中最突出的是机器的应用。安全问题日益成为煤炭生产过程中的关键因素，安全技术因此获得较大改进。第三节从19世纪中期采煤技术的日趋完善、安全技术水平的进一步提高以及20世纪初期采煤业中新技术的应用、矿场监察立法的启动等方面做分析论述。在19世纪中期采煤技术日趋完善的基础上，20世纪早期煤炭开采的各个生产环节中都尝试实行机械化，在许多矿场出现了电能的运用；在爆炸频繁的压力下，矿场监察立法得到了广泛的关注。第四节探讨近代英国煤炭开采技术的影响和特点，从与英国采煤技术进步息息相关的四个方面展开，分析煤炭工业、工业革命、人口增长等与英国采煤技术进步之间的辩证关系，在此基础上总结近代英国采煤技术的发展特点。

第一节　采煤业中的技术要素以及英国早期的采煤状况

一、采煤业中的技术要素

18世纪以前，英国的采煤技术还处于原始阶段。大多数煤是从地表或是地表以下几英尺的地方获得的（1英尺＝0.3048米），主要依靠的是手工劳作以及简单原始的工具。安全技术方面，排水、通风已经开始引起人们的关注，但大多数煤矿是依靠自然力量达到的，利用水沟或水渠排水；通风方面除了自然通风外，有些地方甚至没有任何通风措施。但这一时期的采煤技术也有很多进步方面，例如运用钻杆、链斗式提升机，并且有了爆破工的工作，所有的技术进步都是在煤矿开采范围日益扩大的基础上逐渐发展起来的。

1. 煤炭开采中的生产技术要素

在西方，技术一词出自希腊文"lechne"（工艺）与"logos"（言词，讲话）的组合，意思是对造型艺术和应用技术进行论述。技术有广义和狭义之分。长期以来，技术史一直被视为科学史的一部分。17世纪时，技术在英国出现，仅指各种应用技艺。20世纪初，技术的内涵已扩大化，涉及工具、机器及其使用的方法和过程。到20世纪后半期，技术被认为是人类改变或控制客观环境的手段。在煤炭工业发展中，开采技术主要包括生产技术和安全技术。生产技术是一个复杂的系统工程，涉及诸多程序，主要的环节包括开采方式、运输以及提升筛选等工艺，对生产技术发展的阐释，有助于深入理解英国煤炭工业及其工业化进程。

煤炭生产工业有时候通俗地被称为采煤业，采煤业是采矿工业的一个重要组成部分。在采矿工业中，开采部门是技术的中心；在开采部门中，开采方法是生产的心脏。[①] 我们知道，采矿工业与其他工业不

[①] 中国矿业学院主编：《采煤学》，煤炭工业出版社1979年版，第1页。

同，一般的工业是利用原料制成产品，而采矿工业是开采天然生成的矿产原料。煤呈层状矿床分布，埋藏比较规整，而且容易破碎，由于地下工作环境和条件的限制，地下采煤比露天开采更加复杂。因此，在开采煤矿的过程中需要遵循一定的方法。按照开采方式的不同，其方法一般分为房柱式和长壁式。煤炭开采后，采煤活动中另一个重要程序就是采用工具将煤炭从煤井中运出去，这一过程在采煤业中被称为煤炭地下运输。煤炭地下运输工作是一项艰辛的工作，矿工们需要在漆黑的环境中将煤从采掘面运送到主道路，再由提升工具运出矿井。因此，运输和提升同样是煤炭生产的关键环节，其技术进步经历了漫长的过程，即从原始手工、完全的人力劳动向机械化过渡。其中，还涉及运输以及提升工具的变化，它们构成了煤炭生产的两个重要部分。当煤炭被开采并经由地下运输及提升送出矿井后，出现两个新环节——筛选和洗煤，它们是在煤炭贸易以及竞争刺激下产生的，也是煤炭生产的技术要素。在经历了以上生产环节后，煤炭被运往英国各地，甚至出口海外，进入工厂和家庭。

2. 煤炭开采中的安全技术要素

从煤炭生产技术上讲，开采深埋于地下的煤炭需要具备一定的安全技术，主要包括煤矿通风、排水、照明。

在地面，人们可以自由地呼吸，不需要任何设施和花任何代价，而地下矿井则必须进行通风。通风的目的主要有三个：第一，供给井下工作人员适量的新鲜空气；第二，稀释并排除有害气体与粉尘。在采掘过程中，对煤层或岩层进行爆炸作业时，会产生大量有害气体，诸如瓦斯、二氧化碳、一氧化碳、二氧化氮和二氧化硫等。这些气体或会爆炸或有毒，或者虽然无毒，但是当空气中它们的浓度较高时，会使空气中氧气浓度相对减少，氧气浓度过低会使人窒息。同时，在开采过程中还会产生大量粉尘，煤尘会产生爆炸，岩尘和煤尘会使人患尘肺病。因此，为防止有害气体及粉尘危害矿工们的安全和健康，必须对井下进行通风。第三，通风为井下创造良好的空气条件。井下比较潮湿，空气湿度比较高，工作人员长期处于这种环境，既对身体健康不利，又降低劳动效率。矿井通风就可以为井下制造一个较为舒适的气候条件。①

除通风外，矿工们在开采过程中遇到的另一个重大难题就是地下水的出现。随着矿井的加深，矿井中汇集的大量积水给开采活动造成极大不便。此外，在开采深入的情况下，有些煤矿开采活动深入水层以下，大量地下水成为煤炭安全生产的一大难题，矿井排水技术应运而生。排水技术是采煤过程中安全技术要素之一，英国煤矿排水技术经历了一个漫长的发展过程，针对不同时期的问题，从原始自然排水向机械化排水发展。煤炭安全生产的第三个技术要素是地下矿井的照明技术。在漆黑的地球内脏中，为了展开煤炭开采活动，照明必不可少。在电力被安全地运用于矿井之前，由于地下气体的复杂性，照明方式成为影响矿井安全生产的关键环节。为了实现安全、可靠的地下照明，英国工程师以及煤矿工人们进行了反复试验和探索。所以，照明技术也是影响英国煤炭生产的技术要素之一。

二、英国早期的采煤状况

1. 中世纪晚期煤炭贸易的出现

早在英国历史开端时期，其矿物开采已为人知晓。对煤炭而言，史前时代的记载很少。在罗马入侵与占领不列颠时期，人们就知道煤的存在，从历史遗迹可以断定那个时代煤已经出现在人们生活当中。"到罗马撤离后一个很长时期，这种矿石已经开始作为一种商品出现。"② 12 世纪大量记载表明，木材、木炭和泥炭成为普遍燃料。但是，在使用煤炭方面似乎没有可靠记载。12 世纪末，煤炭开始进入英国人的社会生活，这可以被认为是英国煤炭业的开端。在英格兰和苏格兰，煤在海岸地区碳系地层暴露的地方被发现并引起人们注意，煤

---

① 范明训：《通风》，煤炭工业出版社 1999 年版，第 3 页。
② Robert Lindsay Galloway, *A History of Coal Mining in Great Britain*, With a New Introduction by F. Duckham, Newton Abbot: David & Charles, 1969, p. 2.

最初主要指代的是"海煤"(seacoal)。诺森伯兰(Northumberland)海滨和福斯湾海岸的条件特别适合早期煤的开采。它们的煤层暴露于地表,很容易获取并且运输至市场,历史记录表明这些地区是煤炭贸易的发源地。从12世纪末起,煤初步进入英国人的日常生活,并成为一种商品进行贸易。

13世纪开始,煤的开采和使用日益增多。到爱德华一世(Edward I)统治结束前,煤的开采已成为国家的普遍活动。在英格兰、威尔士和苏格兰有许多煤田。许多大中城市煤炭消费量极大增长,造酒工、染色工以及其他需要燃料的人已经用煤代替木材,煤尤其在石灰烧制业和打铁业中被广泛使用,且已经在这两个行业的全国市场进行自由流通和贸易。但是,大量使用煤产生的浓烟,导致城市空气变化,因而贵族、高级教士和其他前往伦敦参加议会的人对不断增加的煤烟感到特别愤怒。他们带头反对使用这种令人不悦的燃料,许多市民也参加了这场运动。1306年,皇家委员会宣布禁止工匠们在火炉中使用海煤,要求他们使用一贯利用的燃料,并于1307年进一步制定了制裁措施:"调查城市中燃烧海煤或部分参与的人,同时对初犯处以罚金和赎金,再犯者没收其火炉。"[①] 尽管如此,14世纪的煤炭贸易仍然继续增长。随着需求的稳步上升,在英国,出现了无数煤矿场。

14世纪时,北方的煤田迅速进入开采阶段,尤其是泰因河沿岸,这里具有进行煤炭贸易的有利条件。14世纪下半期,不仅在泰因河沿岸有矿场,而且北部许多地区都展开了煤炭挖掘。这一时期,已开发的矿场位于拉姆里、科肯以及雷恩顿和赫特以南等地区,包括诺森伯兰煤矿,其他地区也有小煤矿开采的迹象。随着采煤活动的逐渐扩散,煤炭的需求也在稳定增长,许多新矿区出现,煤炭主要被矿区居民消费或者靠海边的城镇居民消费。从整体上看,煤炭的使用规模仍比较小,这种黑石头似的燃料被视为奇物。15、16世纪,煤的使用继续得

---

① Robert Lindsay Galloway, *A History of Coal Mining in Great Britain*, With a New Introduction by F. Duckham, Newton Abbot: David & Charles, 1969, p.10.

到发展，约一个世纪后，有人吃惊地发现："英国煤矿区的人口在木材供应仍可保持的地方，已经使用煤炭生火，煤在此被大量地发现，且很便宜地出售。"① 正如有学者强调的："从伊丽莎白初登王位到英国内战爆发这一时期，英格兰、威尔士及苏格兰都面临着木材日益短缺的问题，且这一现象并非局限于某一地区，而是日渐扩散到英国的大部分地区。因此，如果将这一问题描述为一场全国性的木材危机，应该不会引起太多争论。"② 约翰·内夫（John Neff）关于"木材枯竭理论"的阐发长久以来被认为是英国煤炭能够兴起且持续发展的因素之一。

就这一时期的采煤技术而言，开采还处于起步阶段，一般是在矿坑或平坑里作业，这种设计简单且有效，而采用自由排水的方式是这个时代的开采特色。立井上方有一个人力操作的小绞车或类似于起重机的机械，用于从采掘面排水，这两者结合起来产生自然通风，对于早期有限且狭窄的采掘面是有效的。直到 14 世纪末期为止，虽然煤炭贸易已经相当活跃，但是，采煤业仍然只是一个规模有限，技术、管理简单的原始工业，它的发展有待于需求的进一步刺激。

管理方面，在泰因河北部埃尔斯威克（Elswick）地区以及靠近泰因河上的纽卡斯尔城（Newcastle）西部地区，泰因茅斯（Tynemouth）的修道士拥有开采权，1330 年及后来几年出租了各种各样的矿场。1358 年，国王容许市民在摩尔人聚居的城镇以同样目的开采矿场。除了泰因河北岸矿场外，南岸煤矿场也很活跃。1356 年，达勒姆主教在惠克姆（Whickham）的采邑中有 5 个煤矿出租，其他的位于加兹海德，而周边地区如伯特利（Bethel）和福格豪斯的煤矿开采正在积极进行，煤矿出租得到相当仔细和小心的规划。这一时期土地所有者和承租人以契约的方式确定出租关系，到 14 世纪，租约中确立了可开采量与租

---

① Robert Lindsay Galloway, *A History of Coal Mining in Great Britain*, With a New Introduction by F. Duckham, Newton Abbot: David & Charles, 1969, p. 20.
② J. U. Nef, *The Rise of the British Coal Industry*, Vol. 1, London: George Routledge & Sons Ltd., 1932, p. 161.

金的比例关系。1356年,由达勒姆主教负责的惠克姆地区有5个煤矿,规定每个矿的租金不应超过每天一艘龙骨船的载付量(21吨)。出租计划当中通常要限制可开采的煤量,直到引进更现代的管理方式,既有固定租金又有浮动或者吨数租金,从而使租金数与可开采煤量成确切比例。

由此可以看出,13至15世纪时,英国的煤炭开采活动就已开始,煤炭逐渐进入人们的生活当中。开采工作在各地展开,就技术层面而言,煤炭生产还处于原始阶段,开采技术有待进一步发展;煤炭开采行为以契约的方式进行;采煤工作虽然受到主教们的干预,但是,还没有引起政府的过多关注。

2. 16世纪到17世纪煤炭生产的发展

16世纪,煤炭贸易进入一个非常活跃的时期。在欧洲大陆,人们对煤的需求量相当大,法国的熟练工人已经很大程度上依赖于纽卡斯尔提供的煤炭资源,煤炭似乎正在成为非常赚钱的交易。在这一阶段,比煤炭贸易和输出更重要的是家用煤的快速推广。由于木材匮乏,在市场上煤迅速代替了木材。曾经被驱逐的燃料现在却重新回到伦敦酿酒师的火炉中。我们从1578年呈递给议会的请愿书中了解到,酿酒公司仅在威斯敏斯特宫附近的酿酒场使用木材,因为他们理解"女王对海煤的烟及气味感到非常的不快和苦恼",同时煤开始获得准许进入规模较大的商人店铺。当人们对煤的反感渐渐退去时,煤最终成为大城市的主要供应燃料。家用煤的应用被视为16世纪末煤炭贸易的典型特征。到17世纪,家用燃料从木材到煤的转化成为绝对的、普遍的现象,它已经被用于各个阶层以及国家的所有城市,用以满足家内洗涤、酿酒、染色以及其他需要。

16、17世纪是英国采矿业和制造业发展的重要时期。首先,从煤炭开采量来看,据统计,从1550年至1690年,英国煤产量从20万吨增加到300万吨。[①] 其次,在英国许多地方发现了丰富的煤炭资源。在

---

① Michael Reed, *The Age of Exuberance 1550 – 1700*, London: Routledge, 1986, p.79.

西米德兰（West Midlands）、萨默塞特（Somerset）、莱斯特郡（Leicestershire）、诺丁汉郡（Nottinghamshire）、伯克郡（Berkshire）、威尔士郡南部和北部、诺森伯兰和达勒姆（County Durham）以及福斯湾（Firth of Forth）两侧都发现了煤矿，它们大多裸露在地表，还有一些埋藏得也比较浅，非常容易开采。① 再次，16世纪后半叶，对煤的需求和使用同样有所增加。伦敦成为最大的煤炭市场，煤通过纽卡斯尔用船运往泰晤士河。1563到1564年有3.3万吨，经泰因河运往首都，1658年到1659年煤运量增加至53万吨。② 当时的伦敦几乎完全依靠海运的煤作为燃料。除家用目的外，煤作为工业燃料的需求为采煤业以及整个煤炭工业提供了充足的发展空间。在制造业中，最早是玻璃制造业放弃木材而使用煤炭作为燃料。与此同时，用煤代替木材熔化金属矿石尤其是铁也是17世纪最困难的工业问题之一，在木材燃料稀缺的时代，这种尝试被不断实践。到17世纪末，煤被成功地用于冶炼金属矿石。几乎同时，煤也成功地被用于冶炼锡和铜。17世纪末，使用煤熔炼金属矿石被视为使用煤的另一标志性成就。③ 因此，煤被誉为英国制造业的灵魂，迈克尔·瑞德写道："17世纪的英国，煤业是唯一有效率的工业。"④

可以说，采矿中的技术进步在很大程度上是煤的日益增长和其重要性推动的，对煤的需求较小时，人们能从自由排水的浅矿井中获得足够的供应，采煤也就相对容易。但是，随着煤炭贸易量的增大，17世纪初大多数容易开采的煤已经耗尽。当矿井变得越来越深时，对煤炭开采技术的要求也相应地有所提高。生产技术方面，与前一个时期相比，煤炭的开采工具、运输和提升等方面都有许多进步。为了解地

---

① Michael Reed, *The Age of Exuberance 1550–1700*, London: Routledge, 1986, p.81.
② 沈汉：《资本主义史》（第一卷），人民出版社2009年版，第428页。
③ Robert Lindsay Galloway, *A History of Coal Mining in Great Britain*, With a New Introduction by F. Duckham, Newton Abbot: David & Charles, 1969, p.51.
④ Michael W. Flinn, *The History of the British Coal Industry, 1700–1830*, Vol.2: *The Industrial Revolution*, Oxford: Clarendon Press, 1984, p.428.

层信息和煤的开采是否存在价值等问题,英国人比蒙特发明了钻杆,用这种天才的装置挖直径只有几英尺的洞竟能钻至几千英尺的深度,取得各种地层样品,确定深度、厚度以及煤层的质量,从而以较小的投入识别地层信息。这一工具的发明使英国各地展开了钻孔活动,因为随意钻孔有可能对毗邻煤田带来危险,1623 年瓦利克郡(Warwickshire)贝德沃斯(Bedworth)的租主收到禁止随意钻孔的命令。这一时期,钻孔已成为煤矿开采的重要步骤。矿工的开采工具包括凿子、锤子以及楔形物和木制铁锹。一般使用的机械仅仅是矿井中用于提取煤筐和吊桶的绞盘,在苏格兰东部矿场甚至连绞盘也不为人知,煤由妇女从矿场台阶背出矿井。

在煤炭开采中,一个重要的问题在于运输开采的煤炭。最初,运输煤的工具主要是四轮马车和马背上的驮篮,后来木轨、铁路的出现方便了煤炭的运输。"早在 1600 年,英国有两个地方已经使用木轨,满载的煤车依靠自身的重量运下山坡,然后用马把空车拉回井口;18 世纪,在铁路上用马把煤车拉运到距离不远的地方,在英国已很普遍。"① 但这一过程较为缓慢和曲折。17 世纪后半期,北部英格兰和斯塔福德才开始使用轨道,而且在很长一段时期,它们都是木制的——铁在当时是一种很稀缺的东西,使用它的代价太大。这时只要煤的需求以及煤炭贸易的规模保持在适度范围内,使用普通的交通运输路线对煤而言已经足够了。因此,直到 1600 年,有些地方如纽卡斯尔,在运输路线方面没有任何进展。到了 1698 年,木轨道被赫弗里·马克·沃斯引入南威尔士的米斯矿场并且使用了 38 年之久。沃斯后因木轨、马车道而被起诉,向卡迪夫陪审团声辩说:"这些马车道在纽卡斯尔(Newcastle)、布罗斯利(Broseley)、本索尔(Benthal)、什洛普郡(Shropshire)和其他地方的使用非常普遍和频繁,非但不是障碍物,还被视为一种有益于保护道路的东西,而用货车或马车运输煤时使道路

---

① [英]J. S. 布朗伯利编:《新编剑桥世界近代史》(第6卷),中国社会科学院世界历史研究所组译,中国社会科学出版社 2008 年版,第 97 页。

变得非常糟糕和困难。"①

安全技术方面,对自由排水位置以下的开采,因人们无法从以前的矿区获得充足的煤而变得迫在眉睫。通过采用提水机械排干矿井中的积水成为普遍的技术,煤矿开采的范围也扩大了。排水问题成为这个时期最具难度的一项工作。这个世纪无数的专利足以证明,它们都是为了解决排水问题而设计发明的。17 世纪期间,煤矿中普遍采用的排水工具是链泵(Ragand chain pump),较重要的机械是吊桶链或是埃及轮,它是一种从深井中打水的机器,1600 年左右被安装在库罗斯矿场,使那里成为"一个奇迹之地",开发区被推进至福斯湾之下一英里处(1 英里 = 1.609 千米)。17 世纪后半期,水轮驱动的链斗提水机被用于英格兰主要矿场的排水工作中,如希顿、杰斯蒙德、雷文斯沃思矿场和韦尔的拉姆里矿场。1672 年,某些矿场已达到四英尺的深度。在托马斯先生所有的雷文斯沃思矿场上,抽水机械被视为英格兰北部最卓越的成就。② 此外,苏格兰东部矿场使用的链式吊桶机械提水,在能够使用吊桶排水的地方出现用马匹驱动的绞盘。

随着矿井的深入,自然通风的问题变得越来越重要。从 16 世纪起,多次发生的煤矿火灾困扰着英国的采矿事业。矿工们面临有毒气体的吸入、火灾威胁而无计可施,煤矿通风技术很差,煤井中的工作经常受到沼气以及其他窒息性气体的困扰。中世纪晚期,虽然它们没有导致太多生命死亡,但是使一些煤矿工人烧伤且致残,给井外工作带来了麻烦。17 世纪期间,许多地下火灾的发生尤其是斯塔福德郡(Staffordshire)的地下火引起相对较小的恐惧。③ 几乎所有的煤矿都或多或少地存在矿场窒息性气体或是危险瓦斯爆炸的隐患。为此,这个

---

① Robert Lindsay Galloway, *A History of Coal Mining in Great Britain*, With a New Introduction by F. Duckham, Newton Abbot: David & Charles, 1969, p.65.
② Robert Lindsay Galloway, *A History of Coal Mining in Great Britain*, With a New Introduction by F. Duckham, Newton Abbot: David & Charles, 1969, p.57.
③ Robert Lindsay Galloway, *A History of Coal Mining in Great Britain*, With a New Introduction by F. Duckham, Newton Abbot: David & Charles, 1969, p.74.

时期矿工们采用了一种原始的方式检查气体的威胁,在到出现窒息性气体的井中工作前,往往将一只狗放在矿井,以这种方式检验空气——一旦遇到窒息性气体它就会狂吠;或者放一个充分燃烧的火灯,如果气体出现,它就会立即熄灭。1686年,斯塔福德的奇德尔将一个火灯或充分燃烧的火炉放在采掘面,形成一个空气的循环,这是在煤矿中放置火炉进行人工通风的较早例子。[①] 17世纪,随着各种问题的出现,沼气带来的困难影响更普遍了。解决这一困难的另外一种方式是雇佣爆破工进入有沼气的矿井,让他匍匐前进,手持一个长杆伸向前方,这个长杆的末端有一支或多支点燃的蜡烛,当火焰到达沼气聚集的地方时就会燃起大火;爆破工身穿浸满水的粗布衣,腹部贴紧地面,等待火焰通过他的头顶——以这种方式排除沼气的聚集。

18世纪以前,英国煤炭工业以及采煤技术都处于起步阶段,但它们都表现出迅速发展的趋势。17世纪可以被称为采矿的时代,伴随着需求的不断上升、煤炭贸易的扩大,采煤业逐渐发展起来。煤矿安全问题是采煤业中的重要问题,矿场排水和通风是采煤技术中关键且急需解决的问题,进入18世纪后,这些问题得到进一步解决或克服。在这个时期,煤被广泛地用于工业生产和家庭生活,使英国的一些工业部门得以继续发展,满足人们的日常需求。英国煤炭开采技术的探索与发展,在很大程度上为18世纪后期英国工业革命的发生做好了技术准备,为钢铁工业、蒸汽机的利用奠定了前提基础。由此,英国率先开启工业化模式,走入现代化发展道路。

第二节 18世纪至19世纪初英国采煤技术的发展

18世纪至19世纪初期,是英国采煤技术从原始手工劳动向机械化生产发展的第一个阶段,在煤炭生产、安全和管理三个方面都获得了

---

① Robert Lindsay Galloway, *A History of Coal Mining in Great Britain*, With a New Introduction by F. Duckham, Newton Abbot: David & Charles, 1969, p.70.

巨大进步。在煤业与工业革命的互动影响下，煤炭成为工业生产的主要能源，英国的采矿业也在蒸汽机的推动下迅速获得了发展。技术开始受到人们的重视，采煤技术伴随着煤炭贸易和需求的增长而迅速发展，在煤矿生产和安全技术方面相应地出现了许多新发明，同时，在煤矿管理上也有所进步。

一、18世纪以及19世纪初煤矿生产技术的变革

（一）开采方式的演变

煤炭开采方法是一种综合性的技术，这种技术不但包括全矿坑道的系统布置和采煤的工艺过程，而且与运输、通风、排水、机械、动力、安全以及组织管理等环节有着密切的联系。

就开采方式而言，英格兰北部很久以前就开始采用一种被称为"房柱式"的方法。人们采用这种方式开采出一部分煤层，留下剩余的部分支撑地层，将煤层开采成宽3~4码的"煤房"，煤房之间的柱子（矿柱）用于支撑顶部地层被留在地下。由于开采水平低且技术落后，通常有一半煤为了支撑地层永久地丧失。斯塔福德及其他一些郡则使用了一种完全不同的开采方法，从矿井沿着地层或矿脉向前掘进，一般会完全开采里面的煤，这种开采方式有时被命名为"斯塔福德式"，它的另一个更广为人知的名称是"长壁式"。在房柱式和长壁式之间还有其他一些方式，它们因特殊的地理环境而产生，多数是以上两种开采方式结合或融合的结果。

英格兰东北地区的煤矿场大多数使用房柱式，或经常被称为"纽卡斯尔式"。[①] 东北地区的煤层性质也要求用房柱式以克服长壁式的不足。在极易开采的煤矿日益耗尽的压力下，房柱式方法在东北地区经历了3个不同的发展阶段。在第一阶段，直到1769年大型煤柱一般被遗留下来并仅有部分煤炭被移出。例如1750年霍顿煤矿场的开采过程

---

① NEL Buddle, 21/171, quoted in Michael W. Flinn, *The History of the British Coal Industry, 1700–1830, Vol.2: The Industrial Revolution*, Oxford: Clarendon Press, 1984, p.72.

中，煤柱16.5英尺宽，煤房仅10.5英尺宽，据巴德尔估计，使用房柱式方式只能开采一个煤层中48%的煤炭，而正常的比例是40%，① 甚至还有更低的开采比例。从18世纪60年代开始，房柱式开采也发生了重要变化——为提高开采率，系统性的回采煤柱工作开始了。② 据说这是由一位来自沃克矿场的视察员托马斯·巴内斯（Thomas Barnes）引进的，但早在1765年贾斯就曾报道过，当煤矿接近生命末期并只剩下煤柱时，留在地下的40%~45%的煤柱被移走了。③ 巴内斯的活动后来被引入泰因河岸纽卡斯尔地区的深层矿井中，如比格斯和沃尔森德（Wallsend），通过回采一半以上的间隔煤柱使剩余1/4的煤炭得到开采。④ 这种活动始于18世纪中期，到这个世纪结束时，已发展成为一种经过规划的较为仔细的开采方法。人们将房柱式开采划分为两个阶段进行。第一阶段，每个煤层抽取预先决定的煤炭比例，留下强大的煤柱在第二阶段回采中被采出。据1807年一份报告所记载，这种计划在阿尔恩茅斯矿场得以执行。⑤ 从1770年开始，南威尔士斯旺西低谷中也有有计划的煤柱回采活动。截至19世纪，地下开采仍广泛地使用房柱式方法，煤柱的大小也随着煤矿深入的程度而增大。煤柱大小不仅受煤矿深度的影响，而且也受开采煤层上下地层坚硬程度的影响。18世纪大部分时间，房柱式开采盛行于南威尔士煤田的西部，在广大中部地区，形式各异，既使用房柱式也使用长壁式。南约克郡中最广泛的开采方式是介于房柱式和长壁式之间的一种方法，这种方式也曾被巴德尔引进到东北地区，被称为"盘区开采"，这种设计即可以较好

---

① Michael. W. Flinn, *The History of the British Coal Industry, 1700 – 1830, Vol. 2: The Industrial Revolution*, Oxford: Clarendon Press, 1984, p.88.

② Green, W, *The Chronicles and Records of the Northern Coal Trade in the Counties of Durham and Northumberland*, TNELME15 (1865 – 66).

③ Jars1774 – 81, I, 192, quoted in Michael W. Flinn, *The History of the British Coal Industry, 1700 – 1830, Vol. 2: The Industrial Revolution*, Oxford: Clarendon Press, 1984, p.88.

④ Robert L. Galloway, *A History of Coal Mining in Great Britain* Augustus M. Kelley, *Publishers New York* 1969, p.88.

⑤ Michael W. Flinn, *The History of The British Coal Industry, 1700 – 1830, Vol. 2: The Industrial Revolution*, Oxford: Clarendon Press, 1984, p.89.

地满足通风要求又能增加开采率。

采矿著作中讲到的长壁式起源于什洛普郡。大型的德比郡（Derbyshire）煤矿中也使用这种方式开采，它在当地被称作"长提式"。18世纪初期，索梅塞特（Somerset）和兰开夏郡以及瓦利克郡的理查德纽迪盖特格里夫矿场上，有来自普郡的教授为矿工们传授长壁式开采方法。① 约克郡中，房柱式于18世纪上半期逐渐让位于长壁式。苏格兰地区最初的开采方式是房柱式，它被用于那些大规模的露天矿中。长壁式于1759年后被引进苏格兰，1801年在格拉斯哥（Glasgow）对面的戈万矿场上得到运用。其后，长壁式开采被引进兰开夏郡的较大矿场。这种方式的应用是逐渐扩展的，只适用于煤层上下坚固的地区，如阿特克利夫煤矿的一位视察员所报告的：由于顶层柔软出现高度潮湿，建议1789年重新使用房柱式开采方式。

可以看出，最初大多数煤矿的开采方式几乎都是房柱式的，但是渐渐向着长壁式方法转变。怎样理解这种变化，这样的变化有着什么样的重要意义呢？首先，原始的房柱式开采方式采煤率相对较低。正如雷斯特里克（Raistrick）所指出的，"很显然，如果利用房柱式开采，煤井只能获得不超过10或15英亩的煤炭（1英亩＝4 046.86平方米），超过一半的煤留在了地下，煤井无法承担一个蒸汽机的花费，因而煤炭无法得到开采"②。其次，长壁式具有明显的优势：它具有很高的开采率，能增加煤炭工作的生产力，通过缩短地下运输距离节省了大量的开采成本，利用一个矿井产量的增加，拓展开采资本。因此，从1700至1830年在英国出现了一种放弃房柱式开采向长壁式开采过渡的趋势。开采方式的转变已经成为一种趋势，毫无疑问人们的目标是将越来越多的煤从矿井中开发出来。因而，无论是房柱式向长壁式的转变还是回采煤柱活动，都意味着英国煤炭工业的规模以及采煤业的技

---

① A. W. A. White, "A War Wickshire Coal Colliery during the Industrial Revolution", *Mining Engineer 129*, (1969 – 1970), pp. 536.

② Michael W. Flinn, *The History of the British Coal Industry, 1700 – 1830, Vol. 2: The Industrial Revolution*, Oxford: Clarendon Press, 1984, p. 88.

术正在向前发展。

(二) 煤炭开凿及其切割工具的进步

除开采方式外,煤炭生产中另一个明显的进步是煤矿开凿工具的演进。整个 18 世纪和 19 世纪中期煤炭的开凿都是以手工劳动为主。虽然房柱式和长壁式开采方式之间有很大区别,但是,两个工作方式中煤炭都是由凿子和楔形物或铁锹等工具从采掘面取下来的。为了提高煤炭生产效率,矿主们要求矿工的开凿工作能尽量挖掘有效煤炭,要求矿工们使用的开凿方式尽可能多地生产大块煤炭而尽量避免出现大量的末煤和废煤。随着煤炭生产规模的扩大和工业化的发展,这个环节出现了一些新的技术,主要表现在煤炭切割过程中火药的使用和机械化切割的尝试。

19 世纪初,煤炭切割的基本方式有了一些变化。这一工程的艰辛及其劳动的困难性刺激人们对机械的向往。火药已经用于凿井和开发水平巷,虽然它是一种很有效的方法,但是在使用过程中会有明显的危险,在现实利用中采用它产生的末煤也很多。19 世纪初,赫本矿场煤的质量受到伦敦方面的抱怨,迫使巴德尔停止使用火药开凿煤。[1] 然而火药相对于这种消耗性太大的体力劳动而言,具有很强的吸引力。1814 到 1819 年间,兰顿的默顿矿场中有人使用火药采掘煤炭;1820 年,什洛普郡也使用这种方式开采煤炭。此外,随着其他方面的技术进步,机器切割成为一种发展趋势。19 世纪最初 10 年中,机器初步地应用于采掘面工作。最初它只适用于房柱式开采区,视察员约翰·沃斯顿估计每个矿场大约需要 90 台机器,每台机器要 2 个工人负责操作,它们不得不每天由工人向前移动和重新定位。[2] 另一种切割机被称为"铁人"——据说是由制铁业者约翰·威尔克森(John Wilkerson)

---

[1] Michael W. Flinn, *The History of the British Coal Industry*, 1700 – 1830, Vol. 2: *The Industrial Revolution*, Oxford: Clarendon Press, 1984, p.92.

[2] J. Watson to J. de Penthieu, 26 Nov. 1811, Nel watson5/11/5, quoted in Michael W. Flinn, *The History of the British Coal Industry*, 1700 – 1830, Vol. 2: *The Industrial Revolution*, Oxford: Clarendon Press, 1984, p.92.

于18世纪晚期设计并引进到位于什洛普郡的布瑞德里（Breadley）和布罗斯利（Broseley）矿场。

一般来说，18世纪及19世纪早期，所开发的煤层是具有一定厚度、相对容易开采的煤层。例如加布里埃尔·贾斯（Gabriel Jas）发现1760年苏格兰福克尔附近卡隆工厂所开采的煤层有4英尺厚，坎伯兰沃金顿（Workington）附近所开采的整个郡中最薄的煤层厚度大致在2英尺3英寸到7英尺间。1828年，在泰因河地区调查的36个矿场中，最薄的煤层位于汤斯里梅因（Towneley Main）和埃尔斯威克矿场，厚度大约为2英尺6英寸。随着煤炭开凿的深入，大量的人力劳动投入其中，对机械化的向往以及其他环节新技术的应用，要求在开凿及切割过程中出现新的技术以满足工业化的能源需求，这有待于下个阶段的尝试。

（三）煤炭地下运输业的发展

随着矿场深度的增加和产量的增大，18世纪地下运输煤炭的工作日趋复杂化。18世纪和19世纪初，地下运输成为煤炭生产的一大难题，东北地区称它为推运（putting），约克郡叫作推（hurrying），坎伯兰（Cumberland）的称呼是拖（trailing）。地下运输成为煤炭生产中的一个重要环节。地下运输一般是指在采掘面填装煤炭，然后用一个运输工具或拖拽方式在粗糙的地下通道中穿过一定距离到达井底。这时期，地下运输工作的进步主要体现在运输工具和运输方式两个方面。

18世纪初，煤炭的运输工具是"煤篮""煤箱"或木制箱子，有时叫作"木板筐"或货舱，它们被普遍用于地下煤炭运输，偶尔也使用手推车。一个煤矿的承载量在3英担到6英担之间（一英担=112磅=50.8千克）。18世纪中期地下运输工具有所改革。到19世纪初，虽然有的矿场仍可见到柳条筐，但是它们不断地被木制箱子所替代。大型的矿场中，手工劳动根本达不到所需要的工作效率，因而发明了装有车轮的小推车或四轮马车的地下运输工具。到1830年，地下运输工具基本上告别了煤筐时代，使用由人力或马匹带动的雪橇或带轮马车。

在运输方式上，18世纪期间效法地面马车道，在矿场使用地下轨道。首先得到应用的是木制地下轨道。据巴德尔记载，第一次使用地下木制轨道的时间是1778年。也有记载说，汉弗莱（Humphrey）在麦克沃思的尼思煤矿上，已经于1698年安装了地下马车道。①

煤炭运输方式的革命性进步是铁轨的应用。到1767年，除了使用小铁片加固轨道连接处外，英国铁路轨道几乎都是木制的，但木头容易腐化、变形，而铁因为技术原因其价格相对低廉，因而推动了人们对铁轨的试验。铁轨被铺在木制轨道上，人们发现这种铁轨具有很大的优势。因此，开始以相同方式对所有轨道进行改造，到18世纪末，铁路的建设已经具有相当的规模。1778至1787年，诺福克公爵的视察员约翰·柯尔（John Cor）发明了铸铁轨道，以代替木质轨道。首先，这种轨道在东北地区发展起来，柯尔将这种新发明命名为"纽卡斯尔道路"。柯尔发明的轨道安装有凸缘，用双链将四轮马车集中到一起，一匹马一次可拖运包括10或12个煤车的火车链，铁轨于1790年被引入什洛普郡，而在柯文矿场中直到1800年才开始得以运用。怀特黑文矿场的人对铁轨的应用很热心，据说到1813年为止，劳瑟矿场中地下运输铁轨道有20英里。②

18世纪和19世纪初，煤炭地下运输发生了由人力牵引的雪橇到木制轨道，再到马力牵引的铁轨道的明显进步。但必须说明的一点是，这种进步时间的年代顺序在各个煤矿之间大不相同。许多矿场中多种运输方式并存：童工一般负责用雪橇将煤从采掘面运到主道路，然后煤筐被转移到马拉车上从一个木制或铁制轨道上运出。但是，可以肯定的是，19世纪初的十几年中，马匹被广泛地用于地下运输。出于这种目的，全国各地的煤炭工业必须拥有数以千计的马匹。据统计，早在1774年诺森伯兰中哈特利矿场上使用31匹马进行地下运输，1809

---

① Michael W. Flinn, *The History of the British Coal Industry*, 1700 – 1830, Vol. 2: *The Industrial Revolution*, Oxford: Clarendon Press, 1984, p. 94.

② Minning Association of Great Britain, *Historical Review of Coal Mining*, London, n. d. but probably 1926, p. 93.

年泰因河岸两个矿场上使用79匹马①。

  与此相比，从18世纪末到19世纪初期，地下运输方式有了显著进步。伴随着蒸汽机的广泛使用，结合环境的变化，铁路上利用蒸汽机拖运煤车成为一种令人向往的方式，在英国出现了将机器运用于运输的新尝试。1811年，约翰·布伦金森普（John Blenkinsop）发明机车拉运煤炭的方法。为了使运煤更经济，他开始对机车展开试验。1812年，他的第一台机器开始工作，被用于米德尔顿（Middleton）矿场到利兹（Leeds）的铁路上，许多人见证了这个陌生机械的试验，它得到成功运用。从这时起，利兹经常使用蒸汽机车供应煤炭。这证明了一个事实：使用蒸汽机在水平轨道上拉运马车比使用马匹经济。据说一台拥有8英寸汽缸、重50吨的机器可托运27个马车，总重94吨而能在一个水平轨道上以每小时3.5英里的速度运行；同样的负荷强度需要16匹马工作12小时，代价为400英镑。② 随后出现了各种适用于铁路的机器，其中黑德利（Headley）使用的平轮机车被成功地用于每一个轨道上。与此同时，斯蒂芬森（Stefanson）着手制造另一种机器，他超越布伦金森普的设计，不用小齿轮和架道，采用了平滑轨道。1814年7月25日进行了第一次试验，它所拉运的除了本身重量之外，还有8个装满的煤车，重量共达30吨，以1小时4英里的速度前进并且后来被继续用于日常运输。但是，许多年来平滑轮机车没有多少进步，铁轮的脆弱性以及机械的不成熟极大地阻碍了它的运用。1816年，巴德尔（Bader）买了一辆机车用于在怀特黑文矿场工作，但发现它对于铸铁轨道而言太重，在尝试多次后放弃了。多年来，机车的改进都没有多大的经济效益，它以1小时4或5英里速度前进，夏天装载量约

---

① Michael W. Flinn, *The History of the British Coal Industry, 1700–1830, Vol. 2: The Industrial Revolution*, Oxford: Clarendon Press, 1984, p.97.

② Robert Lindsay Galloway, *A History of Coal Mining in Great Britain*, With a New Introduction by F. Duckham, Newton Abbot: David & Charles, 1969, p.189.

30 或 40 吨，冬天更少。①

尽管 19 世纪的前 25 年里大多数矿场的地下运输中，铁轨都得到了广泛的使用，但也有例外。比较典型的如什洛普郡、瓦利克郡和兰开夏郡使用了地下水道的方式将煤炭从采掘面运输到出口。1791 年，索梅塞克郡的煤矿主们检查了这些水道，他们在布赖恩利山发现，出自采掘区的煤炭可以被向下放入煤矿内部 168 英尺的井筒使用地下水道驳船载运，然后将煤炭向下运到位于科尔布鲁戴特（Coalbrookdate）的炼铁厂中。1770 年中瓦利克郡中格里夫（Griff）矿场重建时，旧的地下排水渠道被清理并改造成地下运输的一个运河。② 18 世纪下半期中布里奇沃特（Bridgewater）公爵的矿场中用于地下运输的水道是富有戏剧性的设计，地下运输总长度共计 46 英尺。③

总体而言，英国煤炭运输在这个时期获得了迅速发展，无论是运输工具抑或是运输方式都突破了原始的人力劳动阶段，转向机械化发展新趋势。煤炭运输的进步反映了英国煤炭生产力的发展，一个技术环节的发展必然引起相应的其他环节的进步，英国煤炭生产技术正是在环环相扣的进步中向前发展。在工业革命的推动下，煤炭生产技术渐渐成为左右煤炭生产力的关键因素。

（四）煤炭提升及其筛选技术的改进

煤炭生产的最后一个技术环节是将矿井中的煤炭送至地面，这个任务被称为"提升"。当井筒达到百英尺深时，这成为一件不容易的事。一度，煤筐、木箱或马车等用于地下运输的工具不用卸载就直接被提升上去，有一个挂钩工负责这项工作。18 世纪的大部分时间里，提升地下运输工具的动力是马力。拥有马力起重机或绞盘是这一时期

---

① Robert Lindsay Galloway, *A History of Coal Mining in Great Britain*, With a New Introduction by F. Duckham, Newton Abbot: David & Charles, 1969, p.197.

② I. J. Brown, "Coal Mining's History in Shropshire", *Shropshire Magazine*, 1962, p.13, quoted in Michael W. Flinn, *The History of the British Coal Industry*, *1700 – 1830*, Vol.2: *The Industrial Revolution*, Oxford: Clarendon Press, 1984, p.98.

③ Michael W. Flinn, *The History of the British Coal Industry*, *1700 – 1830*, Vol.2: *The Industrial Revolution*, Oxford: Clarendon Press, 1984, p.99.

几乎每一个煤矿的特征之一。

　　马力起重机一般用于东北地区。苏格兰矿主约翰·佩尼库克曾于1739年访问了怀特黑文,他描述这里的煤矿利用马匹把煤炭拉上来,马匹8小时轮班一次。① 从18世纪中期开始,煤矿深度的延伸使得马力起重机的局限性日趋凸显,甚至相关负责人抱怨说:怀特黑文的钟形矿中单独一台马力提升机的提升量一天也达不到100吨。② 马匹的成本和高投资,也是煤矿寻求其他提升方式的重要因素。

　　基于马力提升机的不足,水力成为一种补充动力。水力提升技术在约克郡和南威尔士一些矿场得到实践。1798年,英格兰东北地区的沃尔森德、韦克等不少于10个主要煤矿利用水轮的方式进行煤炭提升。③ 斯密顿设计的水力煤炭起重机是对以前使用的马力提升机的极大改进,能负担16匹马和4个人的工作,2分钟内从82英尺的矿井中提升重6.5英担的煤筐。④ 随后,水力驱动的提升机械在英格兰北部所有矿场迅速普及,但在英国其他地方使用较少。在近20年的时间里,它是从深井中提升煤炭的最有效技术。⑤ 直到1794年曲柄驱动的蒸汽机专利权终止,蒸汽机开始成为担负煤炭提升的主要工具,水轮迅速衰落下去。正如一位学者所说:"18世纪中期被广泛用于采矿的排水方式,证实了解决提升问题的办法或许就在于蒸汽动力。"⑥

　　18世纪初期,广泛使用的是小型蒸汽提升机。这种蒸汽机一般由

---

① Michael W. Flinn, *The History of the British Coal Industry, 1700 – 1830, Vol.* 2: *The Industrial Revolution*, Oxford: Clarendon Press, 1984, p. 99.

② Michael W. Flinn, *The History of the British Coal Industry, 1700 – 1830, Vol.* 2: *The Industrial Revolution*, Oxford: Clarendon Press, 1984, p. 100.

③ Fletcher, I., 'The Archaeology of the West Cumberland Coal Trade', TC & WAAS 3, 1876 – 77, p. 291.

④ Robert Lindsay Galloway, *A History of Coal Mining in Great Britain*, With a New Introduction by F. Duckham, Newton Abbot: David & Charles, 1969, p. 114.

⑤ Michael W. Flinn, *The History of the British Coal Industry, 1700 – 1830, Vol.* 2: *The Industrial Revolution*, Oxford: Clarendon Press, 1984, p. 115.

⑥ Michael W. Flinn, *The History of the British Coal Industry, 1700 – 1830, Vol.* 2: *The Industrial Revolution*, Oxford: Clarendon Press, 1984, p. 101.

童工看管，移动方便，据说仅斯塔福德就有100个以上。① 18世纪最后十几年，随着蒸汽机革命的展开，到1790年煤矿主们已经拥有了各种可供选择的蒸汽机类型。18、19世纪之交，据估计至少有130台蒸汽提升机已经在英国煤矿上安装，而在1790年就已安装12台。这一年可以说是提升机在英国普遍使用最有效率的时期。其中，大约有43台蒸汽机是由博尔顿和瓦特设计的，52台基本上属于纽卡门型，37台是其他类型。② 博尔顿及瓦特的蒸汽机具有节约燃料的优势，但是他们的蒸汽机还没有得到普及。可以肯定的是，直到1800年，在保证其专利权基础上，这种蒸汽机所需要的高额投资及其维修代价是抑制其推广的一个因素。19世纪初期，提升机的速度一般是每分钟250英尺，但也有速度更快的，如柯尔了解到，斯塔福德郡的蒸汽机提升速度达到每分钟500英尺。③

除了提升动力机械化外，用于提升的其他工具也有所进步。18世纪早期，麻绳专门用于提升，它结实、有弹性并相当有用。18世纪末德比郡巴特利公司所用的提升绳一般是从纽卡斯尔那里购买的，直径为2英寸。然而，麻绳也具有很大缺陷：它造价昂贵，且在拉紧的状态下容易旋转，从而对矿井中的煤炭提升工作带来严重的安全隐患。为此，1798年谢菲尔德的视察员约翰·柯尔发明了平绳。虽然推广速度慢，但它还是不断地应用到其他煤矿。18世纪晚期的另一个进步——铁链的出现，导致了麻绳的消失。先是单环链得到使用，但由于单个链环有断裂的危险，因而不太受矿工们喜爱。19世纪初，扁环节链并排连接2个或多个链，在黑乡得到发展，铁链的运用得到迅速普及，如在兰德矿场（Landore Colliery）得到利用。链条与麻绳相比，既

---

① Hall, J. W., '*Joshua Field's Diary of Atourin 1821 Through the Midlands, with Introduction and Notes*', TNS 6, 1925–6, p.12–14.
② Michael W. Flinn, *The History of the British Coal Industry, 1700–1830, Vol.2: The Industrial Revolution*, Oxford: Clarendon Press, 1984, p.102.
③ Michael W. Flinn, *The History of the British Coal Industry, 1700–1830, Vol.2: The Industrial Revolution*, Oxford: Clarendon Press, 1984, p.103.

便宜又耐用。1807年开始,它为一个240英尺的矿井提供长达3年又4个月的使用期,花费了43.11英镑,同样条件下绳子的花费需要171.17英镑。①

综上可知,1700年到1830年之间,矿井的煤炭提升工具已经充分地发生了改变。18世纪初使用麻绳的马力提升机是非常普遍的事物,但随着矿井深度的延伸,代替马力的各种机械得到充分尝试,水力作为一种补充动力协助煤炭提升工作。最终约在1790年,人们开始以蒸汽机进行提升,马力提升机迅速衰落。1830年为止,虽然一些马力提升机仍被用于一些小型煤矿,但是蒸汽提升机的使用已经相当普遍。为了配合机械中的技术进步,各种形式的扁平吊绳或链条发挥了重要作用,一些煤矿中有了井壁导向轨,提升技术的进步是采煤业技术发展的一大表现。

除上述技术因素外,伴随着煤炭贸易的日益增长,煤炭生产还衍生出另一些生产环节。在18世纪最初25年里,送到地表的煤炭未经分类就被直接送到消费者那里。在煤炭贸易竞争中,特别是这个时期在伦敦市场上东北地区煤炭贸易竞争的压力下,18世纪60、70年代,有煤矿开始将筛选工作纳入煤炭生产环节当中。

英格兰东北地区的矿井首先引进了这项技术操作,有人称其为一种"人力或物力的牺牲"。1760年年初,据说这项技术第一次应用于东北地区的威灵顿煤矿,由威廉·布朗(William Brown)引进,但没有普遍使用的证据,直到1770年才被泰因河上游较古老的煤矿采纳,因为煤矿主希望生产一种比下游新煤矿更便宜、更具有竞争力的商品。② 1816年,政府在出口方面的让步导致对优质煤炭的需求上升,促使很多煤矿使用双层筛选。1813年,泰因河边的沃尔森德煤矿上一些矿井以及位于赫本的煤矿在地下进行筛选。1818年,布里斯托奥克

---

① Michael W. Flinn, *The History of the British Coal Industry, 1700 - 1830*, Vol. 2: *The Industrial Revolution*, Oxford: Clarendon Press, 1984, p. 104.

② Green, W., 'The Chronicles and Records of the Northern Coal Trade in the Countries of Durham and Northum Berland, TNEIME 15, 1865 - 6, p. 205.

兰地区的一个类似清单显示，它们的平均筛选率为25.5%，① 但是，这一时期英国有些地方尤其是南威尔士仍然没有这项工作程序，而其在兰开夏郡却非常普遍。1800年前后，福斯湾亦有选煤的分工。19世纪早期选煤——挑选出石头或岩片，成为一项很普遍的工作。

因此，无论是矿井的煤炭提升工具还是提升方式，都经历了深刻的变化。在工业革命的影响下，英国煤炭开采技术已经开始走上创新发展的道路，从马力提升到水力应用，再到蒸汽机提升的尝试，伴随其他环节的技术进步，提升技术也得到迅速发展。在煤铁成为工业食粮的时代，提升工具也从麻绳向铁链转变。这一时期在煤炭贸易竞争的作用下，英国煤炭生产出现了一项新的程序——筛选。这些技术的进步和发明充分反映了英国煤炭工业发展的上升趋势，同时技术的进步也是它能够日趋繁荣发展的关键因素。技术和生产日益紧密的结合为英国煤炭工业带来了强有力的发展动力，也为工业革命的迅速到来提供了发展潜力。

二、18世纪至19世纪初煤矿开采中安全技术的进步

（一）排水技术的进步

用排水平坑、排水沟排水，是早期煤矿开采的普遍特征。直到19世纪，这种方式在一些地区仍在使用，其原始的排水方法有很大的局限性。首先，它们需要有合理的距离，有可自然排水的土地和比矿井集中坑更低的地面，只有具备了这些条件它才能够发挥优势。这种方式或许在矿井深度浅的地区有用，但是在如东北地区，坎伯兰、德比郡（Derbyshire）、南威尔士和索梅塞特郡的一些煤田很难奏效。其次，平坑排水以及使用排水沟排水的花费相对较高。例如：1716年，南约克郡的巴恩斯利·莫尔评估，开采一条平坑排水沟的代价大约是1 000英镑；18世纪中期，地处索梅塞特郡的蒂姆斯伯里上一个平坑道的建

---

① NEL Buddle 6/268 – 71, quoted in Michael W. Flinn, *The History of the British Coal Industry*, *1700 – 1830*, *Vol. 2：The Industrial Revolution*, Oxford：Clarendon Press, 1984, p.107.

造花费了1 200英镑。① 第三，除了上述要求外，在平坦地带如英格兰中部，大多数地区或者多山的深矿井中，这种技术无法被利用。如果18世纪初所达到的排水技术仍停留在原地，那么英国采矿几乎无法有所扩张，或者利润会呈现减小的趋势。当时的技术可以解决的排水深度在50到90英尺之间。当浅层煤被开采殆尽时，采煤必须停止。这样，英国的采煤业要想进一步发展，只有在出现更有效的排水技术条件下才能实现。

重力、风以及马力对当时煤矿排水的贡献非常有限。18世纪以前，利用防水的构造并且使用水桶排出地下水的方式已经成功地得到实践。然而，吊桶链已经无法满足当时的需求，对提水机械的改进成为矿工们的共同愿望。这一时期许多矿场建立了风车，它们的能量虽然较大，但只是一种间歇性动力，因此，排水受到很大限制。在天气正常的一段时间，所有的工人都无事可做。② 由于利用风能排水的地点相对较少，所以大多数情况下排水所使用的动力是马力，马力起动机得到普遍使用。但是这对矿场开发而言是一种受限制且昂贵的方式。马匹成为固定资产中最昂贵的投资，在一些地区50匹马承担单独一个矿场的排水工作，马具有相当大的折旧消耗——它们的工作寿命大约为12年，比机械寿命短。1775年，位于拉姆利兰顿的28个"马力绞盘"，据计算共花费336英镑。③ 可供选择的排水方式具有限制性，迫使大多数矿场经营者接受了这方面的花费。在任何已知机器都没有办法排放地下积水的情况下，许多煤矿任其处于自然状态。18世纪，随着煤矿深入地下的程度更大，人们渐渐开始选择机械提水。排水问题的解决方法要依靠新的动力——蒸汽泵（steam-pump）。

---

① Michael W. Flinn, *The History of the British Coal Industry*, 1700 – 1830, Vol. 2: *The Industrial Revolution*, Oxford: Clarendon Press, 1984, p.111.
② Robert Lindsay Galloway, *A History of Coal Mining in Great Britain*, With a New Introduction by F. Duckham, Newton Abbot: David & Charles, 1969, p.78.
③ Beastall, T. W., *A North Country Estate: The Lumleys and the Saundersons as Landowners*, 1600 – 1700, Chichester, 1975, p.26.

最先开始探索的是托马斯·萨夫里（Thomas Savery），他设计了一种利用空气压力的提水装置，称为萨夫里抽水机，用于煤矿排水工作。1698年，萨夫里获得专利权，此后又通过议会，将专利权由14年延长至21年。1706年，斯塔福德郡威林沃斯（Willingworth）煤矿仅有一台机器用于排水。① 萨夫里抽水机在18世纪最后20年中得到最大程度的使用。但是，它提升水最高不超过60或80英尺，这种限制不利于它发挥更大的作用。除此之外，萨夫里抽水机的其他缺点如气锅爆炸、没有安全阀，都是当时的技术能力无法克服的。尽管如此，在采矿技术史上，萨夫里抽水机仍占有重要地位，而萨夫里则是第一个成功运用了空气压力原理制造压力抽水机的人。随后，英国出现了更先进的机器，即达特莫斯的铁器商人托马斯·纽卡门（Thomas Newcomen）发明的蒸汽机。据了解，第一台纽卡门蒸汽机安装在斯塔福德郡的一个煤矿中。纽卡门蒸汽机被誉为"开创英国采矿和商业利益新时代的机器"，并且很快适用于那些被所有者视为"失败"的每一处煤矿②，矿工们也迅速接受了纽卡门蒸汽机。短短几年时间，英国主要的采矿点都安装了此种机器。1713至1714年，北英格兰的矿场安装了3台；1720年以前，苏格兰及坎伯兰的怀特黑文、瓦利克郡和北威尔士地区都已安装这种动力机。纽卡门蒸汽机比起马力绞盘的提水方式更加具有经济效益，它所达到的抽水深度及其水量是以前的技术无法想象的。德索吉耶（Desaguliers）记录了瓦利克郡格里夫矿场上一台蒸汽机的成就："之前使用50匹马排水所需的花费每年达到900英镑，但是利用纽卡门蒸汽机，即使加上煤矿火灾、机器保养、修理工作，花费也从未超过150英镑每年。"③ 因此，格里夫地区的排水成本减少到以前的

---

① Michael W. Flinn, *The History of the British Coal Industry, 1700 – 1830*, Vol. 2: *The Industrial Revolution*, Oxford: Clarendon Press, 1984, p. 115.
② Robert Lindsay Galloway, *A History of Coal Mining in Great Britain*, With a New Introduction by F. Duckham, Newton Abbot: David & Charles, 1969, p. 81.
③ Robert Lindsay Galloway, *A History of Coal Mining in Great Britain*, With a New Introduction by F. Duckham, Newton Abbot: David & Charles, 1969, p. 82.

1/6，大大减少了使用马力在深层煤矿中排水的代价。同时，它使得矿井排水达到以前排水技术未曾达到的深度，使此前不能到达的煤层开发成为可以实践的现实。正如英国采矿史中所说的："除了经济效益外，蒸汽机的最大价值体现在以下事实中：煤矿工们现在拥有一台强大的机器，足够控制在最深矿井中出现的水，这对于所有其他人而言，是这个时期最需要的。"① 纽卡门蒸汽机的传播速度非常快。但是，受专利权及工程师人数的限制，早期蒸汽机的使用是很零散的。到1719年，英国煤矿中已经安装的蒸汽机至少有20台，它们广泛地分布在英国煤田当中，许多矿场的蒸汽机已不止一台。到1733年，萨夫里的专利权终止时，英国矿场上已经安装的纽卡门蒸汽机达到78台。英格兰东北地区是蒸汽机建造规模第二大的地区，但在气缸方面，蒸汽机仍采用早期发明的铜质气缸。1722年年初，什洛普郡已开始向铁质气缸过渡，东北地区直到1752年仍有许多制铜者为蒸汽机制造气缸。1733年，专利权的终止消除了安装蒸汽机的一大障碍。表1-1显示了从1733年专利权终止到1776年第一台博尔顿及瓦特蒸汽机安装前，纽卡门蒸汽机的分配数量。据估计，到1770年，蒸汽机抽水成为英国最浅层小矿场外所有矿场的普遍特征。

随着蒸汽机数量的增加，它们的体积和抽水能力也不断加大。18世纪中期，复合气锅开始普遍应用，尤为关键的是1769年瓦特对蒸汽机的改进，使得蒸汽机产生了更大的效益。它所具有的节省燃料的优越性极大地满足了国内采矿业者的利益需求。据了解，利用新改进的技术可以节省约2/3的燃料。② 但是，由于专利税的限制以及新机器的维修费用问题，新机器的安装和推广并没有在1733年立即开始。因此，纽卡门机器仍然盛行并继续得到使用，一直持续到19世纪。约翰·法里（John Fannings）调查德比郡时说："没有看到以博尔顿及瓦

---

① Robert Lindsay Galloway, *A History of Coal Mining in Great Britain*, With a New Introduction by F. Duckham, Newton Abbot: David & Charles, 1969, p. 82.

② Michael W. Flinn, *The History of the British Coal Industry*, *1700 – 1830*, *Vol. 2: The Industrial Revolution*, Oxford: Clarendon Press, 1984, p. 124.

特原理发明的抽水机器,对古老的空气机适宜的制造和管理,被视为较好地满足实际需要。"① 但是,当瓦特蒸汽机的专利权终止时,许多工程师开始为纽卡门机器安装瓦特式的冷凝气缸——尤其是黑乡地区——成为 19 世纪早期煤矿开采中的普遍特征。从瓦特蒸汽机来看,它不仅仅运转费用便宜,而且还有超过"旧建造物"的优势,在 1800 年专利期满后变得更为有效,它们在矿井最深处提水的效率非常高,因而代替纽卡门机器得以稳步推进。

表 1-1:1734-1775 纽卡门抽水机在煤矿上的数量分配情况②

开采区	1734 年 9 月	1740 年 9 月	1750 年 9 月	1760 年 9 月	1770 年 9 月	合计
苏格兰	1	1	0	20	12	34
坎伯兰郡	42	1	0	3	0	46
兰开夏郡	0	3	3	7	6	19
北威尔士	2	1	0	4	0	7
南威尔士	0	0	3	6	1	10
西南区	2	8	8	13	2	33
西米德兰兹	5	6	9	2	12	34
东米德兰兹	3	1	1	8	6	19
约克郡	2	4	4	2	14	26
东北区	6	24	22	75	6	133
共　计	63	49	50	140	59	361

18 世纪末,蒸汽机已被广泛地用于各个煤矿,纽卡门蒸汽机继续生产且大量地安装在英国的各个煤矿场。但除了瓦特蒸汽机外,还存在许多非法且功能"杂交"的机器。据罗比估计,到 1800 年英国煤矿中蒸汽机的总数可能在 950 到 1 000 台之间。它们既用于抽水又用于提升煤炭,将其与这一时期其他环节中蒸汽机的使用相比较,我们有理

---

① F. Nixson, 'The Early Steam Engine in Derbyshire', TNS, 31, 1957-9, qutoing J. 法里, General View of the Agriculture and Minerals of Derbyshire, London, 1807.
② Michael W. Flinn, The History of the British Coal Industry, 1700-1830, Vol. 2: The Industrial Revolution, Oxford: Clarendon Press, 1984, p.121.

由认为那个时代大多数蒸汽机仍是负责抽水工作。从19世纪开始,用于抽水用的蒸汽机数量和类型越来越多。然而,在任何规模的开采区以及超过100英尺的深度下,纽卡门或者瓦特蒸汽机以及它们的复合型机器都是具有统治权的。① 在排水工作中,蒸汽机的使用成为这一时期英国煤炭技术进步的突出表现。

(二) 通风技术的发展

在蒸汽机帮助下,从18世纪到19世纪之初,矿工们在与井下积水的斗争中取得了很大的胜利。然而,伴随着矿井深度的不断加深,工作区的通风问题日趋凸显。气体导致的问题更加难以解决,不断发生的爆炸既威胁着矿工们的生命安全又给矿区的开采活动带来极大的不便。事实上,有两种气体对矿工造成威胁:一种被称作"沼气",它是一种甲烷气体;另一种是"窒息性气体"。前者在矿井中的存在十分普遍,其在开采区的空气中和煤尘混合时很容易燃烧并引起爆炸,因而具有极大的危险性。当然,各个煤矿之间气体的性质和数量各不相同。巴德尔曾针对沃尔森德矿场的舍姆煤矿说:"我们什么都不用做,只是点燃一支蜡烛,就能使数千个裂缝着火,整个开采区到煤矿的每个孔就是一个气体管道。"② 部分地区的气体曾通过管道被输送到地表燃放,为此,有人曾建议用煤矿中输出的气体为怀特黑文主街道照明。还有一些气体只有在点燃时有危险,这种危险的解除有赖于地下照明方式的改进。18世纪初,矿井中以及从井底到地下开采面的空气循环能力是极其有限的,它受到当时所具备的通风技术的严格限制。

原始的通风方式如自然通风、爆破或火灯等已无法满足日益复杂的环境以及日益增加的开采需求,人们渴望了解地下气体的活动规律。因此,从事采矿工作的人开始关注矿井中的气体,试图对它们的化学成分进行分析以应对因它们所导致的灾难。如在1733年,詹姆斯·劳

---

① Michael W. Flinn, *The History of the British Coal Industry*, 1700–1830, Vol.2: *The Industrial Revolution*, Oxford: Clarendon Press, 1984, p.128.

② Michael W. Flinn, *The History of the British CoalIndustry*, 1700–1830, Vol.2: *The Industrial Revolution*, Oxford: Clarendon Press, 1984, p.129.

瑟（James Lowther）就曾把他在坎伯兰收集的气囊送到伦敦皇家协会进行检查。

　　18世纪开始，原始的通风方式已经远远不足以维持煤矿的安全生产。矿井中的通风条件出现了些许改善，主要表现在两方面：第一，除了小型煤矿外，几乎所有的煤矿都有两个矿井通向地下开采区，这种设计成为普遍现象。第二，有些地方利用隔板将空气流通分成几个部分，以扩大通风面积。这时火炉通风已经成为普遍被采用的通风方式，但是这种通风设计简单，有着各种缺陷且效率低下，甚至闪电会使气体聚集而通风不利的井筒着火。18世纪末到19世纪最初几年，矿井的深度和开采规模都大大增加，尤其是英格兰东北地区，地下爆炸导致的灾难日趋严重，甚至开始造成人们的恐慌。爆炸使人们开始寻求更安全的解决方式，而其中最有效的方法就是提高通风技术来消除煤矿中的气体。

　　为此，煤矿视察员针对通风问题进行了许多有价值的尝试。当时有两位伟大的视察员在技术上做了重要贡献。大约1760年，怀特黑文矿场的视察员詹姆斯·斯佩丁（James Spedding）设计了一种空气流动方法，叫作"穿越气流"（coursing the air）。它将整个煤矿开采地区划分为一个巨大的迷宫或输送道，采用门或隔墙，迫使煤矿空气自由通过每个通道，在通风坑和排气坑之间的道路上前进，使通风得以顺畅。这种方法最初被引入沃金矿场。1808年，詹姆斯·瑞安为了清除煤矿的沼气设计出一个新方法，他根据沼气重力特征，提议使用一系列小通道或水平巷，从其上方排出气体，他的方法被称作"排泄方式"。瑞安的通风设计特别适合南斯塔福德郡煤矿，他的计划受到中部地区许多人的赞扬，但却被英格兰北部倾向于稀释方式的视察员漠视，因而最终未能成功地被引进北方煤田。由于地理条件的差异，这种方法适合水平或起伏的地势中相对较薄煤层的操作需求。

　　此外，这一阶段还出现了人工通风的方法。早在18世纪初，靠人工操作风箱通风的方式可能已被应用在兰开夏郡某些矿场，尤其是在充满浑浊气体的煤矿中。1758年，泰因河边韦克矿场上有两个煤矿有旋转式通风机，但是未引起人们注意，或许它的工作效果并不好。1791年，瓦利克郡的格里夫矿场安装了一个机械通风机，其被称作"白氏空气机"，然而，最终未获得成功推广。随着蒸汽机的发明及其应用，人们开始尝试使用蒸汽机通风。19世纪初，英格兰东北地区使用运输蒸汽机的废气热量来稀释井中气体，以驱使排气坑中的空气流动。这种方式明显比火炉通风更安全可靠，但因为技术上不成熟以及设计复杂，这一方式在当时仍处于开发阶段，并不代表18世纪和19世纪初通风的普遍方式。由于技术的制约，通风方式的真正现代化突破是在1800年以后才开始的——第一次成功使用蒸汽驱动风扇是在1827年，被安装在佩斯利（Painsley）附近的一个矿井上。①

在这些进步和新尝试基础上，对英国煤矿通风技术做出杰出贡献的人物是约翰·巴德尔（John Buddle）。1806年，巴德尔先生承接了沃尔森德矿场的管理工作。面对瓦斯爆炸的危险以及火炉通风的局限性，他尝试利用不同的方式通风。机械通风虽可以作为一种临时方法帮助困难时期的矿井通风，但无法达到排气坑底火炉所达到的效率，于是巴德尔将注意力转向将火炉通风的危险系数控制在最小限度内的尝试中。不久他成功地设计出一系列有效的方式。巴德尔发明的新方法叫作"双倍或复试通风"，这种方法不仅避免了火炉通风的许多危险，而且也获得了其他有利条件，如使流动的空气分别进入不同的开采区域并通过不同的通道进入排气坑，将气流的距离缩短。除此之外，运用两股气流代替一股气流使得煤矿的空气状况得到改善，空气中的杂质也极大地减少了。利用这些改进措施之后，深层煤矿中可能遇到的许多严重的隐患被幸运地避免了。这种改进的通风技术被成功地应用在沃尔森德煤矿中，并扩展到其他地区。

18世纪和19世纪初英国煤矿通风技术得到一定的发展。对通风技术的运用走出了最原始的自然通风阶段，并走上发明创新的道路，出

---

① Hinsley, F. B., 'The Development of Coal Mine Ventilation in Great Britain Up to the End of the Nineteenth Century', TNS42, 1969–70, p.32.

现了许多创新技术。但客观地说，工业革命时期煤矿规模的增长比对矿井通风技术的发展速度更快，其表现就是煤矿事故不断发生。在许多矿井中，危险气体产生的速度超过了要清除它的通风方式所能达到的速度。在某些煤田中，尤其是南威尔士和南斯特福德，爆破工们经常被雇来在大多数矿工上班前进入矿井引爆气囊。这种方法虽不令人满意，但至少能短暂地清除井中聚集的爆炸性气体，使开采区保持几个小时的安全。总而言之，这一时期通风技术还处于探索阶段。火炉通风是这个时期大多数煤矿的选择，机械通风有待进一步的探索和尝试。

（三）照明方式的进步

在矿井中，除了窒息性气体外，大多数气体只有在点燃后才有爆炸的危险。因此，安全解决地下照明的问题是煤矿开采的一个先决条件。18世纪初，大多数矿井仍在使用明火照明，蜡烛仍作为一种照明工具被普遍使用。事实上，直到1815年，它仍是地下开采唯一有用的照明工具。尽管用明火照明是一种危险行为，但当时没有可供选择的其他方法。日益增多的爆炸事故以及对气体知识的了解促使人们开始考虑采用更安全的照明方式。

在18世纪中期，或更早时期，坎伯兰引进了一种照明设备，被称伦火石钢磨机。这个机械装置以一个燧石打击另一个圆形小磨石的表面产生持续的火光，发出光亮为矿井照明。据说一个工人可以使用它为其他7个工人提供充足的光线，巴德尔声称转动它是一件非常累人的事，因而不得不雇佣两个工人轮流转动它们，但认为火石钢磨机"在一定程度上比明火的危险性低"。① 实践证明，火石钢磨机作为一种在矿井底下照明的方式太缺乏安全性。以北方沃尔森德煤矿使用它的灾难性后果为例，在选择火石钢磨机作为地下照明方式的开发过程中，接二连三的爆炸迫使矿工们最后不得不放弃这种设备。

---

① Michael W. Flinn, *The History of the British Coal Industry*, *1700 – 1830*, *Vol. 2*: *The Industrial Revolution*, Oxford: Clarendon Press, 1984, p.130.

鉴于照明方式的落后以及频繁爆发的灾难,人们开始关注煤矿安全技术,思考如何设计一种更为安全的地下照明方式。19 世纪初,一系列关于安全灯的发明为煤矿照明带来新启发。早在 1811 至 1812 年年初,桑德兰一位医生威廉·克兰尼进行了安全灯的试验。经过多次失败的尝试后,他发明了一种手动灯,1813 年 5 月 20 日他在提交给皇家协会的论文中对其进行了描述。[①] 但是,矿主们和视察员对克兰尼发明的灯显露出冷漠的态度,甚至还有人反对。

此时,煤矿事故防治协会的一些成员及外界人士开始尝试设计安全灯。其中,最具有特色的是戴维灯,它由汉弗里·戴维(Humnhrey Davy)设计发明。1815 年年底,他制造出线规灯。1816 年 1 月,线规灯被送往英格兰北部矿场。在一些地方进行初步试验后,戴维灯受到了马蒂亚斯(Mathias)、巴德尔(Bader)和霍奇森(Hodgson)的高度赞扬。巴德尔说:"我第一次使用它是在地表上一种混合的爆炸物中,后来又把它带到一个煤矿,令我吃惊和兴奋的是它在煤矿中发出炽热的光,当时我无法表达内心的激动之情。"[②] 到 1830 年,巴德尔在他经营的煤矿中日常使用的戴维灯大约有 1 000 到 1 500 个,单就伦敦附近一个矿井中就有将近 900 个。它们比较便宜,由当地人制造,仅花费 5 或 6 先令。[③] 另外,斯蒂芬森发明的"苏格兰灯"也开始流行。但是,有许多矿井对新安全灯缺乏热情。1830 年,谢菲尔德煤矿公司仍为它在谢菲尔德公园和阿特克利夫的矿场购买蜡烛;位于巴恩斯利(Barnsley)附近的埃尔斯克(Elsecar)新矿场,在 1833 年的存货清单中,有 11 个安全灯被用于检查气体而非日常开采工作[④]。

---

① Robert Lindsay Galloway, *Annals of Coal Mining and the Coal Trade*, Vol. 1, London, 1898; reprinted with introduction by Duckham, B. F., Newton Abbot, 1969, p.421.

② Robert Lindsay Galloway, *A History of Coal Mining in Great Britain*, With a New Introduction by F. Duckham, Newton Abbot: David & Charles, 1969, p.170.

③ Michael W. Flinn, *The History of the British Coal Industry, 1700 – 1830, Vol. 2: The Industrial Revolution*, Oxford: Clarendon Press, 1984, p.142.

④ Fletcher, A., "The Development of Management in the South Yorkshire Coal Mining Industry, 1770 – 1835: A Study of Management at the Fitzwilliam and Norfolk Collieries", Sheffield University MA 1973. p.61.

安全灯的出现暂时缓解了煤矿开发的紧迫性问题，它不仅仅作为一种工具保全了数以千计的矿工，而且也使得数百万吨的煤被从地球内脏中挖掘出来。各类安全照明灯极大地便利了矿工对煤柱的回采，使得在利用蜡烛和火石钢磨机照明后，仍可最大限度地开采被抛弃的许多矿场。1824年，巴德尔告诉大卫："安全灯能使矿工为社会最大限度地生产煤炭，没有它的帮助就不会看到今天的光明。"[1] 安全灯使用后，矿井爆炸的严重态势得到缓解。但是，安全灯的引进并没有杜绝矿井爆炸。当各种形式的安全灯渐渐进入日常开采工作中，就需要对它们进行监督和指导。同时，由于早期的安全灯极不完善，常常和低级通风方式相配合使用，加之部分地区仍旧使用蜡烛照明，安全灯的技术完善以及普及工作仍有待进一步的发展和实践，因为技术进步不是一个短时间内就能解决的问题，煤矿照明和其他各类技术都有待于进一步的探索。

三、矿场管理的完善

煤炭的开采活动是一个十分复杂的系统工程，涉及许多程序和环节，因此，对一个矿场而言，管理工作是非常重要的环节。不同煤矿对各种各样的管理职责的分配、称呼，特别是其确切的定义各不相同。较大的矿场需要一个管理阶层，而小型矿场用一个官员或许就能应付，只有极少数矿场由所有者直接管理。一个矿场的管理工作包括有关规定、煤层的开采方位、道路的布局以及地下通风线路、开采方式的选择等，这些决策至关重要。就管理技术而言，这些工作需要监督者的才能以及会计技术，按任务和技术分配井下劳动，要考虑到地理因素，还要考虑安全因素等。除此之外，管理者要对开采过程中的排水、煤炭提升以及通风工作进行统筹安排，保证劳动力供应，饲养并且供应马匹，记录工人出工情况，支付工资，记录现金交易以及煤炭开采量。

---

[1] Michael W. Flinn, *The History of the British Coal Industry*, 1700－1830, Vol. 2: *The Industrial Revolution*, Oxford: Clarendon Press, 1984, p.144.

所有的花费和收入款的详细记录，最后必须作为煤矿主人的资料予以保存。因此，一个矿场的管理工作不仅仅是生产技术的重要环节，也是保障矿场生产效率的关键所在。

采煤是一个系统工程，煤矿开采的管理体系是煤炭生产率的重要保证。在18世纪到19世纪初期的英国，采煤业获得迅速发展，管理工作得到煤矿主的重视。煤炭开采包括两个基本过程：将煤提升到地表的生产过程以及通过运输将煤最终分配到消费者手中的销售过程。成功的开采不仅依赖于单个开采环节的有效性，也有赖于将生产过程协调统一的有效管理。在矿场工作中，最基本的组织是以矿工为核心的工作单位，他们负责煤炭生产各环节的具体工作，是采煤工作的具体实践者；在矿工之上是组织或监督其工作的工头、监工或主管，这些人属于初级管理阶层，他们的工作是监督和协调矿工的劳动，有时候也负责记录或登记矿工的工作出勤情况，负责矿场日常事务，并对上级管理人员负责；在矿场开采活动中的上层管理人员包括代理人、视察员，他们大多数是技术人员，有开采工程师的背景，他们对矿场所有者负责，从整体上控制生产的技术操作，是煤矿管理体系中的主导者。18世纪到19世纪初期的英国，矿场管理工作中最具特色的就是视察员。

（一）视察员的出现

在英国，许多矿场开采不仅仅是与某个土地主的资产相结合的经济活动，而且矿场的有效经营也包括土地主的代理人阶层，他们负责矿场的日常经营。一般而言，因矿场面积和地理位置不同，财产代理人与日常经营的联系程度或近或远。18世纪和19世纪初期，英国矿场管理方面最具特色的是煤矿视察员。

"视察员"这种表达在英格兰东北地区很普遍，该词可以追溯到动词"view"或"survey"。这种表达突显了视察员有一个很大的职责范围。视察员的称呼在18世纪中期以前少有听说，可能随着开采技术及规模的增加，这一类具有较高知识和技巧的管理人员顺应煤矿场的需要而出现。18世纪晚期，有顾问视察员、检查员以及大众视察员，他们之间没有绝对的区分,彼此也不是相互排斥。许多大型的东北矿场既有常驻视察员,也有顾问视察员。顾问视察员有时也被称为检查员,这种称呼更普遍地用于形容一个由出租人雇佣,以保护出租人利益的人。他们一般属于兼职性质,通常一周工作一天;常驻视察员照看并且指导矿场日常工作,顾问视察员向他下达命令让其执行。这种情况下,顾问视察员是首席视察员。依据矿场大小,首席视察员可以在一个或多个常驻视察员的协助下工作。拥有最高名誉的视察员被称作大众视察员,他们周围有许多学徒和助手。19世纪初,东北地区有三所学校负责培养矿场视察员,这三所学校由巴德尔、巴恩斯以及约翰逊领导。视察员之间还存在竞争,学徒毕业后由大众视察员推荐到矿场工作。

视察员的职责非常广泛。首席视察员,无论是常驻的还是顾问型的,都是管理员、工程师、调查员、会计和代理人的混合体。他们为矿场开采设计最有效的方法;他们组织、维护和改进工作,进行勘探和规划,负责安全检查;他们处理报告,订购材料、支付账单以及记录矿场日常事务并做备忘录;与矿主沟通时通常使用报告的形式,在起草租约或租借合同时扮演仲裁者的角色;他们的职责甚至延伸到矿场之外——负责车马道和码头,如果他们同时也是代理人的话,还负责将煤炭销售出去。一个顾问视察员能够并且通常在许多矿场同时担任职务,如巴德尔,除了作为伦敦德里郡庄园主的顾问视察员之外,还是沃尔森德和坦菲尔德莫尔的首席视察员及管理员。大多数视察员自由安排工作,不完全占有某种职位以便留出时间做自由顾问。

尽管1830年人们开始重视较为明确的职责界定,但在顾问专家和大众管理之间却没有一个清晰的划分。视察员们对开采的风险进行评估,对发掘煤炭的可能性及其相关程度给出意见。他们也受委托写出报告或对特殊困难及其危机提供二次意见,一般这些问题集中在空气污染、土层滑坡、火灾或是爆炸等方面。更为普遍的是当一个矿主死亡后,视察员作为遗嘱执行者,要在出租人和承租人之间、矿工和矿主之间以及煤矿主委员会和单个煤矿之间发生纠纷时充当仲裁人的角色。任何一个合格的视察员都会被委托制作报告,但是大众视察员的声望使得他们获得了很多委托。① 英格兰东北地区有声望的视察员作为一个专业指导员,他们收到的委托工作量常常超过他们在自己的煤矿的工作量,有时甚至收到国外的委托书。如 1825 年,巴德尔委派一个助理去葡萄牙为一群考虑投资的金融业者做报告;1837 年另一位被送到德意志对有关煤炭开采的问题向列文亲王做报告。到 1830 年,视察员身兼多种职能并在众多矿场同时工作,扮演着自由顾问的角色。18 世纪后半期,东北矿场中视察员也渐渐插手煤矿所有权。1750 年,威廉·布朗(William Brown)可能成为第一个转向投资采矿的人。其他人仿照他的做法,以矿场合伙人的身份参与采矿事务。

大多数视察员受到矿工们的信任。视察员和矿主之间的关系较复杂,他们对矿主负责。作为职业人士,对职业标准的忠诚迫使他们对矿工的生命有一种高于一切的关注,他们的判断决定着矿工们的安全。雇主和视察员之间的关系由合约或委托书信进行正式的调整。1800 年,伦敦德里勋爵任命的视察员都是以合约为基础的,他们一周参与两次矿场管理工作,并且在特殊时刻或有需要时,以及处理不幸事故期间出席。他们在常规巡视期间,要下井检查煤矿状况以及开采面的状况。②

综上所述,18 世纪工业化管理及其正在扩张的工业环境需要追求技术和管理的技巧,视察员正是在这样的背景下,从一个广泛的人群中突显出来。一部分视察员是在煤矿劳动中成长起来的;大多数视察员都经历了做学徒的阶段,至少在技工班中学习过。这个职业也有一种家族世袭的传统,例如 18 世纪下半期,达勒姆的兰顿矿场上,史密斯家族三代都是视察员,他们在东北地区被誉为最古老的视察员家族,

---

① Michael W. Flinn, *The History of the British Coal Industry*, 1700 – 1830, Vol. 2: *The Industrial Revolution*, Oxford: Clarendon Press, 1984, p. 61.
② Michael W. Flinn, *The History of the British Coal Industry*, 1700 – 1830, Vol. 2: *The Industrial Revolution*, Oxford: Clarendon Press, 1984, p. 87.

也有数学家的美誉。① 罗伯特·巴德尔（Robert Buddle）追随他父亲，成为苏格兰最著名的视察员。此外，对矿工而言，能通过代理人的关系或工头的关系晋升为视察员，像威廉·布朗早年在诺森伯兰地区经营自己的小矿场，后来成为斯罗克利矿场的视察员。相对于18世纪晚期和19世纪初管理员和视察员有较详细的信息而言，我们对18世纪早期的视察员所知甚少。这是因为18世纪早期相对狭小的煤矿难得雇佣受过较好训练的管理员工，他们没有很高的水平或影响力，从而未在煤矿史上留下太多的记录。② 作为一个关键性的群体，他们是矿场大规模扩张和开采技术复杂化的产物。这样一个群体的出现为工业的发展提供了必要的人才储备。

（二）"桑德兰学会"

在开采规模扩大的同时，矿场开采活动也开始走进公众的视野。随着频繁而剧烈的爆炸事故的发生，人们开始探索科学的开采方式以避免事故。较早关注矿场安全问题的是霍奇森。他住在纽卡斯尔，经常造访煤矿，希望可以找出事故发生的原因并采取防治措施。在他的倡议下，1813年10月1日，一些对矿场安全感兴趣的人在达勒姆（Durham）和诺森伯兰成立了一个协会，称为桑德兰学会。学会的目标是找出矿场通风的方法，避免煤矿事故的发生。大约从这时候开始，矿场安全成为公众关注的问题并且吸引了一大批科学家加入矿场开采技术的探索当中。

英国采煤技术无论在生产还是在安全方面，都突破了17世纪初期的原始方式，从而从人力走向机械化。安全因素日益凸显并成为采煤过程中最重要的问题，而通风、排水、照明所利用的方式也日渐多样化、复杂化。在煤炭生产中，无论生产、安全还是管理技术的进步，都反映出英国这时期煤炭工业的欣欣向荣，它们作为工业革命的重要

---

① NEL Bell 15/1/23, quoted in Michael W. Flinn, *The History of the British Coal Industry, 1700 – 1830, Vol. 2: The Industrial Revolution*, Oxford: Clarendon Press, 1984, p.64.

② Michael W. Flinn, *The History of the British Coal Industry, 1700 – 1830, Vol. 2: The Industrial Revolution*, Oxford: Clarendon Press, 1984, p.69.

内容同时又为工业革命的发展提供了充足的动力，为认识英国前资本主义时代的经济发展及其工业成长历程提供了关键线索。

第三节　19世纪中期到20世纪初英国采煤技术的新成就

采煤业中的技术进步并非一朝一夕可以完成，它没有整齐划一的时代界定。由于地理条件、生产水平、风俗习惯的差异，在英国各个采煤区之间存在技术发展上的差异。19世纪中期，这种差异得到了改善。英国采煤技术在前一个发明创新时代的基础上得到不断的完善和扩散：蒸汽动力已经广泛地运用于矿场生产的各个环节，成为采煤的生产动力。前一个时期的各项发明创新开始向英国各个采煤地带扩散。进入19世纪中期，技术上的各种创新和试验日益增多，前一阶段的技术发明逐渐传播到各个煤矿并得到进一步的发展完善。到20世纪初，煤矿生产中的新技术应用更加迅速和普遍，取得了很大的成就。

一、19世纪中期煤炭生产技术的发展和完善

（一）房柱式的完善及其向长壁式的过渡

19世纪中期以来，房柱式和长壁式继续被用于英国各个煤矿。随着实践经验的增长，不同地区依据自身的地理特点以及现状，对煤矿开采方式的选择更加成熟，并不断地完善，以适应煤矿生产的需要。

这个时期，英国开采方式的选择大致具有地域上的特点。一般而言，选择房柱式的地方有诺森伯兰、达勒姆、苏格兰、坎伯兰、兰开夏以及柴郡（Cheshire），南威尔士的部分地区也采用这一方式。此外，南斯塔福德郡和北方的一些厚煤层中也采用这样的开采方式。

房柱式已经得到非常广泛的使用。煤柱在第一次开采中保留下来以支持顶部，大多数煤炭在第二次回采煤柱的时候得到开采。房柱式尤其适合不太深的厚煤层的开采。这一开采方式到19世纪中期，在各个环节都有了很大进步。首先，对煤柱体系进行了许多调整和改进。随着煤矿深度的增加，必须要增加越来越大的煤柱以支撑顶部。在旧

的房柱式开采过程中，煤柱通常既小且呈正方形，它们被人们主观地作为开采的牺牲品弃于地下。从某种程度上讲，这种做法几乎遍及各地，某些地区甚至在进入19世纪中期后仍在继续使用这种做法，但它受到人们不同程度的排斥。同时，这一时期的煤柱面积也渐渐增大，达到以前宽度的两倍。英格兰北部的煤柱面积与矿井深度相适应，据米顿先生估计，60码的深度相应的煤柱宽度是5码（1码 = 0.9144米），煤柱和矿井深度的计算比例是1∶20。[1] 随着深度加深，煤柱也越来越大，以前偶尔进行的二次开采即回采煤柱的活动变成开采的最重要环节。其次，进步还表现在将煤柱移除工作和整体开采工作相结合，获得较好的经济效益。据说爱德华·波特（Edward Porter）将它作为一种"新的开采模式"于1841年运用在赫顿矿场以南的地区。[2]

使用房柱式开采的地区，需要特别指出的是苏格兰和威尔士。1851年童工调查委员会的报告附录中，记载苏格兰的开采方式至今没有一点进步，大部分的小矿井中煤柱仍然是正方形的。在苏格兰开采的所有煤炭几乎都是在第一阶段的开采中取得的，系统性的煤柱回采工作几乎还未开始。威尔士几乎所有煤炭都是经过单个开采获得的，煤柱的转移仍未大量实践。1846年的一则记录评价道："回采煤柱至今仍未在威尔士矿工的词汇中出现，但是我相信不久的将来它将成为南威尔士家喻户晓的词语。"[3] 房柱式开采正在得到引进，人们开始感到有必要把第一阶段留下的较大煤柱在以后更完全地转移。总体看来，煤矿中的房柱式开采日趋完善。

19世纪中期以来，与房柱式相对应的长壁式有渐渐取代房柱式的趋势。长壁式有时又被称作什洛普方式或南方煤田形式，主要应用于

---

[1] Michael W. Flinn, *The History of the British Coal Industry*, 1700–1830, Vol. 2: *The Industrial Revolution*, Oxford: Clarendon Press, 1984, p.231.

[2] Michael W. Flinn, *The History of the British Coal Industry*, 1700–1830, Vol. 2: *The Industrial Revolution*, Oxford: Clarendon Press, 1984, p.233.

[3] Robert Lindsay Galloway, *A History of Coal Mining in Great Britain*, With a New Introduction by F. Duckham, Newton Abbot: David & Charles, 1969, p.238.

约克郡、德比郡和诺丁汉郡煤矿。长壁式发展的进步同样巨大。第一，早期使用长壁式工作面的长度约从 60 码至 80 或 100 码，但是在这个时期加长了。1841 年德比郡阶段工作面的长度延伸到了 200 码或 250 码。第二，19 世纪中期长壁式得到广泛推广的同时，它的设计和开采程序也得到了改进。如德比郡和诺丁汉郡，采用了木桩或石柱式的人工支柱，伴随着铁轨和有轮马车的使用和导向轨的引进，长壁式采煤效率迅速攀升，使得它们成为采煤区中最突出的两个地方。19 世纪中期还出现了铁柱，它们支撑煤层，在受到破坏时能再次铸造，所以，对矿场而言，可以减小成本。早在 1841 年年初约克郡就开始使用铸铁柱子，到 1849 年有了相当多的同类支柱。北方地区在 19 世纪中期尝试引进长壁式之前，还很少听说有这些铁柱和木柱做成的支撑工具。鉴于其优越性，长壁式在这一时期获得极大的推广。

德比郡只有少数煤矿使用房柱式，这个郡的绝大部分及其周围地区，"以所谓的长壁式工作或利用长若干码的开采面在适宜的环境下开采，这种方式只有少量的煤炭被留在了地下"①。再向北发展，约克郡煤矿中的长壁式开采面较多但其长度比德比郡短。19 世纪中期，索梅塞特郡普遍采纳了长壁式开采方式，迪安森林煤矿约于 1820 年开始引进，此后一直在部分地区使用。约在 1840 年，这种开采方式在南威尔士和蒙默塞特郡煤矿也得到推广。莱斯特煤矿的长壁式开采可能是于 1841 年引进的。② 兰开夏郡和柴郡的长壁式方法虽没有详细的使用记录，但是在阿瑟顿和利兹附近的一些煤矿早就以什洛普方式进行开采。纽卡斯尔—泰因河一带，长壁式自 19 世纪初采用以来，已获得很大推广。19 世纪中期，支持长壁式的人诸如 W. W. 史密斯（Smith）、J. T. 伍德豪斯（Wodehouse）向贵族委员会指出，长壁式具有通风简单、采空区的封闭性良好以及不浪费煤等优越性，后来在 T. J. 泰勒

---

① Robert Lindsay Galloway, *A History of Coal Mining in Great Britain*, With a New Introduction by F. Duckham, Newton Abbot: David & Charles, 1969, p.242.

② Robert Lindsay Galloway, *A History of Coal Mining in Great Britain*, With a New Introduction by F. Duckham, Newton Abbot: David & Charles, 1969, p.247.

(Tylor)的提倡下,其他视察员也渐渐接受长壁式开采。大约在1849至1850年,同时有许多人尝试将它引进纽卡斯尔地区,但是大多数尝试都宣告失败。虽然长壁式的优势日渐受到人们的极大赞扬,但仍未在北方、约克郡、兰开夏和南威尔士的大矿区获得立足之地,只是使用它的矿区增多。

综上而论,无论是长壁式还是房柱式的开采方式,这个时期英国煤矿中对开采方式的完善都是毋庸置疑的。长壁式比房柱式更具许多优势,它易于通风和大规模开采,并且可以减少煤炭的浪费,矿工能更容易地在开采区展开工作。随着煤矿深度的延伸,煤矿中的气体问题、采空区的危险问题使得人们在使用这两种方式的过程中还对它们进行了融合和发展。除这两种方式外,在英格兰中部地区,尤其是南斯塔福德郡煤田还采用倒向开采法,兰开夏郡和约克郡也有类似方式。

(二) 机械化开凿及其切割的新尝试

19世纪初期,在煤炭开凿和切割领域出现诸如使用火药和机械化的尝试,到这个世纪中期仍在继续尝试和利用,并且出现了一些新的技术进步。首先明确的一点是机械渐渐代替了人工劳动的模式。早期有许多发明者诸如迈克尔·孟席斯(Michael Menzies)以及威廉·布朗等对煤炭开凿工作提供了许多创新性计划,乔治·斯蒂芬森(George Stephenson)也设计了一台煤炭切割机——不过事实证明它无法和矿工们的凿子竞争。就经济效益而言,凿子一直都是矿工们的"武器王后"[1]。

19世纪中期开始,煤炭开凿方面出现一系列新建议。1843年,牛顿利用锯、锉或其他旋转工具切割煤炭,并为这项建议申请了一个专利。1846年,W. H. 贝尔(Bel)提议使用一种沉重的凿具代替之前的工具以便减少废弃物。以上计划是否在实践中得到运用并没有确切记载。1847年,兰开夏郡煤矿尝试使用一台真正的机器切割煤炭,它

---

[1] Robert Lindsay Galloway, *A History of Coal Mining in Great Britain*, With a New Introduction by F. Duckham, Newton Abbot: David & Charles, 1969, p. 371.

是由 W. 斯托里（Story）发明的，他相信使用它可以得到比人工劳动更高的效率。这一时期部分地区也开始尝试将机器用于煤炭切割，但是似乎没有特别成功的例子。

楔下煤炭的方法继续得以实践，但更为普遍的是使用火药爆炸。这种方式已经渐渐在英国所有的地区得到运用，甚至在排斥火药的英格兰北部矿场也有人使用，视察员们也开始转变态度支持它们，这与它所具有的生产力是分不开的。除此之外，1844年，矿工们开始将熔丝引进英格兰北部地区用于爆破。19世纪还存在使用电流爆炸的方式，富兰克林认为使用电火花的方式可以点燃火药，并认为在经过长期的试验之后它可以成功地应用于煤矿生产中。很显然，自电力发明后，人们开始尝试将它用于采煤过程中，但是它只是处于萌芽阶段。

就钻探技术的某些进步而言，为了在矿井更深处加快钻探速度并使钻孔扩大，英国和欧洲大陆都引进许多新的计划。另外，蒸汽动力也得到了广泛的运用。到19世纪中期，煤炭开凿和切割仍然承袭了上一个时期的技术并不断地得以完善。

（三）蒸汽机运用于地下煤炭运输

19世纪中期，英国煤炭地下运输技术取得了极大的进步。煤炭生产过程中的地下运输环节在前一个阶段的发展基础上进一步完善。首先需要说明的是，自18世纪以来一直用于地下运输的煤筐和木箱继续得到使用。其次，19世纪中期蒸汽机开始普遍用于地下煤炭的运输当中。可以说，"在所有技术问题中，某些最重要的问题则全都是寻求新能源和发动机，特别是在采矿方面"。① 19世纪初期，地下蒸汽机已开始成为采煤活动的一个重要组成部分，瓦特专利权终止后不久，特里维西克（Trevithick）发明了非凝汽式高压蒸汽机。从这时开始，人们设计并展开了利用蒸汽动力进行地表运输的试验。随着地面铁路系统的不断推广，这种运输方式上的革新也延伸到地下运输中。

---

① ［英］J. S. 布朗伯利编：《新编剑桥世界近代史》第6卷，中国社会科学院世界历史研究所组译，中国社会科学出版社2008年版，第97页。

地下蒸汽机最初比较普遍使用于矿井内的倾斜面运煤。巴尔德早在1820年就热情地论述了利用高压蒸汽机在倾斜面运煤的方法，1840年贾罗、南希尔兹等矿场上使用蒸汽机将煤从倾斜面运输到井筒，距离长达1 000码。① 兰开夏和柴郡煤矿中，19世纪30年代使用蒸汽机拖运煤的方式已经相当普遍，40年代这个地区许多煤矿都在使用机器运输。1830到1840年间，在倾斜面使用蒸汽机将煤运出煤矿的方法已经在其他许多煤矿中得以运用，机器有时放在地表，有时位于地下。

地下运输中的另一个进步是地下道路和运输工具的革新。地下轨道建设成为矿场开采的一项重要工作，有的地方所使用的轨道是铁轨，如达勒姆的赫本矿场。19世纪50年代早期由柯尔引进的延展轨道代替了平伸的铸铁旧煤车道，熟铁代替生铁用在矿场，而这个时期钢仍是一种稀少且昂贵的物品。除此之外，机械运输手段也得到改进。为节省资本和人力投入并提高效率，地下运输中的推车人已被马匹取代。为了尽量避免使用蒸汽机造成的危险，人们在改进机器安装方式的同时，也对蒸汽机进行了改造，改用其他动力推动机器工作。除了前面所提到的水力之外，这一时期，最具特色的动力机是空气机——压缩空气机不仅克服了使用蒸汽机的障碍，而且间接地作用于矿场开采的其他活动中。到1850年，这种新动力开始为人们所重视，在英国不同的地方得到使用，尤其是地下运输中，它代替了蒸汽动力。

（四）煤炭提升以及筛选技术的机械化趋势

19世纪中期，英国煤矿中使用蒸汽机进行煤炭提升成为普遍现象，蒸汽机在地下提升中的应用也不例外。在北方矿场，一个矿井中利用两台提升机已经成为很正常的事情。但是，在产量较小的英格兰中部浅层煤矿中，通常使用一台蒸汽机承担两个矿场的工作。在兰开夏郡和柴郡某些较深的矿场，约于1841年使用了直动提升机；同一时期的彭德尔顿有一台高压提升机；1841年位于维冈附近的一个深度达1 242

---

① Robert Lindsay Galloway, *A History of Coal Mining in Great Britain*, With a New Introduction by F. Duckham, Newton Abbot: David & Charles, 1969, p.341.

英尺的新矿场安装了175马力的高压提升机。斯塔福德郡煤矿中用于提升目的的机器却只需2马力就足够承担工作，有时相同的蒸汽机负责3、4、5、6、7个甚至8个矿井的提升工作。① 在苏格兰，1840年高压蒸汽机被用于艾尔德里地区以及格拉斯哥东部，而爱尔郡普遍使用的仍是纽卡门蒸汽机。此外，蒸汽机的提升效率不断提高。这一时期新开凿矿井中提升机的动力大大提高。1841年，哈顿新开发矿场上的提升动力达到95马力，位于默顿的3个提升机各有120马力，而且还在不断增长。② 与此同时，煤筐的提升速度也有所增加，为了提高煤炭生产效率，英国矿场上出现了各种速度竞相提高的提升机。

19世纪中期一些新发明的提升技术如矿车、罐笼以及导杆等开始得到迅速推广及运用，尤其是在英格兰北部，有记载说："1849年珀西和菲林（Felling）是仅有的两个没有使用它们的矿场，但是他们当时正在考虑引进这些方式。"③ 这些由T. Y. 霍尔发明的新技术不仅传播到了威尔士和苏格兰，还进入比利时、法国、澳大利亚和普鲁士。矿井安全装置对保证提升效率和安全性有积极意义，是这时期采煤生产技术进步的重要保证。在英国各个地区，这些新工具各不相同，有的地方如兰开夏、约克郡等地导杆常常是铁制的；而英格兰北部，它们几乎都是木制的；斯塔福德郡、南威尔士等地区却是链条式的。矿车或木箱有时是木制的，有时是铁制的，一般运输4到10英担煤炭。

在矿井提升工具革新中，提升绳也经历了深刻变化。19世纪上半期，英国的南部煤矿，尤其是生产铁的斯塔福德郡、什洛普郡以及南威尔士等地区的一些矿井，提升煤炭时普遍使用了扁环节链和单环链，但在更北的诺森伯兰和达勒姆、坎伯兰、兰开夏以及约克郡，直到

---

① Robert Lindsay Galloway, *A History of Coal Mining in Great Britain*, With a New Introduction by F. Duckham, Newton Abbot: David & Charles, 1969, p.328.
② Robert Lindsay Galloway, *A History of Coal Mining in Great Britain*, With a New Introduction by F. Duckham, Newton Abbot: David & Charles, 1969, p.327.
③ Robert Lindsay Galloway, *A History of Coal Mining in Great Britain*, With a New Introduction by F. Duckham, Newton Abbot: David & Charles, 1969, p.328.

1841年提升煤的工作几乎都是由麻绳完成的。1830到1850年，提升过程中一个很重要的技术进步是铁丝绳的运用。1834年，由艾尔伯特发明的铁丝绳出现在哈尔茨山的一个矿场上，它们被用于提升铁矿石。人们渐渐发现铁丝绳的轻便持久性以及经济性都超出了以前使用的绳子。1840年前后，铁丝绳开始在煤矿中得到运用，它的第一次使用是由马蒂·亚斯敦在圣劳伦斯矿场上进行的。不久以后，伯明翰附近的一个矿井中使用了铁丝绳，它们在英国迅速得以推广。1841年，铁丝绳在英格兰北部最初用于铁路，而非提升煤炭。大约同时期德比郡的一个矿井上也使用了铁丝绳提升。① 就在矿场渐渐接受铁丝绳的同时，扁平铁丝绳的发明对它的进一步普及给予了一个新的推动力，而这种铁丝绳早在一两年前就已经在欧洲大陆其他国家得到了利用。1841年9月，兰开夏的彭伯顿矿场上使用铁丝绳的效果超出了所有人的预料，1842年年初，约克郡使用了这种新型的绳子。它被看作深层矿井中最出色的发明工具，其优势受到了人们高度赞扬，以至于它被广泛应用于诺森伯兰的矿场。

这一时期，地下煤炭提升工作的进步是巨大的，这可以从英国煤产量的增长中得到证实。据统计，在进入19世纪时，"英国的煤炭产量大约已达到1 000万吨，或者说，生产了占世界总量大约90%的煤炭，英国最接近的竞争对手法国，它所生产的煤炭尚不足100万吨"。② 到1835年，一个矿井的煤炭产量最大约300吨，1850年每天12个小时可获得的产量约为600到800吨，同时提升速度也从1841年13.5英尺每秒上升到1849年26.5英尺每秒，效率提高了将近1倍。③ 19世纪中期后不久，双汽缸蒸汽机开始进入矿场，既用于提升也用于运输。

---

① Robert Lindsay Galloway, *A History of Coal Mining in Great Britain*, With a New Introduction by F. Duckham, Newton Abbot: David & Charles, 1969, p. 332.

② [英] 艾瑞克·霍布斯鲍姆：《革命的年代：1789—1848》，王章辉等译，中信出版社2014年版，第53页。

③ Robert Lindsay Galloway, *A History of Coal Mining in Great Britain*, With a New Introduction by F. Duckham, Newton Abbot: David & Charles, 1969, p. 334.

1830 至 1850 年，对煤的筛选更加复杂化。究其原因，首先是末煤的需求日益上涨。19 世纪中期，随着制造业和冶铁技术对煤需求的上升，末煤的地位发生了彻底改变——火堆已成为过去的事了，而末煤得到充分使用。令人惊奇的是，一些矿场上甚至将煤块用机器粉碎，以更好地将其用于制造焦炭，来满足铁厂和机车对其不断增长的需求。对焦炭需求的上涨以及各个煤场普遍展开的炼焦活动使得煤炭的分类日趋明确。"根据 J. U. 奈夫的说法，从煤炭制取焦炭的方法（即如何清除物质内部所包含的不纯成分）最早发现于内战期间在德比郡为酿酒而干燥麦芽的实践。使用这种利用焦炭干燥过的麦芽酿制的啤酒，其口感更甜更纯。"① 到 19 世纪以后，对焦炭的获得更加成熟，需求也更为庞大。因此，煤矿中对煤的筛选与以前相比更加细致，分类更加明确。

在北方矿场上，运到地表的煤炭一般经过筛选被分成三类。第一次通过筛选的煤占 5/8，主要是圆煤、大块煤，约占出产煤整体的 66%，它被冠以一种流行的名字叫作"沃尔森德煤"或"伦敦煤"。② 在一些生产末煤的矿场上，这一简单程序已经足够，但大多数情况下煤炭还要经过进一步的筛分以便更容易出售。出于这种目的，利用一个机械装置进行第二次筛选，小块煤被叫作"坚果"，约占矿井产量的 12%。在第三阶段中利用网眼将混入小块煤的废物或煤渣除去，其约占产量的 11%。③ 因此，筛选技术也得到了发展。在兰开夏郡，罗伯特·沃克（Robert Walker）在 1844 年发明并获得一种缓慢旋转的粗筛专利，被用于梅瑟、斯皮克曼、圣海伦等矿场。这种技术被一台蒸汽

---

① [英] E. E. 里奇、C. H. 威尔逊编：《剑桥欧洲经济史》第 5 卷，高德步、蔡挺、张林等译，经济科学出版社 2002 年版，第 428 页。

② Robert Lindsay Galloway, *A History of Coal Mining in Great Britain*, With a New Introduction by F. Duckham, Newton Abbot: David & Charles, 1969, p.361.

③ Robert Lindsay Galloway, *A History of Coal Mining in Great Britain*, With a New Introduction by F. Duckham, Newton Abbot: David & Charles, 1969, p.361.

机带动，能节约很多劳动力，每天可以筛分400至500吨煤。[1] 在康沃尔的铜矿上，曾有类似的格筛使用了很多年。不久在其他的矿场上得到使用；1847年，沃克的粗筛被推广到曼彻斯特附近广大矿场上；两年后它遍及整个郡，但诺森伯兰和达勒姆没有使用这种装置。

除了筛选工作进一步细化外，这一时期出现了另一个新工序——洗煤。这项任务似乎在大陆地区更早地得到关注，它是由法国人米贝拉尔发明的。洗煤包括利用不同物质的独特重力进行机械方式的分类：煤被集中在滚筒里，利用一种活塞方式在一个含水的过滤网中搅动它们。这一时期桑德兰的詹姆斯·莫里森（James Morrison）先生已联合两个法国人在达勒姆地区洗煤，利用这种洗煤机成功地将废煤转化成有价值的煤炭。

二、19世纪中期采煤中安全技术的发展

（一）排水动力的迅速革新

19世纪初期，煤炭生产中排水机械的运用已经十分普遍，并取得了巨大成就。机器抽水为煤矿的进一步发展提供了充分条件，可以说，18世纪到19世纪前20年是煤矿排水技术大发展的时期。工业革命的成果——蒸汽机被大范围地用于排水，为煤矿开采工作保驾护航。到19世纪中期，排水技术革新的成果继续得到利用，排水效率进一步提高，使开采更深的矿井成为可能。1819年，在谢菲尔德就已经出现三四百英尺深的矿井。[2]

19世纪中期，蒸汽机在英国大多数地方都发挥着双重作用，既用于提水，也用于提煤。机械排水技术的进步主要表现在两方面：第一，机械提水的动力迅速上升。在英格兰北部较强大的抽水蒸汽机中，珀西的抽水机制造于1840年，有250马力；北方最强大的抽水机是南赫

---

[1] Robert Lindsay Galloway, *A History of Coal Mining in Great Britain*, With a New Introduction by F. Duckham, Newton Abbot: David & Charles, 1969, p.361.

[2] John Harold Clapham, *An Economic History of Modern Britain*, Cambridge: Cambridge University Press, 1932, p.43.

顿机器，抽水动力达 300 到 350 马力。在北方煤矿中需要提升的水超出运输煤炭所使用的动力，"提升机器约 8.285 马力，抽水机的动力大约 10.919 马力"。① 1843 年在兰开夏郡，为了排出彭德尔顿矿场的水，人们使用了一台 260 马力的机器。第二，用于排水的蒸汽机类型也有所发展。1848 年，维冈出现了直动式的布伦型机器（direct-acting engines of the Bulltype），汽缸尺寸达到 100 英寸，长约 17 英尺，它所使用的汽缸尺寸在当时来看，是所有抽水机器中最大的。

相对于之前矿井中的排水技术，19 世纪中期煤矿开采中机械排水已取得巨大成就。排水技术的进步也意味着人们对煤矿开采越来越具有主动性，在与地下水的斗争中，取得了初步胜利。从自然排水沟到深井机械排水的技术进步，为英国煤炭工业迅速发展奠定了坚实的基础。

（二）通风技术的完善

工业革命时期，随着煤炭工业的不断发展，19 世纪三四十年代，已知的最深矿井，即位于北斯塔福德郡莱姆河畔的亚皮德尔矿井，已达到 2 100 英尺。② 不同于露天矿井，较深的矿井必须考虑通风问题，通风是进行煤矿深度采掘的前提。在 18 世纪到 19 世纪初期，发明的通风技术确保了深井作业，其主要包含三种通风方式：火炉通风、蒸汽通风以及机械通风。这极大地提高了矿井通风质量。

火炉通风技术由来已久，特别是在北方矿场。在北部英格兰，煤矿不仅获得了巨大的空气流量，而且一直保持燃烧，从不终止，夜以继日，即使是假日和周末也如此。在这里，通风区被风障隔开并进行引导，以尽量减少空气流动距离，扩大通风面积。原始的自然通风或火灯（fire-lamp）方式已经被人们抛弃或仅被保留在煤层露出地表的浅层煤矿。随着实践的发展，到 19 世纪中期，北方矿场的空气流量与以

---

① Robert Lindsay Galloway, *A History of Coal Mining in Great Britain*, With a New Introduction by F. Duckham, Newton Abbot: David & Charles, 1969, p.339.

② John Harold Clapham, *An Economic History of Modern Britain*, Cambridge: Cambridge University Press, 1932, p.43.

前相比获得巨大提高（表1-2）。① 除此之外，19世纪中期北方许多矿场针对采空区气体爆炸事故的频繁发生，开始尝试采空区通风的可行性，并在哈斯韦尔沃克煤矿进行实践。1849年的报告表明，北方地区最出色的活动就是以采空区通风为目标的实践。

除北方地区外，火炉通风的方式在约克郡和兰开夏郡也获得了重大进步，但在德比郡、莱斯特郡和南威尔士以及其他地方取得的进步相对较小，它们的火炉通风所达到的气流量和持续程度都不够强大，它们的煤矿也没有那么深或广阔。在许多地区，火炉被置于地表，与烟囱相连接，有的地方习惯于夜间熄灭火炉以节约煤和燃料。随着1845年接二连三发生的爆炸，人们开始重视对通风技术的改进，有些地方甚至开始将通风问题提到关键地位来考虑。19世纪中期，德比郡、莱斯特郡、兰开夏以及柴郡都建造了火炉进行通风，但是大多数地区的通风都没有达到要求。在南斯塔福德郡、瓦利克郡以及伍斯特郡、什洛普郡，火炉通风几乎无人知晓，空气的流动往往依靠自然力量，偶尔使用火灯进行补充。

---

① Robert Lindsay Galloway, *A History of Coal Mining in Great Britain*, With a New Introduction by F. Duckham, Newton Abbot: David & Charles, 1969, p.258.

表 1-2：北方煤矿场的空气流量①

地　　点	立方英尺/分（Cubic feet of per minute）
赫　　顿	190 000
赫顿南及莫顿	132 895
沃尔森德	121 360
哈斯韦尔	100 917
泰因梅茵	94 810
赫　　本	77 005
索思利	76 331
蒙茅斯	70 500
威灵顿	66 500
珀西梅茵	54 698
菲　　林	54 000
贾　　罗	47 932
沃　　克	44 800
贝尔蒙特	44 007

就火炉通风而言，19世纪中期时的使用范围正在逐渐推广，通风的气流量不断增长。还应看到，有的地方对火炉通风的应用处于正在接受的阶段。当然，还有一个不能排除的因素，即地理条件的限制（如南威尔士煤矿），许多煤矿呈水平或倾斜状，它们不适合采用火炉通风。此外，这种制造气流的方法也有不利的一面，即它不适合浅层矿井以及水平或倾斜矿井的通风，即使在最适宜的条件下，使用火炉也会有一定的危险。例如：木制风障易于着火；使用火炉会使拖运煤的绳子和索具受到破坏，且对金属井壁也有害处。当火炉在爆炸危险的情况下被熄灭后，矿井立即丧失通风动力，造成巨大通风困难，更不用说重新点燃所带来的危险和恐惧。由于存在这些缺陷，19世纪上

---

① Robert Lindsay Galloway, *A History of Coal Mining in Great Britain*, With a New Introduction by F. Duckham, Newton Abbot: David & Charles, 1969, p.258.

半期开始,几乎同时还出现了蒸汽喷射和机械通风机。

蒸汽通风技术早在19世纪30年代以前就已出现,但那时它的使用仅作为权宜之计。1811年,赫本矿场因发生土滑产生大量气体无法开工,巴德尔曾使用一台蒸汽通风机协助其通风;斯塔福德郡因使用火炉发生危险时,相关人员为协助工作利用蒸汽排放以促使空气流动。1835年,埃利奥特(Elliot)在达勒姆一个矿场利用一种高压蒸汽机的废气清除开采区聚集的气体来点燃火炉,但直到1839年,蒸汽机才被视作一种通风动力和可能代替火炉的工具。与英国同时出现蒸汽通风技术的还有比利时。经过多年实践,有人提出两个使用蒸汽的通风计划。接下来几年,比利时对使用蒸汽通风进行了一些实验,而英国的蒸汽通风试验却被搁置,直到1848年采矿工程师才针对火炉和蒸汽通风的相对优势展开了一场竞争性争论。

1848年,诺森伯兰的视察员 T. E. 福斯特(Forster)设计了一种蒸汽通风方式,空气循环量每分钟达到79.359立方英尺。相较之下,使用火炉获得的气流量每分钟最大达到53.058立方英尺。他声称这种通风技术使锡顿·德拉瓦尔(Seaton Delaval)的通风量增加50%,非常令人满意。① 大约从那时开始,人们对高压蒸汽通风机投入关注,到1850年年底前,英国各个地区已经展开使用高压蒸汽机进行通风的试验。然而,所获得的成效各不相同:在有些地方,它被视为非常成功的技术,有些地方则是完全失败的。格尼(Geni)、马瑟(Masser)、福斯特(Forster)、达林顿(Darlington)对新的通风方式非常赞同,认为蒸汽喷射能产生一种无限制的空气量;他们将失败的案例归咎于应用不适当,认为阻止广泛采纳它的人是带有偏见的。1850年年末,这种方式仅在北方一个矿场继续使用,其他所有关于它的尝试都已放弃。但可以肯定的是,蒸汽喷射能产生巨大的气流,在使用火炉可能遭遇异常危险的地方能提供有益的协助。在尝试使用蒸汽为煤矿进行通风

---

① Robert Lindsay Galloway, *A History of Coal Mining in Great Britain*, With a New Introduction by F. Duckham, Newton Abbot: David & Charles, 1969, p.273.

的同时，机械通风也受到人们的关注。

机械通风最先出现在煤矿比较平展或深度较浅的地方，或是开采区有一定倾斜度的深井之中。在这里，使用火炉通风的技术无法达到有效的作用，机器通风以一种永久的方式代替了火炉通风。19世纪20年代，已有许多人开始关注机械通风技术。1807年，在赫博恩煤矿出现了最早的通风设备，即由巴尔德使用的气泵。[①] 1820年，巴尔德在他的著作中还提到了手动式通风扇，用于驱使空气流动。但它只作为一种临时方式。此时，机械通风大多数情况下仅被间歇性使用。约在1840年，机械通风逐渐在英国和欧洲大陆国家的采矿业中得到重视并突显出来。比利时率先使用机械通风，在1850年，火炉通风几乎完全被机械通风机所取代。[②] 就整个英国煤矿的通风状况而言，到1840年尽管有许多地方有小的原始的吹风扇，但在日常开采中几乎没有可使用的通风机器。

19世纪中期，英国煤矿有许多人工操作机械通风机。什洛普郡中有一种叫作"Blow-Geogre"的机器，类似于农民使用的扬谷风扇，由6个人操作，主要用于开凿深井或开发水平巷。瓦利克郡也有类似的由一两个人操作的机器，将空气用管道送至工人采掘区。此外，德比郡、兰开夏郡、南威尔士、苏格兰北部也在使用通风机，但它被视作不值一提的工具，表明了这个时期机械通风方式的微弱性，它还没有成为一种普遍性的通风方式，只是一种临时的、补充性的通风技术。也正是从这个时期开始，机械通风装置渐渐进入矿场，与火炉通风方式形成竞争。19世纪50年代以来，机械通风实验在各地不断进行，风扇通风在兰开夏郡的许多矿场得到运用并成为一种被认可的通风方式。

总之，到19世纪中期英国的煤矿通风技术在前一个历史阶段基础上继续得以发展。不同的是，这时期通风的方式更加多样化、复杂化。

---

① Charles Singer, E. J. Holmyard, A. R. Hall, T. I. Williams, *A History of Technology*, Oxford: Oxford University Press, 1958, p.62.

② Robert Lindsay Galloway, *A History of Coal Mining in Great Britain*, With a New Introduction by F. Duckham, Newton Abbot: David & Charles, 1969, p.292.

英国各个煤矿都开始将通风问题作为煤炭生产的关键要素，人们对通风技术的认识不再停留在疏导气体阶段，他们试图进一步采用多种方法和手段控制气体。机器的发明和蒸汽机的普及让通风技术步入了机械化时代。蒸汽通风的试验以及简单的机械通风都反映了人们在应对自然环境过程中的能动性。尽管爆炸依然发生，但火炉通风效率的提高、蒸汽机通风方式和机器通风的不断尝试，都显示着英国在煤矿生产中的技术进步。技术的进步不仅仅为英国煤炭工业生产和发展提供了有利条件，更在于使得人们在生产中的主动性加强，生产环境和矿工安全得到了改善，为以后的技术进步和生产发展提供了充分条件，积累了宝贵经验。

（三）照明技术的发展

煤矿照明技术继续创新，但新发明的安全灯在英国煤矿中受到一系列因素的限制。19世纪中期以来，安全灯得到迅速推广，但随之人们对安全灯的批判和指责也越来越多。议员戈德斯沃、格尼阿普顿和罗伯特等人在南希尔兹委员会中强调并宣传安全灯的不安全性，其影响一度扩展到国外。在法国，人们公开宣称戴维灯没有在英国得到应用，因为它是一次完全失败的发明。有人反复强调，自安全灯"广泛使用"以来，煤矿中的爆炸比之前更加频繁，安全灯"实际上对英国是一个诅咒"。[①] 默里是谴责安全灯最激烈的人士之一。他曾经热烈地赞赏过戴维灯的引进并且坚定地拥护它的使用，后来却走向另一个极端。他强调，安全灯造成了爆炸，尤其是作为一种探照灯被使用时。默里博士认为安全灯之所以成为大灾难的罪魁祸首，主要问题在于人们对这种发明物过分相信，轻信灯的绝对安全而忽视了矿井的通风，这些失误综合起来造成了生命的丧失。在一封提交给国王的请愿书中，他将戴维灯描写成"引诱破坏的元凶"。默里的观点虽有失偏颇，但也反映出安全灯在使用过程中存在的一些问题。

---

① Robert Lindsay Galloway, *A History of Coal Mining in Great Britain*, With a New Introduction by F. Duckham, Newton Abbot: David & Charles, 1969, p.304.

戴维灯的使用过程从不是一帆风顺的。1830年以来，戴维灯在各个矿场使用数量有极大差异，大部分地方依据回采煤柱的活动确定使用数量。到1841年，使用数量最多的在赫顿。这里刚刚引进了紧随整个煤矿开采之后的煤柱转移工程，当时戴维灯的库存据说不少于800个。① 相较之下，蒙茅斯（Monkwearmouth）有些地方却只有四五个戴维灯在使用，对使用比较普遍的赫顿矿场，有将近1/3或1/4的时间里几乎完全没有安全灯，所依赖的是通风的有效性。在诺森伯兰和达勒姆煤矿外部以及坎伯兰的怀特黑文地带，直到1841年戴维灯作为一种工作用具使用依然很少。大卫安全灯使用的规模同样很小，博尔顿针对1841年兰开夏郡和柴郡煤矿中戴维灯的使用情况说："一般是不需要的，除非分配给矿工们在开始工作前检查各个不同的工作区。在易受沼气危害的煤矿中，安全灯总是用于检查煤矿的状态。"②

戴维灯在矿场使用时存在的另一个问题是矿工对灯的抵触情绪。这种抵触情绪广泛地存在于各个煤矿中。兰开夏的矿工们很不乐意使用戴维灯，因为它提供的光亮微弱。管理员在推广它的过程中经历了很大困难，"这里的矿工们特别讨厌使用安全灯，利用各种托词以避免使用"。在约克郡，戴维灯没有得到经常性利用的原因是"通常它们比蜡烛发出的光更少，人们总是尽量回避它，因为他们是以计件工资的方式劳动，因而任何耽搁都是损失"。③ 斯塔福德郡的矿工们对安全灯的使用存在类似的厌恶，在南威尔士也一样。④ 当时的德比郡、兰开夏郡、瓦利克郡、索梅塞德郡以及苏格兰地区，1841年以前安全灯几乎还未在开采中使用过。除了诺森伯兰和达勒姆煤矿部分地区在开采煤

---

① Robert Lindsay Galloway, *A History of Coal Mining in Great Britain*, With a New Introduction by F. Duckham, Newton Abbot: David & Charles, 1969, p.306.

② Robert Lindsay Galloway, *A History of Coal Mining in Great Britain*, With a New Introduction by F. Duckham, Newton Abbot: David & Charles, 1969, p.309.

③ Robert Lindsay Galloway, *A History of Coal Mining in Great Britain*, With a New Introduction by F. Duckham, Newton Abbot: David & Charles, 1969, p.309.

④ Robert Lindsay Galloway, *A History of Coal Mining in Great Britain*, With a New Introduction by F. Duckham, Newton Abbot: David & Charles, 1969, p.310.

柱中使用外，英国煤炭开采中实际都以明火进行照明。

伴随煤矿规模的不断扩大以及接连发生的煤矿爆炸事故，以前很少听说过的一些地方也成为众人关注的焦点。严格限制明火照明以及采纳安全灯的必要性变得越来越迫切。但对安全灯管理的漏洞削弱了它的效率。由于纪律松弛以及使用时工人的无知和鲁莽，很大程度上造成安全灯的使用没有效率。有些工作人员甚至一只手持点燃的蜡烛，另一只手拿着安全灯；甚至于手持明火到使用安全灯的工作场所，或随便将安全灯的灯罩去掉。1847年，约克郡周边发生了一次爆炸，其原因是安全灯纱网上出现了一个洞。[1] 此外，在安全灯使用过程中煤尘是危险的一个根源。当安全灯置于煤尘中时，它与少数火药的细尘混合后燃烧的煤粒会点燃周围的爆炸性气体。

基于上述原因，安全灯受到强烈的排斥。但同时，对安全灯进行改造以克服其缺陷的理念也已经出现。在这个时代的许多安全灯中，除纱网型外，还出现了玻璃型灯。1840年比利时的米塞勒尔（M. Mueseler）设计了一种安全灯，使用厚玻璃型的短圆筒代替纱网。不久玻璃状安全灯引起英国人克兰尼的关注，他进行研究后设计了一种新型的安全灯，受到矿工们的喜爱，到1849年总共有将近1 000个灯被分配到了北部矿场。[2] 与此同时，安全灯在瓦斯矿中也被大量使用，维冈附近地区不容许没有带安全灯的人进入矿井。1850年前后，安全灯得到更加广泛或是强迫性的使用，官方和工人们都感觉到有必要建立一些指导原则规范它们的使用。为此，赫顿、沃尔森德、哈斯韦尔等矿场都制定了书面规定。在使用前安全灯受到严格管理，那些任意拆卸灯的工人也受到了惩罚。可以说安全灯在经历了近一个世纪的发展后终于为人们所接受。

---

[1] Robert Lindsay Galloway, *A History of Coal Mining in Great Britain*, With a New Introduction by F. Duckham, Newton Abbot: David & Charles, 1969, p. 313.

[2] Robert Lindsay Galloway, *A History of Coal Mining in Great Britain*, With a New Introduction by F. Duckham, Newton Abbot: David & Charles, 1969, p. 322.

三、19世纪后半期至20世纪初煤矿开采中新技术的应用

（一）开采方式的新变化

煤矿开采方式在经历了一个多世纪的演变后，到20世纪初房柱式和长壁式仍然并存。直到1870年，苏格兰皇家煤矿监察员瓦特亚历山大（W. Alexander）告诉皇家委员会房柱式是"最廉价的开采方式"，[①]但长壁式开采方式的推广从未停止过，到1870年成为英国煤矿生产中最普遍的方式。

1870年，南威尔士总体上接受了长壁式开采的方法。达勒姆和诺森伯兰仍保持房柱式开采，对长壁式仅仅是一时兴趣。西苏格兰皇家监察员声称房柱式已经消失并且长壁式获得了巨大的发展，他承认大约55%的苏格兰煤矿采用新方法开采，20年后房柱式作为一种比较好奇的事物仍然存在。[②]此后，约克郡对英格兰中部的开采方式进行考察，但到1870年它是否沿着这个方向前进，是否在此后10年中作了重大转变仍不太明确。[③]东北地区因地理因素的影响，矿工们反抗比较激烈，开采方式转变的阻力很大，所以房柱式迟至1930年仍有拥护者在煤矿开采中使用。

就开采方式的转变而言，这是一个漫长且复杂的过程，由一个方式向另一个方式的转变往往涉及生产环节中各个方面的变化，因而出现困难也是必然的，它可能遇到矿工们的反对以及管理活动的障碍。房柱式开采之所以到1930年仍有拥护者，部分原因是它对地理条件要求低。另外，如A. R. 格里夫（Grief）指出的"围绕房柱式已建立了

[①] B. R. Mitchell, *Economic Development of the British Coal Industry, 1800–1914*, Cambridge: Cambridge University Press, 1984, p. 72.

[②] B. R. Mitchell, *Economic Development of the British Coal Industry, 1800–1914*, Cambridge: Cambridge University Press, 1984, p. 73.

[③] B. R. Mitchell, *Economic Development of the British Coal Industry, 1800–1914*, Cambridge: Cambridge University Press, 1984, p. 74.

一个全面的社会经济体系"。① 然而长壁式也有它的优势,即对上煤层的损害较小、开采简单、通风容易,尤其是它有利于最大限度地转移煤炭,提高工作效率。这些优势决定了在长达两个世纪的时间里,由房柱式向长壁式的转变一直持续,且进入20世纪后成为一种主导的开采方式,在新煤矿中具有重要意义。

(二) 机械化的迅速推广

19世纪后半期到20世纪初,英国煤矿生产技术进步的一个显著特征就是机械化。它表现在切割、运输、通风等煤炭生产及安全的各个环节中。作为19世纪下半期煤炭生产技术领域的一场新革命——机械切割,对煤炭生产的增长具有重大的推动作用。煤炭切割机器的初次实践发生在1861年的西约克郡。即使在那里的薄煤层中,节约成本额所占比例也达到10%之多。② 然而切割机在发明最初的十年中没有获得充分的利用,因而到1900年,在英国只有283台切割机。由机器切割的产量比例,约克郡仅占4%;苏格兰地区、兰开夏和北威尔士以及中英格兰监察区各占2%;中英格兰以西、南威尔士、东北地区和小型煤矿仅有不到0.5%产量的煤炭是经由机器切割生产的。这种状况到1900年后逐渐得到了改善,机械切割获得利用的速度加快了,从1%上升到5%,到1913年达到8%。③

通过分析不难发现煤炭切割机发展缓慢的原因,既有经济因素,也有矿工心理上的因素。首先,煤炭工业在繁荣期之后的长期萧条制约了大多数煤矿对机器的使用,尤其是在长期就业率低的情况下,矿工对这些新机器普遍怀有敌意,期间一些曾被引进的机器也被收回

---

① Griffin, A. R., *The British Coal Mining Industry: Retrospect and Prospect*, Buxton, 1977, p. 108.

② Robert Lindsay Galloway, *A History of Coal Mining in Great Britain*, With a New Introduction by F. Duckham, Newton Abbot: David & Charles, 1969, p. 262.

③ B. R. Mitchell, *Economic Development of the British Coal Industry, 1800 – 1914*, Cambridge: Cambridge University Press, 1984, p. 82.

了。① 第二，除机器本身对生产环境的适应需要一个过程外，就同时代的人来说，英国矿场管理人和矿主们对采煤的工作没有信心。1890 年，一个采煤工程师在他的日记中写道："许多矿场管理员非常保守，并拒绝相信任何方法上的调整既都是可能的又是必要的。"② G. B. 沃克说："在进行革新的过程中，进展缓慢。"③ 同时有人认为机械采矿是否有经济效益仍是一个疑问。事实上，这一时期切割机大多有效地被用在 3 英尺以下的煤层中。然而，到 1914 年，超过一半的矿场仍在 4 英尺厚的煤层或者更深的煤层中开采，包括约克郡、北诺丁汉郡、瓦利克郡的许多煤矿，还有坎诺克蔡斯以及除无烟煤地带以外的南威尔士、法夫郡、诺森伯兰和达勒姆、兰开夏、德比郡以及莱斯特郡的一大部分，但在那些超过 4.5 英尺深的煤层中从未使用过机械切割机。④ 第三，切割机在使用过程中还受到矿工们的敌视。在引进切割机时还发生过短暂的罢工，矿工当中出现了卢德主义情绪。

在地下运输方面，18 世纪下半期地下运输开始实现广泛的机械化。到 1882 年，沿着主要地下道路运输的马匹已在很大程度上被机械取代，蒸汽动力负责地表和矿井中的运输。20 年后马匹实际上从主要运输道路甚至是技术相对落后的兰开夏矿场中消失。⑤ 主道路运输的机械化大部分发生在 1875 年，在 1890 年到 1900 年间，采掘面和道路之间的辅助性运输也实现了机械化。

机械切割机的引进，意味着在规定时间和地点内能生产出更多的

---

① B. R. Mitchell, *Economic Development of the British Coal Industry*, *1800 – 1914*, Cambridge: Cambridge University Press, 1984, p. 82.
② TFIME, XXIV, P. 141, quoted in B. R. Mitchell, *Economic Development of the British Coal Industry*, *1800 – 1914*, Cambridge: Cambridge University Press, 1984, p. 83.
③ B. R. Mitchell, *Economic Development of the British Coal Industry*, *1800 – 1914*, Cambridge: Cambridge University Press, 1984, p. 84.
④ B. R. Mitchell, *Economic Development of the British Coal Industry*, *1800 – 1914*, Cambridge: Cambridge University Press, 1984, p. 87.
⑤ Report of HM Inspector of Mines, H. Hall, for 1901, quoted in B. R. Mitchell, *Economic Development of the British Coal Industry*, *1800 – 1914*, Cambridge: Cambridge University Press, 1984, p. 78.

煤炭,这就带来了运输上的问题。1880年,压缩空气动力的效率得到提高,技术问题部分地得到解决。接下来的10年里,随着电力转变方式的进一步安全化以及传输带的发明,问题得以简单化。技术问题被成功克服以后,辅助性运输机械化得到大力推广。但至1913年为止并不是每一个地方都完成了转变。① 究其原因,主要是经营者对新技术的态度;同时一些薄煤层中特别是那些开采潜力不太大的矿井,新技术的使用似乎不利于节省成本。有些矿井如中东部,道路平坦,小型运输的代价很小,因而辅助性运输的机械化成本更高一些。② 1902年,采掘面传送带的发明为辅助性运输提供了一种解决方法,与其他发明相比,它们的推广速度更快。在有切割机的地区,进行传输带的实验似乎没有出现类似的强烈抵触情绪,随后对这一发明的接受几乎成为必然。管理人或劳工中的保守主义者已被切割机的发明所改变,其在心理上容易被接受且代价较小。

除上述生产过程中的机械化趋势外,在安全技术领域同样广泛存在着机械化,主要表现在机械通风的发展。机械通风实验在19世纪30年代已经兴起,并在各地区矿场上作为一种辅助性通风方式得到应用。早期机械通风的主要提倡者强调的是技术的优越性,然而也有许多人以此为根据进行反对,直到1860年扇风机的应用才证明了机械通风的可靠性。

1900年,有三种类型的扇风机最终代替了火炉通风。机械通风之所以能够为矿场接受,主要基于以下原因:第一,使用火炉通风的代价高于经营一个风扇的花费。比起一个火炉,经营一个风扇的成本要低1/3;第二,与其他方式相比较,机械通风对矿井的污染较小;第三,19世纪下半期有许多新开发的矿井试图利用风扇通风,因而客观

---

① *Reports of HM Inspectors of Mines*, quoted in B. R. Mitchell, *Economic Development of the British Coal Industry*, *1800 – 1914*, Cambridge: Cambridge University Press, 1984, p.79.
② B. R. Mitchell, *Economic Development of the British Coal Industry*, *1800 – 1914*, Cambridge: Cambridge University Press, 1984, p.79.

上推动了机械通风的推广。1870年以后,除了极少的矿场外,几乎所有新矿场都安装了风扇通风设备。到1880年,许多保守的旧煤矿尤其是南威尔士、苏格兰、约克郡、中英格兰以及北斯塔福德等地区中,大约有一半矿场实行了机械通风,东北地区也是一样。而在19世纪80年代,通风设备转换速度非常缓慢,既因为新开凿煤矿的比例下降到了一个非常低的水平,又因为缺乏动力和新投资所需的资金。1890年后形势开始好转,到这个世纪末在较大的矿场中火炉通风成为个别情况,大部分的机械通风在达勒姆和诺森伯兰。① 19世纪70年代后,机械通风在英国煤矿中得到广泛的应用。

(三) 电力在矿场中的运用

19世纪下半期到20世纪初煤矿开采技术中另一个革命性变化是电力的发明及其在煤矿排水、提升和照明等方面的应用。

19世纪中期以来,蒸汽机在煤矿的排水和提升工作中得到普及。19世纪最后一个技术创新是矿场中电力的应用,它最先出现是在1882年。② 最初电力主要用于照明和抽水,而这些用途在1880年晚期才开始推广,19世纪90年代早期发展速度很快。③ 这方面的引领者是大型矿场和煤田,最重要的是英格兰中部,到1900年其他煤田也已赶上。1905年在煤矿管理法案的影响下,只有100个或更多一些工人没有在地表或井底使用电照明。1907年起草约克郡的煤矿清单时,视察员注意到只有3个矿井没有电力。到1890年年初一些地方电力的使用已经超出照明和抽水,已经"成功地用于南约克郡某些矿井的地下运输,

---

① Kerr, G. L., *Practical Coal Mining*, London, 1914, p.329.
② Robert Lindsay Galloway, *A History of Coal Mining in Great Britain*, With a New Introduction by F. Duckham, Newton Abbot: David & Charles, 1969, p.264.
③ TFIME, VI, P.366, quoted in B. R. Mitchell, *Economic Development of the British Coal Industry, 1800-1914*, Cambridge: Cambridge University Press, 1984, p.92.

但是这是一个极其新鲜的事物"①。

但这一时期电力的推广遇到了两方面的制约：一方面，作为一种动力设备，它的数量有限；另一方面，它具有引起爆炸的危险。还有早期阶段就已经存在的管理者的保守主义，它进一步妨碍了将电力作为动力推广的可能。如矿场看守者提出"多年来一直以压缩空气为动力的工厂，有一大群人习惯于这种动力"②。虽然到1900年电能的使用成为一个明显的现象，但是大多数地区更倾向于支持蒸汽或压缩空气动力。电力推广速度缓慢的主要原因是对大多数矿场而言，使用蒸汽动力是极其廉价的，而在1904年后的10年，有两个变化促进电力作为地下动力的推广：第一，1899—1900年小块煤价格上涨，使矿场上蒸汽动力的成本相对上升；第二，1901年制造电力的排气涡轮机的新技术被引进。这样在那些生产规模很大的地方，煤炭的利用相当节省，尤其是使用或出售量大的地方。③

尽管存在诸多困难，许多大型矿场尤其是在达勒姆、南威尔士、约克郡和诺丁汉郡，到1904年已将电力用于除提升之外的任何活动中。④ 到1913年所有煤矿的统计数据显示，在雇佣50个或更多的地下工人的矿井中，超过一半的矿井将电力用于地下的某些方面（表1-3）。到1914年矿场上使用电的比例已经相当大了，尽管每个矿场的平均使用量仍然很有限（表1-4）。值得注意的是莱斯特郡和瓦利克郡相对比，莱斯特郡有79%的大型矿井使用了电能，以每万吨0.45马力

---

① Departmental Committee on Electricity in Mines, SP1911, XXXVII, Q189, quoted in B. R. Mitchell, *Economic Development of the British Coal Industry*, *1800 - 1914*, Cambridge: Cambridge University Press, 1984, p. 92.

② B. R. Mitchell, *Economic Development of the British Coal Industry*, *1800 - 1914*, Cambridge: Cambridge University Press, 1984, p. 92.

③ TFIME, XLVII, P. 241, quoted in B. R. Mitchell, *Economic Development of the British Coal Industry*, *1800 - 1914*, Cambridge: Cambridge University Press, 1984, p. 92.

④ TFIME, XXVII, Q. 4267et. seq, quoted in B. R. Mitchell, *Economic Development of the British Coal Industry*, *1800 - 1914*, Cambridge: Cambridge University Press, 1984, p. 92.

的速度传输①。瓦利克郡电能使用规模达77%，而传输速度是每万吨1.50马力。在瓦利克郡最近开凿的矿井中，大部分的电能被用在运输方面；而莱斯特郡使用的电能大部分局限于较旧的矿井照明。而在约克郡和中英格兰地区，尽管这里很早就使用电力照明，并且其产量的大部分是由这一时期煤区东部大型钻探生产的，但是电能的使用相对较少，似乎正是这些新矿场对减少电力的应用产生了影响。究其原因主要有二：第一，正开发的厚煤层中没有使用煤炭切割机；第二，蒸汽动力运输在以最新式设计的开采区中仍是最经济的。②

表1-3：1913年使用电力作为动力的英国煤矿比例③

	所有煤矿的比例	地下雇佣50人或之上的比例
达勒姆&诺森伯兰	55	71
坎伯兰	42	60
约克郡	48	73
东米德兰兹郡	49	70
莱斯特郡	63	79
瓦利克郡	69	77
兰开夏郡&柴郡	30	39
北威尔士	34	48
北斯塔福德郡	35	68
南斯塔福德郡&伍斯特郡	12	36
什洛普郡	4	13
格洛斯特郡&萨莫塞特郡	29	54
南威尔士	48	74
苏格兰	59	75

---

① 英制的马力（hp）定义为：一匹马于一分钟内将200磅（lb）重的物体拉动165英尺（foot），相乘之后等于33,000 footlb/min）

② B. R. Mitchell, *Economic Development of the British Coal Industry*, 1800 – 1914, Cambridge: Cambridge University Press, 1984, p.95.

③ 数据源于 Reports of HMinspectors of Mines and List of Mines.

表1-4：1913年每万吨常量使用的电力①

	煤矿地下	共计
达勒姆&诺森伯兰	1.27	2.33
坎伯兰	0.90	1.82
约克郡	0.71	1.73
东米德兰兹郡	0.68	1.09
莱斯特郡	0.39	0.45
瓦利克郡	1.27	1.50
兰开夏郡&柴郡&北威尔士	0.90	1.25
北斯塔福德郡	1.62	2.41
南斯塔福德郡&伍斯特郡	0.68	0.87
什洛普郡	0.41	0.61
格洛斯特郡&萨莫塞特郡	2.13	2.31
南威尔士	1.60	3.20
苏格兰	2.20	2.82

在不同类别煤炭需求上涨的刺激下，专门化的筛选和洗煤工厂在竞争性的工业环境与1870年高峰期创造出的超额产量的联合作用下不断发展，它作为一种赢得竞争进而出售更多煤炭的方式，得到了成功实践，而这种实践一旦在某个地区的矿场得以采用，其他矿井也不得不按照前者去做，否则就要承受失去顾客或降低价格的损失。结果是19世纪最后20年，这项发明得到迅速推广。② 值得注意的是，洗煤和筛选厂以及切割机器的应用更证实了在工资较高时代，节省劳动力的发明更容易被人接受，当煤炭价格低的时候，提高产量的发明是可以接受的。

---

① 数据源于Reports of HM inspectors of Mines and List of Mines.
② TFIME, I, P.83, quoted in B. R. Mitchell, *Economic Development of the British Coal Industry, 1800–1914*, Cambridge: Cambridge University Press, 1984, p.96.

四、19 世纪中期到 20 世纪初煤矿生产中的立法干涉

在大规模的煤炭开采和煤炭工业持续发展的世纪里，煤炭不仅成为人们生活中不可或缺的燃料，而且也成为工业发展必不可少的能源。在煤炭生产中，随着矿场规模的扩大以及矿工人数的增长，特别是煤炭开采中不断发生的爆炸事故，日渐引起公众关注，而其中煤炭生产的安全问题成为重要的社会问题，公众要求对它进行监察并制定相关安全法规的呼声日益高涨。

（一）1835 年委员会

在桑德兰学会停办后的 20 年中，煤矿事故没有引起太多注意。然而，随着煤炭生产数量的上升，英国所有煤炭地区的矿井越来越深且具有爆炸的危险。由于技术的局限和开采深度的增加，煤矿爆炸持续不断，频繁的爆炸以及其他事故的不断出现最终迫使议会开始关注煤矿安全类事件。

在南达勒姆人皮斯的请求下，1835 年 6 月 2 日成立了一个特别委员会，"去调查英国煤矿中发生的悲惨事故的程度、原因以及性质，从而确定并提出防止这些事故再次发生的方法"。[1] 委员会从 6 月 17 日正式工作，持续调查到 7 月 30 日。在收集大量证据后，委员会起草了一份报告，并于 9 月 4 日发表。委员会主要针对大爆炸展开调查，特别关注安全灯的使用。但委员会未能对避免开采事故的发生提供参考性计划，而仅在通风与照明方面给予有价值的建议，如强调安全灯、地图和规划的重要性。调查委员们还建议国务大臣应任命一些合适的人选参与、协助煤矿事故的调查。1835 年，虽然委员会也考虑到立法对煤矿安全性的促进作用，然而，拟定明确目标的法令或制定普遍应用的规则在当时被看作是不可能的事。但同时，他们认为应鼓励有知识的人包括杰出的化学家、机械学家或是慈善家访问煤矿，认为在采矿

---

[1] Robert Lindsay Galloway, *A History of Coal Mining in Great Britain*, With a New Introduction by F. Duckham, Newton Abbot: David & Charles, 1969, p.222.

区成立工艺学校协会是很有意义的。

以上就是1835年委员会的成果,他们的调查十分有意义,但遗憾的是他们没有提出任何采取强制执行建议的措施,结果是一段时间后调查实际上被证实已经流产。由此可以看出,与生产技术相比而言,安全技术已经受到人们的重视。大约从此时开始,开采技术与煤矿立法相联系,彼此推动、促进。

(二) 1839年委员会的调查

1835年以后,煤炭生产中的危险性时有发生,常引起公众的关注。1839年6月,南希尔兹的一个矿井发生严重爆炸,造成52人死亡。詹姆斯·马瑟提议召开紧急公共会议,要求对事故进行调查,在此基础上成立了南希尔兹委员会,以调查煤矿事故的原因。

经过三年的调查,委员们发表了一份报告,这是一份非常有价值、高水平的文件。① 其中许多观点具有前瞻性。报告中的意见不仅客观、公正且具有可操作性。内容涉及多个方面,包括安全灯、蒸汽通风、对矿工的教育等,尤为重要的是委员们要求必须建立一个政府方面的煤矿监察体系,此外,童工问题也是委员会重点关注的问题。1842年8月,阿什利勋爵提出一项措施,禁止雇佣妇女和儿童在地下工作,限制对男童的雇佣。这项措施得到皇室支持,1843年3月全面实施。除了当时已经下井的儿童外,无论什么状况下,雇佣任何女性或任何10岁以下的儿童都是违法的。因此,政府任命了一个监察员访问煤矿以观察法案条款的执行情况。1843年1月,西摩特里梅西尔(Seymour Tremeheere)被任命为监察员,他每年向议会提交报告。1839年委员会行使的措施使煤炭立法工作向前迈进了一大步。此后,煤矿持续受到来自政府的关注,所有发生的严重事故都要成立专门的调查团。

(三) 英国煤矿监察法案的出台

在委员们调查煤矿事故的过程中,越来越多的人认为应该敦促政

---

① Robert Lindsay Galloway, *A History of Coal Mining in Great Britain*, With a New Introduction by F. Duckham, Newton Abbot: David & Charles, 1969, p. 227.

府成立一个类似于大陆煤矿的国家煤矿司法审判体系，提倡立法机关干涉煤矿事故。1845 年，安斯蒂德在英国科学进步协会宣读的一篇论文中指出："我对煤矿的任何改良表示失望，除非有议会干涉。"① 他在献词中评论道，他确信没有政府干涉矿场开采，工作将不会具有实质性进步。在支持成立立法机关主持煤矿监督体系的意见中，最强有力的证据是大爆炸在所有煤矿变得普遍这一事实。以前煤矿的大爆炸局限在英格兰北部那些英国最深最大的矿井中，而随着铁路系统的推广和蒸汽机运输的出现，中部和南威尔士煤井深度也迅速延伸。

从 1845 年起，煤矿大爆炸不再只是特殊煤田发生的事故，相当大的比例发生在那些曾经几乎不为人知的地方。矿工们也开始在其危险的职业中寻求立法机关的帮助和支持，他们以请愿书的方式表达自己的意愿。1845 年，矿工们呈递给议会的请愿书引起政府的关注，为了充分了解煤矿相关状况，同年 8 月议会成立了一个委员会，他们调查煤矿中产生爆炸性气体或其他气体的条件；确定这些气体的性质和状态以及任何可能的缓和措施。1847 年 11 月到 1848 年 11 月，英国政府任命特里·梅西尔（Terry Messier）前往法国、比利时、德国，对他们的采矿监察体系进行调查，访问的相关信息以报告的形式提交给国务大臣。由此可以看到，政府已经着手对煤矿生产采取措施。

正在此时期，1849 年 1 月巴恩斯利发生了一次严重的煤矿爆炸，导致 74 人丧生。因此，特里梅西尔、沃灵顿（Warrington）、J. T. 伍德豪斯、古德温（Goodwin）一致建议政府不应拖延对煤矿地下监察体系的建设。1849 年 2 月，特里梅西尔以及斯迈思（Smythe）的报告提交给议会。几个月后，政府任命两个调查团负责调查。梅瑟、J. K. 布莱克韦尔以及菲利普教授负责访问各个地区，收集有关英国矿场的相关信息。委员们通过对各地通风实际状况的调查，发现大多数地方的状况令人担忧。关于安全灯，委员们认为安全灯的使用是有利的，

---

① Robert Lindsay Galloway, *A History of Coal Mining in Great Britain*, With a New Introduction by F. Duckham, Newton Abbot: David & Charles, 1969, p.233.

但指出在爆炸气流很强的条件下也是不安全的。他们还指出，矿工的大量死亡是由混杂条件下其他事故造成的——例如绳子断裂、顶层塌陷、洪水等。一项重要的提议是他们支持菲利普的工作，认为煤矿应被纳入政府监察体系，大多数人拥护监察员应被授予除直接权力外进入并检查煤矿、调查规划的权力。他们的职责应延伸到记录和报告、提出建议以及向经营者或所有者提供信息等方面。在报告总结中，他们提到政府需要良好的指导条件，诸如像大陆国家在主要矿区建立采矿学校以便于提供指导，显然这样有很大益处。[①] 1850年5月，菲利普和布莱克沃尔向议会提交报告，建议有必要采取进一步的改进措施并加强对矿工们的教育。他们提倡成立采矿学校为煤矿经营者传授一些科学知识，同时为确保在煤矿中正确利用这些知识，政府授权建立系统性的监察体系。

1850年8月11日《英国煤矿监察法案》被通过。该法案提出由国务大臣任命监察员，他们有权进入并检查任何矿场的工作，包括地上和地下，并且过问所有与工作人员安全相关的事务。它也提出制订并正确管理煤矿的计划，要求在24小时内将事故造成的人员损失报告送到国务卿手中等，此法案有效期为5年。可以说，这是英国煤矿立法干涉进程中的里程碑事件，标志着英国煤矿已经被纳入国家的监察体系当中。随后，煤矿立法愈加增多，与其有关的议案不断得到修正和调整。1855年在续订煤炭法案时，议会增加了7条一般性规则，对应用于每个矿场的特殊法规制定了条款；监察员的数量也增加至12人。考虑到煤矿中可能出现新的危险，议会很难及时制定出必要的安全法规，于是1855年法规要求建立新的咨询制度。1860年法案的执行是为了管理和监察煤矿，但对煤矿的立法没有因此而终止。在接下来几年中，法案不断受到质询和调整。到1872年8月，《煤矿管理法案》得到国王许可，1873年1月1日，开始在英格兰以及苏格兰执行，1874

---

① Robert Lindsay Galloway, *A History of Coal Mining in Great Britain*, With a New Introduction by F. Duckham, Newton Abbot: David & Charles, 1969, p.242.

年1月1日起在爱尔兰执行。另外，以前任命的监察员人数没有增加，但为每一个监察员配备了一位助手。

这一时期煤矿开采的教育问题也得到发展。1850年政府委派了煤矿监察员，1851年皇家煤矿学校开放，1852年成立第一个纽卡斯尔－泰因河采矿协会，尼古拉斯·伍德（Nicholas Wood）担任主席，最初的主题是"英格兰北部采矿工程师协会以及其他对避免矿难感兴趣的人"。此后，大部分开采区成立类似的机构，在许多重要的煤矿集中的中心地带开办了采矿学校或班级。1859年，格拉斯哥成立的煤矿学校开放。通过诸多措施，煤矿生产的安全性得到了进一步的保障。

（四）20世纪初期的煤矿立法

进入20世纪，关于煤矿的立法活动更加活跃，煤矿安全成为人们普遍关注的问题。首先，1906年成立皇家调查委员会，皇家委员会又单独任命两个小组委员会，一个负责调查"煤矿通风和安全灯检查"，另一个调查引起事故的原因。1909年，他们出版了相关报告。在报告建议的基础上，委员会在1910年提出一项议案，并在次年成为法规。该法规是一个被补充和修改的文件，包括1909年和1911年皇家委员会的报告。法规包含127条，主要分为8个部分，其中第二部分是有关煤矿通风、安全灯、交通和运输巷道、上面和侧面的支柱、信号设备、机械、电、炸药、煤尘、监察、工人疏散的；第四部分涉及煤矿事故，包括通知、审问、调查、援救和救护；第五部分是一般和特殊规则的制定；第七部分主要涉及监察员的任命、权力和职责。1911年法规还有一大创新之处，即它以显著的方式展现了政府对煤矿和矿工福利态度的转变。至此，煤矿开采技术的每一个细节都服从于官方的监察和控制。①

法规中扩大了官员检查的职责，要求一线人员必须做好检查和消防工作；对工作地点和换班期间巷道检查的次数做了详细说明；规定了空气纯度的标准以满足煤矿足够的通风；要求地下必须有足够的支

---

① Daniel Burns, *The Elements of Coal Mining*, London: E. Arnold, 1917.

柱；对煤尘引起的爆炸加大了防护措施；当使用机械设备对硅质岩进行钻孔时，要求采取措施来防止煤尘进入空气中；加大了新工作面和生产煤矿平面图的范围，即必须达到40英寸到1英里；要求部分煤矿主在特定环境下提供浴池。1911年煤矿法最重要的原则是授权国务大臣不仅可以修改关于煤矿安全的任何条款，而且按照法律可以制定一般法规，指导煤矿管理人员或者雇佣者的行为、防止煤矿事故、保证矿工安全、健康和正规的制度、关注煤矿中使用的马或者其他动物。1911年煤矿法给予国务大臣的权力超过了1887年煤矿法中的规定。国务大臣有权变更和修正法规的任何部分，使得法规的要求可以和不断变化的环境相适应，把法规和技术进步紧密联系在一起。通过授权立法，政府部门制定了大量的新法规，授权政府大臣对煤矿开采业负责，根据法规来制定具体法令。

综上所述，可以看到，随着煤矿生产规模的扩大，煤矿立法取得了重大成就，在保证生产技术的条件下，英国政府对煤矿安全问题给予了极大的关注并制定了相关的法律法规，已深入煤炭开采的各个技术环节中，为近代英国采煤技术的发展提供了立法保证，促进了采煤技术的迅速推广。两个世纪以来的煤矿立法活动对英国煤炭工业具有重大意义，使得英国在保证生产技术进步的同时也提高了煤矿生产的安全性，因而成为英国近代煤炭生产技术进步的重要因素。

第四节 近代英国采煤技术的影响及特点

一、近代英国采煤技术的影响

从18世纪到20世纪初是英国煤炭工业快速崛起的一个时期，技术逐渐发展并成为影响英国煤炭生产的最关键因素。在惊叹产量增长的同时也应该看到它与采煤技术的进步息息相关，一系列发明和创新使得煤炭生产从一个原始手工劳动成长为一个具有高度机械化和组织性的大生产系统。英国采煤技术的发展变化不仅影响到国内煤炭工业的发展，而且对社会其他方面也带来了巨大影响。18世纪和19世纪中期，采煤技术的进步是多种因素综合作用的结果，不仅反映了煤炭工业的发展历程，而且也反映了英国在技术的引进和利用过程中所遇到的问题以及技术在生产中得到应用的历史进程。总而言之，18世纪到20世纪初期英国煤炭开采技术的发展变化是技术创新的一个重要组成部分，它本身参与并且推动了技术进步。作为一个煤炭生产大国，英国最早开发了煤炭能源，在技术发展中曾经一度领先于其他国家。从欧洲国家的煤炭生产来看，"法国即使在科尔贝尔的领导之下，1715年煤的总产量还比不上一个泰恩赛德采地的产量。它的主要矿区在福雷兹（在圣埃铁恩纳一带），当时从那里可以把煤经卢瓦尔河外运和位于莱昂内斯附近的德吉尔河，从那里经过水路运到莱昂，顺着罗纳河而下。1700年，德国规模较大的煤炭生产集中在亚森和萨克森附近，但主要产地是在鲁尔。只是在列日到蒙斯这一地带，采掘的规模有点像英国人的；然而比利时总的产量是否超过达勒姆－诺森伯兰产量的三分之一还是值得怀疑的"。① 煤炭是英国重要的工业能源，为其制造业的发展创造了得天独厚的条件。

（一）采煤技术的进步与英国煤炭工业

早在16世纪，英国就已经有了煤炭贸易，而关于采煤和用煤的历史则要追溯到比这更早的中世纪时代。随着木材的匮乏以及采煤活动的增加，煤在英国社会生活中的作用及地位日益增长。有学者强调："在英格兰，对森林的过度砍伐引发了对炼钢过程中以煤替代木材的新技术的探索。"② 对近代煤炭工业而言，它的兴起和发展首先应归功于煤的大量生产。采煤技术的不断进步所带来的直接后果就是煤产量的增加。根据达勒姆、诺森伯兰等十余个地区的资料显示，1551年到1560年煤的年产量为21万吨；到1681—1690年年产量已增长至298.2

---

① ［英］J. S. 布朗伯利编：《新编剑桥世界近代史》第6卷，中国社会科学院世界历史研究所组译，中国社会科学出版社2008年版，第1171—1172页。
② ［英］E. E. 里奇、C. H. 威尔逊编：《剑桥欧洲经济史》第5卷，高德步、蔡挺、张林等译，经济科学出版社2002年版，第427页。

万吨;到18世纪(1700—1850)英国的煤产量从260万吨猛增至5 000万吨以上,占世界总产量的2/3,到1913年,达到2.92亿吨的历史最高水平。[①]在采煤业兴起的最初阶段里,技术上的革新成为增加产量的重要方式;煤炭工业在需求增长和产量上升等积极因素刺激下逐渐成长并完善,到工业革命时成为英国工业的支柱之一。

技术的发展所带来的影响可以分为长时段和短时段的,采煤技术的进步对英国煤炭工业的发展而言是一个长时段的作用过程。技术的发展不仅为英国工业提供了充足的原料,而且就煤炭工业本身而言,采煤技术也刺激了煤炭工业整体技术水平的提高。煤炭工业是采用地下采掘或露天采掘的方式对煤炭进行开采和加工的工业部门,由煤矿勘探、矿山建设、采煤和洗选等生产环节构成。采煤中一些技术环节的进步也相应地带动和引起其他环节的技术革新,进而使整个煤炭工业的技术水平有所提高。在18世纪至20世纪初期,英国煤炭开采技术的进步带动了整个煤炭工业生产技术水平的提高,例如在排水问题中,蒸汽机的应用解决了矿井排水难题,同时在提升和运输方式及通风方面,蒸汽机也得到应用。

对英国整个煤炭工业体系而言,煤炭开采技术的进步所带来的长时段影响反映在两方面:一是英国煤炭贸易的成长与繁荣;二是英国煤炭工业在英国经济发展中发挥的巨大作用。煤炭不仅是家庭使用的重要燃料,而且是工业交通运输的动力,同时又是钢铁工业的重要燃料,因而煤炭被称为工业的粮食。对英国而言,采煤业的发展为一些老的工业部门,如冶铁业以及新的工业部门如造纸业、制糖业等采用新技术并实现大规模的发展提供了条件。18世纪至20世纪初期煤炭工业的发展成就了英国的工业革命以及世界霸主地位。以蒸汽机的发明和应用为标志,英国率先走上工业化道路。它之所以能够取得如此辉煌的经济成就,除英国具有一个相对稳定的政治环境外,在工业方面,关键因素就是煤炭工业的繁荣,有人甚至认为是英国地下丰富的煤成

---

① 《大百科全书》矿冶卷,中国大百科全书出版社1984年版,第39页。

就了英国的工业革命，为英国工、农、矿业、交通运输业的机械化提供了充足的燃料和能源。在开采规模和技术不断进步的19世纪20年代，英国硬煤开采量居世界第一位，约占世界硬煤总开采量的87%，60年代占50%。采煤业成为采矿业中最重要的部门之一，煤炭成为伦敦和某些大城市的家庭及某些生产部门的主要燃料。①

英国是一个煤炭储量相当丰富的国家，采煤业中的技术进步及整个煤炭工业的发展历程对英国早期经济活动和工业革命都产生了重大影响。作为一种关键的能源，煤炭工业为其他工业部门提供了充分的原动力，而采煤技术的发展也是在人们对煤炭需求日益增长的刺激下展开的。可以说，煤炭生产技术既是煤炭工业的一个重要环节，同时又是英国技术进步的重要表现。煤炭工业的整体发展为煤炭开采的技术进步提供了条件；反过来，采煤业中技术的进步又客观上推动了煤炭工业整体的前进，它们之间存在整体与部分的关系。18世纪至20世纪初期，是英国煤炭工业发展的黄金时期，作为关键的工业部门，它为英国社会、经济、军事等方面的发展提供了巨大的能源。作为进步表现之一的采煤技术，既顺应了煤炭工业发展的需要，又使得煤炭工业成为英国一个重要的支柱产业。

（二）采煤技术的进步与工业革命

如果说铁是支撑工业革命的重要原材料，那么煤则是推动工业革命的首属能源。②18世纪60年代到19世纪中期，发生在英国的工业革命是世界历史上的一件大事。英国工业革命是欧洲各国踏上工业化的起点，主要体现在生产技术的根本变革及由此推动的社会生产力的突飞猛进。从煤炭工业发展历程看，工业革命为英国采煤技术的发展提供了良好的经济条件。随着工业革命的展开，机器大生产及工厂制度的确立刺激了英国对能源的需求，推动了煤炭工业的崛起。英国是一

---

① 高德步、王钰主编：《世界经济史》，中国人民大学出版社2005年版，第234页。
② 王斯德：《世界通史——工业文明的兴盛，16—19世纪的世界史》，华东师范大学出版社2001年版，第103页。

个产煤大国,没有任何国家的煤炭资源能与英国所具有的优势条件相比。瓦特改良蒸汽机,使英国进入了蒸汽时代,对煤的需求量获得了革命性增长。有人说采煤业和钢铁业是蒸汽机最好的推动者,蒸汽机在英国各个工业部门的使用使得煤炭成为工业的粮食,极大地推动了英国煤炭业的发展。但是,"十九世纪的工业革命是由蒸汽机推动的,而蒸汽机只有通过开采煤矿才能得到发展"①。虽然产煤需要大量的体力劳动且成本价格很高,但在1870年—1913年英国煤的产量仍在稳步增长。煤炭满足了能源需求的95%,冶金工业和轮船运输业也都迅速发展起来。"煤炭在冶金领域中的运用不仅促进了冶金工业的发展,它同时也促进了煤炭行业自身的发展。"② 1913年大不列颠是主要的产煤国,与此同时它还是世界上最大的煤炭出口国。因而"煤炭曾构成产业革命的基础。直至1913年,它仍保证了那些有煤田的国家在工业上保持优越地位"。③

在工业革命的浪潮中,不仅仅是采煤业,即使在纺织工业、金属加工业以及啤酒制造业中都充满了蒸汽机的隆隆声。机器的普及和应用使得煤炭工业的发展获得强劲的动力,推动了煤炭工业的发展,煤炭产量直线上升。据统计,1850年英国的煤炭产量达到5 000万吨,是同期美国的7倍,德国的8倍,法国的10倍。④ 正是在这种经济发展需求的推动下,英国的煤炭工业得以迅速发展。工业革命完成后,英国进入工业文明时代,机器几乎渗透到社会的一切领域。蒸汽动力取代了传统农业社会中的畜力、风力和水力成为最主要的动力形式。采煤业也在工业革命的推动下开始由原始的手工劳动向机械化转变,

---

① [意] 卡洛·M. 奇拉波:《欧洲经济史》第五卷,吴良健、刘漠云译,商务印书馆1988年版,第233页。
② [英] E. E. 里奇、C. H. 威尔逊编:《剑桥欧洲经济史》第5卷,高德步、蔡挺、张林等译,经济科学出版社2002年版,第428页。
③ [意] 卡洛·M. 奇拉波:《欧洲经济史》第五卷,吴良健、刘漠云译,商务印书馆1988年版,第198页。
④ 王斯德:《世界通史——工业文明的兴盛,16—19世纪的世界史》,华东师范大学出版社2001年版,第104页。

第一次工业革命开启了这一进程，紧接着到 19 世纪 70 年代采煤业迎来第二次工业革命，煤炭生产技术顺应科技革命的新技术成果迅速向现代化和机械化方向迈进。

若从技术角度来看，英国采煤业是一个古老的行业。早在工业革命前的两个世纪，它已经是一种普遍的活动，而工业革命的技术进步可以追溯到英国早期的采煤技术。举例说明，在瓦特蒸汽机出现之前，煤炭生产领域已经出现用于解决矿井排水的小型蒸汽机。1698年，英国人萨夫里制造出世界上第一台具有实用价值的蒸汽机，它被用于抽取矿井中的积水。1705 年，英国人托马斯·纽卡门在前人经验基础上经反复试验，研制出一种性能良好的蒸汽抽水机，在当时英国煤矿深井抽水作业中得到广泛应用。尽管相对于性能良好的瓦特蒸汽机，它们还有种种缺陷，效率不是很高，但这些成果在英国工业革命全面展开之前代表了当时最先进的生产技术，客观上为瓦特改良型蒸汽机的出现提供经验和参考，这也是 19 世纪英国煤炭生产技术对工业革命的贡献之一。此外，工业革命中交通运输业的发展也与当时煤炭生产技术的发展关系密切。英国交通运输业发展的鼎盛时期正值工业革命高潮，它被称为工业革命的集大成者。然而，追溯交通运输业的发展史，可以看到早期矿场运输轨道的变革早在 17 世纪就已出现，大约 17 世纪英国一些采石场和矿区周围已经铺设了简单的木制运输轨道。与此同时，日益扩大的采煤活动刺激了道路运输业的发展，极大地推动了英国运输业革命。以铁路为例，"铁路是矿业，尤其是英国北部煤矿业的产儿。斯蒂芬森的职业生涯是从作为泰恩赛德'机械师'开始的，在许多年里，火车司机实际上全是从他所在的煤矿区招收来的。"[①] 乌黑的煤炭使火车、汽车和轮船充满动力，在它的推动下英国人走出国门，将其影响扩大至世界各地，最终形成"日不落帝国"。

---

① [英] 艾瑞克·霍布斯鲍姆：《革命的年代：1789—1848》，王章辉等译，中信出版社 2014 年版，第 53 页。

(三) 采煤技术的发展与人口的增长

加洛韦曾指出:"在总结一战前30、40年的技术进步时,人们被产量的数字所震惊并对此印象深刻,但是比起劳动力的增长,产量的增长显得相对较慢。"① 煤炭工业是一个劳动密集型工业,18世纪至20世纪初期英国煤炭生产技术的进步离不开英国人口的增长。

自17世纪以来,英国持续增长的人口使煤炭需求大大增加,成为刺激煤炭生产技术进步的一个主要因素。1801年,英国官方进行了第一次人口调查。英格兰和威尔士在当年有808.3万居民,联合王国有1 468.1万居民。② 按照格雷戈里·金(Gregory King)对英国17世纪末居民数的估计③,仅一个世纪英国人口就增加了60%,人口有规律的增加被看作社会的正常法则,19世纪以来英国的人口持续增长,引用克里曼在1831年人口调查表上写的前言中的数字,我们了解到1600年英格兰和威尔士可能有500万居民;1650年左右有550万,1700年有600万,1750年有650万。因此,在一个半世纪里,人口增加了150万。在随后50年,即从1750到1801年,人口增加了250万,增长率较前一个时期多了4倍。④ 人口的增加使英国木材严重缺乏,燃料供应成为社会问题。煤炭生产正是在此种背景下开始走上技术创新、提高产量的道路。到1800年,英国人每年消耗的煤炭大约有1 100万吨;到1830年翻了一番;15年后再次增加一倍;但1870年煤炭消耗量已越过31亿吨大关,相当于800万亿卡路里的能量,足以供养8.5亿成年人一年的生活(英国的实际人口当时是3 100万),或者说满足前工

---

① Robert Lindsay Galloway, *A History of Coal Mining in Great Britain*, With a New Introduction by F. Duckham, Newton Abbot: David & Charles, 1969, p.397.
② [法] 保尔·芒图:《18世纪产业革命——英国近代大工业初期的概况》,杨人楩、陈希秦、吴绪译,商务印书馆1997年版,第279页。
③ E.C.K.冈纳根据灶税册的数字,得到总共约586万居民的概数,这与格雷戈里金550万的数字很接近。
④ [法] 保尔·芒图:《18世纪产业革命——英国近代大工业初期的概况》,杨人楩、陈希秦译,商务印书馆1997年版,第280页。

业化社会1/4人口的全部能量需求。① 由此可以推断,当时英国人口对煤炭大量的需求也推动了英国煤炭生产技术的进步。

其次,英国人口的持续增长为煤炭生产提供了充足劳动力。18世纪到19世纪,英国人口重心向大工业中心转移,包括英格兰中部地区、约克郡、兰开斯特、诺森伯兰、纽卡斯尔以及达勒姆等煤炭资源丰富的地区成为当时人口最密集的城市。充足的劳动力不仅为煤炭生产提供了劳动力,而且越来越多的人投入到煤炭生产中,其中一些具有生产经验和知识的工人为了煤炭生产技术的革新不断试验,成为推动煤炭生产技术发展的"助推器"。为了提高生产技术水平,各个矿区开设采矿协会和学校对矿工进行培训以提高生产效率,减少安全事故的发生。在劳工问题之前,技术成为影响生产的主导因素。因此可以说,18世纪至20世纪英国煤炭技术的进步离不开劳动力技术水平的提高,正是基于这一时期英国矿工们技术水平的提高煤炭开采活动才蒸蒸日上。

(四)采煤技术的进步与产业布局

在近现代世界历史上,煤炭曾构成产业革命的基础。直到1913年,它仍保证了那些拥有煤田的国家在工业上保持的优越地位。1913年,英国是主要产煤国,还是世界最大的煤炭出口国。英国拥有大量的煤炭资源,许多大煤田靠近海岸,地理位置便利,这些有利条件成就了英国煤炭工业的发展,对英国经济的发展产生了重要的影响。

第一,近代英国采煤技术的进步对产业布局的影响。18世纪早期,英国的采煤业主要集中在沿海地带,这些地方的煤炭距离地表非常近,有的甚至就在地表。因此,露天开采的方式只能够满足一部分煤矿需求,但在需要挖掘的深度地区由于技术的局限性无法大规模展开。随着采煤技术的不断进步,尤其是蒸汽机的广泛使用,许多之前无法开

---

① [英] M. M. 波斯坦、H. J. 哈巴库克主编:《剑桥欧洲经济史》(工业革命及其以后的经济发展:收入、人口及技术变迁)第六卷,王春法等译,经济科学出版社2002年版,第309页。

采的地区成为采煤的中心地带。以安全灯的发明为例，安全灯的利用使得18世纪初无法得到开采的威灵顿、珀西、大赫本等地区大部分以前被撤回的开采工作得到恢复，获得重新开采。技术的进步使得许多地区的煤矿得到开发，大型矿场被建立起来。在技术进步的推动下，新的矿区得到开采。早期露天开采或浅层煤矿开采已经日趋衰落，采煤技术的进步使得一些先前繁荣的地区因资源的枯竭而衰落，煤炭的重新开发却使之前的荒凉地带成为新的工业和人口聚集区。在19世纪中期煤矿开发过程中，以蒸汽机的利用以及开凿方式的改进为主导，再结合铁路系统的推广，诺森伯兰、达勒姆、约克郡以及莫顿等地区出现一些大型矿场，这些新的矿场同时也吸引了众多的人口和产业，形成许多大的工业中心。

第二，与技术进步带来的新变化相适应的是以产煤区为中心形成的工业地带。18世纪初期煤被成功用于冶炼铁矿石，带来了采煤工业的第一次大扩张。煤被用于钢铁工业使冶炼业摆脱了燃料供应的限制，同时对英国产业布局造成深刻影响。以钢铁工业地点的变化为例，1700年，钢铁工业分布于盛产木材的森林地区，如西坎伯兰、迪恩森林（Forest of Dean）地带，其中最重要的产铁地区是韦尔德；1750年，曾经生产煤炭的纽卡斯尔、赫尔、谢菲尔德变为重要产铁区，而英格兰南部因缺乏燃料冶炼业衰落。1800年，南约克郡的冶炼业迅速发展，谢菲尔德成为重要中心，西部产煤区、什洛普郡、斯塔福德生铁产量几乎占全国一半，南威尔士的铁产量也在上升。1850到1900年，生铁和钢的生产都集中在产煤区，苏格兰、威尔士等地成为冶铁中心。1913年，英国65%生铁是在产煤区冶炼的。"苏塞克斯的熔铁业随着十八世纪的告终而告终了。随着1828年阿希伯纳姆最后一个熔铁炉的绝迹，它已经又回到它的野林和丘陵的恬静之中了……"[①] 能源对工业布局影响重大，技术革命带来了煤产量的增加和规模的扩大，同时也引起工业联合的发展。新的工业联合企业在矿区建立，不仅代表了工

---

① ［英］克拉潘:《现代英国经济史》，姚曾廙译，商务印书馆1986年版，第66页。

业的扩张,更重要的是,它显示了工业格局的新变化。

二、近代英国采煤技术发展的特点

在近现代英国历史中,煤炭技术的发展经历了两个世纪,在漫长的社会实践中,它的发展具有诸多特点。第一,18世纪至20世纪初期英国煤炭生产技术的发展和推广存在地区不平衡性。技术的发明及应用是一个漫长且复杂的过程,煤炭生产技术也不例外。近代煤炭生产技术的推广及应用过程具有鲜明的不平衡性。举例说明,就安全灯的推广而言,1830年巴德尔经营的矿场上大约有1 000—1 500个安全灯,而同时期其他一些矿场却仍在大量订购蜡烛使用明火照明;1833年埃尔斯卡(Elascar)新矿场的存货清单只有11个安全灯,它们被用于早晨检查气体而非日常工作中。1841年赫顿库存的安全灯达到800个,相较之下,蒙茅斯(Monkwearmouth)却只有四五个戴维灯在使用。另外还表现在蒸汽机的运用方面:1734年到1775年坎伯兰只有6个纽卡门抽水机,南威尔士总共有7个,但同时期东北地区纽卡门蒸汽机的总数达到133个,约占这一时期全国蒸汽机数量的41.4%。此外,还有一个鲜明的表现:19世纪中期各地区的通风技术状况。当约克郡、兰开夏郡火炉通风的气流量持续增大,通风设计日益完善之时,德比郡却在1831年仍未设立地下通风火炉而仍使用原始的火灯通风,瓦利克郡人工通风技术几乎完全没有。

第二,技术的创新对煤炭生产具有决定作用。从16世纪到第一次世界大战——将近四个世纪——英国主导着世界煤矿的发展。① 英国煤炭工业在20世纪早期最大的问题不是劳工问题,而是市场问题。就煤炭工业内部而言,煤炭生产在短时段里受劳动人数、煤炭价格、工资等因素的影响,但就长时段而言,影响煤炭生产的关键因素是技术更新问题,尤其在早期工人运动还未兴起,劳工问题还没有成为煤炭工

---

① George B. Baldwin, *Beyond Nationalization—The Labor Problems of British Coal*, Mass.: Harvard University Press, 1955, Author's preface.

业难题的时代。在英国工业化的时代，技术进步已经逐渐被看作是经济增长的主要源泉。煤炭技术的发展在近代英国煤炭工业的发展中处于基础性地位。以18世纪到19世纪中期为例，在煤炭开采技术获得极大发展和完善的同时，1700—1850年英国的煤产量从260万吨猛增至5 000万吨以上，占世界总产量的2/3，到1913年达到2.92亿吨的历史最高水平。一战标志着英国煤炭工业辉煌时代的结束，从1920年到1940年相继出现的市场紧缩、劳工危机，使煤矿矿井负责人以及矿工家庭等感到沮丧。20年里煤炭工业削减了总产量的20%，失去了传统占出口市场的40%。① 工人工资也有所下降，1926年煤炭工业经历了历史上时间最长的一次大罢工，矿工们歇工7个月，英国煤炭工业损失惨重。之后劳工问题成为煤炭工业的中心问题，尽管现代化的生产体系日益确立，但英国煤炭工业产量再也没有恢复到20世纪初期以前的繁荣状态，技术已经失去了主导生产的中心地位。

第三，在煤炭生产中时常伴有爆炸事故。在19世纪，频发的爆炸事故引起政府的关注，并初步形成立法监督管理体系。随着煤矿规模的扩大以及矿井的深入，煤矿事故接二连三地发生。在英国煤矿煤炭生产跃居世界第一位的同时，英国遇到的煤矿事故之多也是别国不曾有过的。以19世纪中期为例，在这一时期英国发生的煤矿爆炸事故多达643次。② 根据童工调查委员会的报告记载，北部在1836—1850年爆炸次数多达70次，约克郡、德比郡以及诺丁汉郡煤田发生的爆炸有103次，兰开夏郡和柴郡有160次，斯塔福德郡113次，蒙默塞特郡137次，北威尔士、坎伯兰以及苏格兰达60次。③ 引起爆炸的原因主要是瓦斯爆炸、通风障碍、采空区聚集的气体等，还有一些爆炸原因不

---

① George B. Baldwin, *Beyond Nationalization—The Labor Problems of British Coal*, Mass.: Harvard University Press, 1955, Author's preface.

② Robert Lindsay Galloway, *A History of Coal Mining in Great Britain*, With a New Introduction by F. Duckham, Newton Abbot: David & Charles, 1969, p.135.

③ Robert Lindsay Galloway, *A History of Coal Mining in Great Britain*, With a New Introduction by F. Duckham, Newton Abbot: David & Charles, 1969, p.137.

明。为了遏制日益严重的事故，英国议会开始关注煤矿生产，对发生的灾难性事故成立调查委员会，先后有 1835 年委员会、1939 年南希尔兹委员会，再到 1950 年煤炭监察体系的建立、1911 年法案的出台，经过 70 余年的努力，英国最终确立了煤矿立法监察体系，大大减少了煤矿爆炸事故发生的频率。

在近代世界历史上，英国最早确立起资本主义制度，率先发展起第一次工业革命，为民族国家的发展提供了良好的政治和经济基础，也加速了现代世界的形成。在 18 世纪中后期至 20 世纪初，英国各工业部门的生产技术不断提高，经济飞速发展，成为世界上工业最发达的国家，被称为"世界工厂"。其中，煤炭开采技术的进步为煤炭产量及其贸易带来了巨大的动力，也为英国诸多行业的发展提供了充足的原材料，使英国在一战前一直雄踞世界霸主地位。正是基于煤炭等工业技术的不断创新，英国才得以在近代世界史中独树一帜，成为各个国家竞相效仿的典范。当然，除煤炭技术进步外，煤炭的有效利用和市场的进一步发展，为英国经济的增长同样奠定了坚实基础。

第二章　英国的煤炭利用与市场发展

英国是第一个利用煤炭资源完成工业化的国家，发达的煤炭市场极大地促进了英国的经济发展。与制造业不同，植根于土地的煤炭是一种低值的大宗商品，高昂的运输成本限制了英国煤炭市场的规模。在英国煤炭市场的发展史上，地区间的独立性一直存在，"全国性的煤炭市场从未出现过"①。历史上煤矿主开展的技术改革和资产者铺设的煤路都是为了降低运输损耗并获得廉价煤炭。因此，英国煤炭市场发展的历史，就是英国区域经济发展和技术进步的历史，也是贸易参与者着力降低贸易成本、最终推动英国经济发展的历史。本章第一部分将论述 16 世纪以前英国煤炭市场的萌芽状态。在此期间，英国对煤的需求量不大，社会生产生活中使用的能源以木炭为主。某些城镇出现了使用煤的小型工业。第二部分考察主要耗煤产业钢铁、煤气、蒸汽运输的成形。最初为煤炭市场化服务的蒸汽机、运河、铁路等成为英国工业革命的助推器，而煤的主要市场也从最初的家用和轻工业领域逐渐转变为以冶金、运输为主的重工业领域。第三部分主要梳理 19 世纪后期到 20 世纪的英国煤炭市场，这一时期煤炭的供应者和需求者都发生了变化，工业生产特别是电力和钢铁成为煤炭市场的主角，煤炭市场的参与者囿于煤矿、发电厂、煤气公司和钢铁厂领域。煤炭利用与市场发展是英国煤炭工业的关键组成，也是英国国内外贸易的重要部分。

---

① J. U. Nef, *The Rise of the British Coal Industry*, Vol. 1, London: George Routledge & Sons Ltd., 1932, p. 75.

第一节　自然经济下的英国煤炭市场

英国早期所有的经济活动中，煤炭交易活动多受自然条件的制约。煤的属性决定了运输是煤炭市场形成的关键因素。工业革命前英国所有的运输都依赖自然动力。拥有天然良港和宽阔河流的英国东北部地区可以通过海运将煤炭运至伦敦，而近在咫尺的米德兰地区煤矿却无法开采利用。因此，运输塑造了自然经济下的英国煤炭市场。

一、英国煤炭市场的萌芽期

煤炭在英国的使用有很长的历史，考古发掘中发现的燃煤的证据可以追溯到公元前。煤炭市场的真正形成却比较晚，历史记载的第一个煤炭市场出现在1228年的伦敦，主要的消费群体是烧石灰者[1]。后者的产品在当时主要用于建筑业和农业。因此，可以说英国煤炭市场的产生，与经济的发展和生产力的提高有着密不可分的联系。但是，煤炭市场的出现不仅仅要有对煤炭的需求，便利的运输也是市场能够存在和发展的先决条件，后者在相当长的一段时间里决定着煤炭市场的分布和规模。

（一）英国煤炭的早期利用与市场

从现有资料来看，不列颠最早使用煤的地区尚存争议。威尔士莱切斯特（Leicestershire）和南维尔特郡（SouthWiltshire）的古老煤层中都曾发现斧头、石锤等一些粗制工具。学者据此推断罗马人入侵前就有人采煤使用，此时其用途可能是照明[2]。英格兰烛煤（Candle Coal）和苏格兰烛煤（Parrot Coal）燃烧时都会发出明亮火焰。布立吞人对煤的认识相对有限，他们并未将煤看作一种能源。

---

[1] Robert Galloway, *Annals of Coal Mining and the Coal Trade*, Vol.1, London: The Colliery Guardian Company Limited, 1971, p.29.

[2] Robert Galloway, *Annals of Coal Mining and the Coal Trade*, Vol.1, London: The Colliery Guardian Company Limited, 1971, p.5.

有人认为罗马人最早将煤炭冶铁技术引入英格兰①,但当时人们还是以木炭作为燃料从事生产生活。

在盎格鲁撒克逊时期,英国是一个农业国,主要能源"似乎是木材,可能还使用泥炭"②,但并不包括煤炭。当时英国的林木覆盖率很高,木炭是人们主要的燃料来源。另外,煤炭笨重、肮脏且带有呛人的烟雾,并不受人们青睐。直到13世纪时,煤炭的使用仍然有限,这时煤炭(coal)一词的含义仍指木炭(charcoal),而煤矿(colliery)一词直到14世纪30年代仍意指"木炭生产区"③。可见,此时煤炭市场并未出现。

13世纪铁匠和石灰烧制者是主要的煤炭消费群体。据记载,1228年有人就从伦敦城郊的萨克尔斯(Sacoles)小道运煤进城,这里形成了英国的第一个煤炭交易市场④。随着伦敦市手工业的发展,众多的铁匠铺、酿酒作坊和洗染业都购买煤炭。此时,陆续出现了大量的小煤炉,但燃烧效率低下且污染极大,使得伦敦空气混浊不堪。因此,1306年爱德华一世颁布禁令,禁止手工业者燃煤,仅允许铁匠使用煤炭,后来烧石灰的工匠也允许烧煤。1300年前后,随着烟囱的引入,煤开始用于家庭生火。14世纪初出现了廉价而轻便的铁皮烟囱,煤炭生火开始迅速普及,很多家庭也成为煤炭的购买者。毫无疑问,因为购买者的增多,原有的煤炭市场得以扩大,但此时的煤炭市场多与煤矿相邻。

(二) 运输在煤炭市场中的重要性

对煤炭市场而言,矿井开采只是煤炭实现其价值的第一步,通向市场的过程是至关重要的。13世纪前英国公路很少,煤炭陆路运输成

---

① [美] 芭芭拉·弗里兹:《煤的历史》,时娜译,中信出版社2005年版,第17页。

② Robert Galloway, *Annals of Coal Mining and the Coal Trade*, Vol.1, London: The Colliery Guardian Company Limited, 1971, p.8.

③ Robert Galloway, *Annals of Coal Mining and the Coal Trade*, Vol.1, London: The Colliery Guardian Company Limited, 1971, p.24.

④ Robert Galloway, *Annals of Coal Mining and the Coal Trade*, Vol.1, London: The Colliery Guardian Company Limited, 1971, p.29.

本极其高昂。煤矿多位于山区，煤炭运输只能依靠驮马，旧式挽具套挂的马匹承载量不超过 62 千克，因此大宗货物的长途陆运无法实现①。陆路运输的不便催生了"海煤"（sea coal）。据说 13 世纪堪布瓦的亚当（Adam de Camhous）赋予纽敏斯特（Newminster）僧院从海岸到布莱斯河（Blyth）流域的道路通行权，僧侣可将海岸的煤炭运至内陆，这种运输的煤炭就被称为"海煤"。后来所有经海路运输的煤炭都被称为海煤。由于运输途径和销售市场的不同，很多煤矿也被称为"海煤矿"，以便区别于销售市场位于煤矿周边的"陆煤矿"。就当时煤炭运输成本而言，海煤运输价格最低，运河运输价格是其 3 倍，马车运输价格是其 9 倍，而驮马运输成本是其 26 倍。② 但海运成本并非海煤运输成本的全部。海煤运输要经过一个复杂而昂贵的过程。例如，从泰恩河流域海运至约克郡，煤炭要反复装卸 5 次才能到达目的地。首次从煤矿用人力手推车运至码头，再从码头用平底船转运至海运煤船，煤船经近海航行驶入亨伯河，由亨伯河驳船经约克的手推车运到消费者和商人手中。可见，煤炭开采是一大笔费用，而煤炭运输则是一笔更大的费用。

因此，大部分地区的煤炭运输会尽量回避陆路运输，河流两岸更是如此。为了运煤便利，煤矿主一般会选取矿井至河流间的最短路程建立"煤港"（strait）。早期的煤港只是在河边用木材圈起一个泊位，后来煤港还专设储煤仓库以应对运煤周转不灵等问题。煤港是矿井与河流间的中转站，当时运煤的平底船或帆船装煤后可运至流域内的村镇，或者也可运至港口，再将煤装上海运船实现二次运输。而不经水运的煤炭很少能运至煤矿 15 英里以外③。煤炭由煤船运出港口，经过

---

① [英] 查尔斯·辛格等编：《技术史》第二卷，王前等译，上海科技教育出版社 2004 年版，第 461 页。

② [法] 费尔南·布罗代尔：《15 至 18 世纪物质文明、经济和资本主义》第三卷，顾良译，三联书店出版社 2002 年版，第 677 页。

③ J. U. Nef, *The Rise of the British Coal Industry*, Vol. 1, London: George Routledge & Sons Ltd., 1932, p.78.

海洋最终进入市场。煤船（collier）专指海运船，是煤运中最大的载具，沿海地区市场的煤炭供应主要是由煤船完成的。所有从事煤炭运输的商船，包括双桅帆船（brig）、三桅帆船（barque）、纵帆船（schooner）或单桅小帆船（sloop），都被称为"煤船"。

14世纪，随着煤炭贸易市场的扩大，查特隆成为煤炭的标准单位。最初，查特隆是木炭的度量标准，1查特隆木炭相当于一辆四轮马车的最大负载量，约合18英担（914千克）。随着煤炭取代木炭成为主要能源，运煤车辆容量的扩增，1349年1查特隆原煤相当于当时一架马拉板车的负荷量，约合58.5英担（2972千克）。以运输工具的负载量作为煤炭的量度标准，可见运输在煤炭贸易中所起的重要作用。

海煤的出现绝非偶然。英国有着悠久的近海运输传统，四面环海的岛国属性决定了海路运输对英国的重要性。通过海煤，英国人巧妙地规避了将煤炭这种笨重资源进行流通的最根本障碍，极大地降低了煤炭的运输成本。可以说，海煤为培育英国的煤炭市场做出了不可磨灭的贡献。

二、16、17世纪地区性的煤炭市场

到16世纪，煤炭开始成为人们的主要能源，煤炭市场在一些地区已初具规模。燃料需求的增加使得许多地区的煤矿陆续得以开采。但由于地理条件所限，许多煤矿只能供应周边的市场，而运输条件较为便利的煤矿可将煤炭运往外地，这无疑促进了产地与市场间的联系，为后续煤矿主投资改善道路条件奠定了坚实的基础。

（一）能源危机与煤炭贸易

14、15世纪是木材为主导的时期，木材是社会手工业蓬勃发展的根基。木炭是黑火药的原料之一，从树皮中提取的柏油、沥青可用于黏合船只，木灰中产生的硝酸钾是制造肥皂、玻璃的必要原料，木材被用来制造运输工具，木头还可制造枪托和炮架，众多的民房修造更是依靠木材。可以说，当时一切的产品都或多或少与木材有一定的联系。

但人口的过快增长导致了大量的森林遭到砍伐,木材资源紧张,木材价格高涨,人们陆续开始以煤炭代替木炭作为生产生活的燃料。此时政府也不再禁止煤炭的使用,城市煤炭市场焕发生机。到15世纪末,金属锻造、玻璃制造、石灰烧制、酿酒和面包烘焙这些手工业都陆续以煤炭为能源。到16世纪70年代,英国国内的用煤量剧增①。当时英国所有煤炭市场都得到了不同程度的发展。1569年纽卡斯尔历史学家格雷将这一年称为"煤炭贸易的发端"②。

(二) 地区性煤炭市场的发展

到16、17世纪,一些主要的煤矿区已初具规模。16世纪中期煤炭销量占全国市场10%以上的地区有4个,分别是英格兰东南部、苏格兰、威尔士和米德兰。这四个地区按其销售煤炭的种类又可划分为3种类型:依托海煤市场的英格兰东南部海岸,依赖陆煤市场的苏格兰和米德兰地区、海煤和陆煤兼而有之的威尔士。

英格兰东南部市场对海煤的依赖性较强。英格兰东南部市场是英国人口最为密集、经济最为发达的区域③。很多城镇有数量较多的制造业,随着木材经济的崩溃,这些制造业转而以煤炭作为主要能源,加上当地平民的取暖、烹调和照明,形成了一个庞大的煤炭需求市场。但由于该地区能源不足以自给,东北部煤矿主乘机垄断了该地区(尤其是伦敦)煤炭市场的供应。作为伦敦煤炭市场的操控者,东北部煤矿主对伦敦市场的经营行之有年。1253年已有煤船从诺森伯兰布莱斯河畔的普莱西(Plessey)运抵伦敦④。东北部煤矿区之所以能控制伦敦市场,主要基于两方面:可航运的河流和足以停泊巨大煤船的港口。该地区可航运的河流主要是泰恩河和威尔河。泰恩河沿岸从1565至

---

① [美] 芭芭拉·弗里兹:《煤的历史》,时娜译,中信出版社2005年版,第30页。
② Robert Galloway, *Annals of Coal Mining and the Coal Trade*, Vol.1, London: The Colliery Guardian Company Limited, 1971, p.80.
③ 包括伦敦、萨里、苏赛克斯、埃塞克斯等地。
④ Robert Galloway, *Annals of Coal Mining and the Coal Trade*, Vol.1, London: The Colliery Guardian Company Limited, 1971, p.30.

1625 年间发展最为迅速，期间煤炭贸易量增长了 12 倍①。纽卡斯尔是泰恩河的煤炭运输中心，东北部煤矿主定期在此召开会议并订立协议，组织协调周边的煤炭贸易。与泰恩河相比，威尔河河水较浅，并不适合大型船只航运。但随着英格兰南部对煤炭需求量的增加，煤矿主对威尔河谷进行了一系列改造，桑德兰成为威尔河的煤炭运输中心，到内战前桑德兰已成为英国仅次于纽卡斯尔的第二大煤炭输出港②。尽管船运大大降低了运输成本，但伦敦市场煤价仍达到煤炭出井价格的 4 到 5 倍。17 世纪伦敦人均年耗煤量为 16 英担（810 千克），远高于当时英国各地区 9 英担（457 千克）的平均水平③。

早期煤炭多用于生火，较大的煤块燃烧时间长，燃烧效率值④会高；小块煤经常是滞销品。对于煤矿而言，生产和运输中小块煤的产生是不可避免的。为免于承担高昂的运输成本，矿主一般将这些小块煤就近低价处理，无形中东北部地区形成了一个规模较大的小块煤交易市场，吸引了海盐业的参与。海盐业于 14 世纪产生于肯特、萨里（Surrey）和苏赛克斯（Susses Wunty），当时使用的燃料主要是木材和泥炭⑤。15 世纪诺森伯兰有人利用当地廉价的"碎煤"（一种几近粉碎的煤，无法用于生火，但其闷烧的特性很适合煮盐）蒸煮海水制盐。因蒸煮海水用的是大锅，所以当地又将"碎煤"称为"锅煤"（saltpan coal）。随着煤炭贸易规模的扩大，当地海盐业规模也随"锅煤"交易量而递增。17 世纪末期每年在泰恩河与威尔河周边运输的"锅煤"至

---

① J. U. Nef, *The Rise of the British Coal Industry*, Vol. 1, London: George Routledge & Sons Ltd., 1932, p.25.

② J. U. Nef, *The Rise of the British Coal Industry*, Vol. 1, London: George Routledge & Sons Ltd., 1932, p.29.

③ J. U. Nef, *The Rise of the British Coal Industry*, Vol. 1, London: George Routledge & Sons Ltd., 1932, p.83.

④ 单位燃料可燃质燃烧所放出的热量占单位燃料可燃质发热量的百分比，是考察燃料燃烧充分程度的重要指标。

⑤ Robert Galloway, *Annals of Coal Mining and the Coal Trade*, Vol. 1, London: The Colliery Guardian Company Limited, 1971, p.64.

少达 7 万吨①。

苏格兰地区煤炭市场大多集中在煤矿周边，煤矿产量基本都用于满足当地消费。当地特维特河、福斯河和克莱德河将苏格兰采煤区划分为福斯湾区、拉纳克（Lanarkshire）夏区和艾尔区。福斯湾区②是当时苏格兰最主要的产煤区，城市消费和海盐业是其煤炭市场的主要增长点。福斯湾地区没有集中的贸易中心，本地人一般直接开船前往东洛辛、林里斯哥③（Linlithgowshire）、斯蒂灵（Stirlingshire）、克拉克曼南（Clackmannan）等港口交易。拉纳克（Lanarkshire）地区④的区域中心是格拉斯哥和克莱德河谷的产煤区。艾尔地区煤矿地理条件优越，可停泊大型船只。

威尔士煤炭市场与产煤区地理位置密切相连。总体而言，南威尔士以海煤销售为主，而北威尔士则以陆路出口为主。16—17 世纪采煤是南威尔士居民的重要职业。17 世纪威尔士编年史家欧文将海煤列入彭布鲁克郡第八出口产品之列⑤。北威尔士煤矿主要位于弗林特（Flintshire）和登比（Denbighshire）两郡的沿海地带，该地区从内战中受益。克伦威尔（Cromwell）统治时期弗林特郡向驻守切斯特的英国军队供应煤炭，但斯图亚特王朝复辟后，由于爱尔兰的竞争，该地区贸易进入萧条状态。

米德兰地区的煤炭市场以内陆消费为主。该地区只有少数城镇毗邻水路，比如利物浦、诺丁汉和布罗斯利（Broseley）。伊丽莎白时期南北斯塔福、莱切斯特、瓦尔维克（Warwick）、兰开夏－柴郡、约克夏－米德兰、什罗普地区都产生了少量工业，当地煤炭市场主要是由城镇家庭和工业消费支撑。此外，17 世纪末英国其他较为重要的煤炭

---

① Robert Galloway, *Annals of Coal Mining and the Coal Trade*, Vol. 1, London: The Colliery Guardian Company Limited, 1971, p.95.
② 包括爱丁堡、东中西洛辛郡、费弗、克拉克曼南、斯蒂灵等。
③ 即今西洛辛郡。
④ 包括格拉斯哥、南北拉纳克、东西旦巴顿、邓迪等。
⑤ J. U. Nef, *The Rise of the British Coal Industry*, Vol.1, London: George Routledge & Sons Ltd., 1932, p.54.

市场还有坎伯兰、金斯伍德-切斯、萨默塞特、迪恩森林、德文郡、爱尔兰等①。

(三) 伦敦市场的中心地位

13世纪英国大部分地区还主要从事农业生产时,伦敦已然存在许多工业生产形式。伦敦庞大的煤炭市场高度依赖海运,输入伦敦的煤炭主要在城内及近郊销售。作为商业中心的伦敦是英国东南部地区的煤炭中转站,辐射周边广大地区。伦敦拥有完善的水路运输网络。1541年已有9条道路从伦敦通往全国各地,到1570年又增加了8条。②宽阔且水流平缓的泰晤士河口提供了良好的港湾,使吃水较深的帆船或驳船容易靠港,保证了泰晤士河流域的货物流通。到17世纪中期,沿泰晤士河从牛津到格雷夫森德(泰晤士河入海口)河流两岸12英里内的主要村镇都可得到转运自伦敦的煤炭。17世纪90年代这一地区内有20万栋房屋,人口超过英格兰和威尔士人口总和的1/6。③可以说,"城市的发展,尤其是伦敦的发展带动了煤矿业迅速发展。到18世纪早期,它实际上已算是初级的现代工业,甚至使用了最早的蒸汽机(其目的基本相同,主要是为康沃尔地区有色金属矿的开采而设计)来抽水"。④

对工业革命前的英国煤炭市场来说,伦敦市场重于其他地区市场,国内市场大于国外市场。伦敦所在的东南部是英国最大的煤炭市场,伦敦是东南部市场枢纽。煤炭市场的主动权很少掌握在消费者手中,伦敦煤炭市场更是如此,这一庞大市场主要掌握在东北部煤矿主手中,

---

① J. U. Nef, *The Rise of the British Coal Industry*, Vol. 1, London: George Routledge & Sons Ltd., 1932, p.54.
② 赵秀荣:《1500—1700年英国商业与商人研究》,社会科学文献出版社2004年版,第58页。
③ J. U. Nef, *The Rise of the British Coal Industry*, Vol. 1, London: George Routledge & Sons Ltd., 1932, pp.82-84.
④ [英]艾瑞克·霍布斯鲍姆:《革命的年代:1789—1848》,王章辉等译,中信出版社2014年版,第53页。

他们在此经营了300余年,基本上把所有的竞争者都排斥在外。毫无疑问,他们为这个市场乃至全国煤炭市场的发展做出重要贡献,也从中获得了巨大利益。作为当时最富有的一个群体,他们与其他地区的煤矿主一道投入巨资,开发新矿,提高生产技术,改善运输条件,为煤炭市场的发展打开了新的局面。

第二节 18、19世纪前期的英国煤炭市场

18、19世纪英国发达的煤炭市场不仅为工业发展和人民生活水平的提高提供了大量能源,更在市场化过程中解决了一系列运输困难,运河和铁路的应用将英国各地紧密联系,为英国优化资源配置、促进经济持续发展奠定了坚实的基础。

一、促进煤炭市场发展的因素

18世纪前半期英国煤炭销量增长了75%,该世纪后半期增长了300%,19世纪前30年又增长了一倍。仅仅100余年里增长了10倍[1]。这种增长不但与需求旺盛相关,还与生产和运输方面持续的技术改进和投资分不开。这一时期煤炭开采、道路修筑和资本投入为煤炭市场的扩张奠定了基础。同时,煤炭生产率先实现了向资本密集型和技术密集型产业的转变,为英国工业的发展打下了坚实的基础。

(一)煤炭市场的扩大与生产技术的进步

对煤矿主而言,煤炭市场需求的增加不能仅靠扩大生产来解决。煤炭为不可再生资源,每个矿井的采掘量相对有限。加之开新矿费用高且技术和经济风险较大,因此,面对煤炭市场上迅速增加的需求,18至19世纪前期煤矿主主要通过增加矿井深度和提升开采效率来提升供给量,进而保障了煤炭市场供需的平衡。煤矿主增产的这两项措施

---

[1] W. S. Jevons, *The Coal Question: An Inquiry Concerning the Progress of the Nation, and the Probable Exhaustion of Our Coal-mines*, London, N.Y.: Palgrave Publishers Ltd., 2001, p. 203.

都是借助生产技术的革新实现的。

煤矿纵深开采中最大的限制是地下水和煤层气。由于地下环境复杂，某些地下暗河以及煤层气往往与煤层呈犬牙交错之势，透水和漏气都会严重制约煤井深挖。因此，排水和通风问题是煤矿要提升供给量所必须面对的问题。从18世纪开始，许多新技术的应用陆续地解决了矿井的排水和通风问题。

排水和通风中最重要的发明首先是蒸汽泵。蒸汽泵高效地将煤井中的水排出，使采煤业可以从地表浅层作业逐渐深入地下。煤井中最先使用的蒸汽泵是萨弗里式，到1725年纽可门式蒸汽泵已全面用于矿井抽水①。当时蒸汽泵技术并不成熟，随着汽缸的增加、阀动装置（valve gear）和锅炉设计的改善，蒸汽泵的效能得到有效的改善。19世纪早期各类煤矿都可选择适合的蒸汽泵用于煤矿作业。

就提升开采效率而言，19世纪前期的采煤技术与18世纪相比并没有明显的改进，效率的提升主要是通过井下工作面改善和运煤技术进步实现的。通风和排水技术的提高使煤矿可以开得更深，在某种程度上也改善了一些采煤工作面。原先的运煤马路和滚轴路（rolley way）所用的木质轨道被金属轨道替代，提拉机（winding）也逐渐机械化。这些众多细节技术改进极大地降低了成本，促进了煤炭产量的增加。生产领域技术的改进提高了生产效率，促进了煤炭产量的增加，而煤炭价格并未随之上升。18世纪早期采煤业最大的瓶颈是如何高效地将煤炭从所在地运输至市场，运输困难且成本高昂是采煤业扩大销量的瓶颈所在。

（二）交通运输的发展对煤炭市场的促进

对煤矿主而言，运输成本是促进煤矿市场发展的决定性因素②。以低廉成本运输是煤炭市场得以迅速扩大的前提。煤矿主通过技术的改

---

① [英]查尔斯·辛格等编：《技术史》第四卷，王前等译，上海科技教育出版社2004年版，第122页。

② [英]M. M. 波斯坦等编：《剑桥欧洲经济史》第五卷，王春法等译，经济科学出版社2002年版，第389页。

进和资本的投入较好地解决了这一问题,进而实现了煤炭贸易的蓬勃发展。煤炭运输条件的持续改善,为全国良好运输条件和发达交通网络的实现提供了支撑,英国由此实现了资源配置的优化,为建立一个工业化强国奠定了坚实的基础。

作为一种商品,煤炭的利润很低。统计学者戴维斯曾根据1754年进出口商品价值数据得出,煤炭每吨价格低于1英镑①。因此,要提升其价值,就必须降低运输成本。不言而喻,从矿井到消费者间的运费是煤价的主体。从中世纪开始,修路就是煤炭市场上供需双方的共识,但是道路的修建和保养需要大量的资金和人力。截至18世纪,煤路的修建进展缓慢。在没有公路(highway)的地方,煤炭多是用驮马运输,特殊情况下也使用手推车运煤。

率先解决运输困境的群体是拥有大量资本和技术人员的煤矿主,他们采取的办法是建立"马车路"。17世纪早期亨廷顿·博蒙(Huntingdon Beaumont)为运煤马车专设道路,在稳定而平滑的路面铺设木轨,这条专为煤运设计的道路被称为"马车路"。一匹马在马车路上可以拉动两匹马两头牛才能拉动的四轮大马车(wain)。1711年人们在坦菲尔德-摩尔(Tanfield Moor)煤矿的实验显示,普通道路运到泰恩河的四轮大马车,每拾(计量单位,一拾相当于一条平底船的负载量10查特隆②)收益为1英镑17先令6便士,马车路运输利润为5英镑5先令9便士③。但由于马车路造价高昂且不同用途马车轨道轴距不同,马车路仅适合于运输海煤,只能在矿井到煤港或海岸的短途运输中使用。18世纪初东北部率先引入了直通煤港的马车路,马车路极大地增加了运输效率,从而使矿井煤炭运输可延伸至8—10英里(12.9—

---

① Michael W. Flinn, *The History of the British Coal Industry*, Vol. 2, Oxford: Clarendon Press, 1984, p.146.
② Robert Galloway, *Annals of Coal Mining and the Coal Trade*, Vol. 1, London: The Colliery Guardian Company Limited, 1971, p.87.
③ Michael W. Flinn, *The History of the British Coal Industry*, Vol. 2, Oxford: Clarendon Press, 1984, p.151.

16.1千米)外的煤港①。18世纪前半期这种木轨马车路逐渐得到推广,主要用于连接煤矿与河流或海洋的枢纽。在苏格兰,坎伯兰和南威尔士煤矿利用马车路可将煤运到煤港码头;东北部地区可将煤运到泰恩和威尔士河边,内陆煤矿如约克、兰开夏、米德兰和迪恩森林等可将煤运到最近的河流。1828年时东北部几乎所有煤矿的出口都依靠马车路运到河边,其长度从半英里到10英里(0.8—16千米)不等。

马车路轨道的改进提升了运煤的经济效益。最早的木轨是由山毛榉和橡木铺成,1767年采用生铁铁轨代替木轨,②18世纪80年代搅炼(puddling)和轧制(rolling)发明后熟铁轨道取代了生铁轨道。熟铁轨道首先在坎伯兰煤矿中应用,一些熟铁铁轨被制成L型直角板(angle plate)以支撑无凸缘的车轮(可能被称为"电车道",tramway)。19世纪20年代摩恩茅斯(Monmouthshire)修建了一条电车道,据称一匹马在电车道上可拉4辆2吨重的马车。德比郡很多马车路改成了电车道。③

随着轨道条件的日益改善,运煤工具也向大载重量发展。驮马或人力车能运输8英担(50—60千克)煤炭,马车路上的大型马车(wain)能运输17.5英担(110千克)煤炭。改造后的四轮马车能装载一标准纽卡斯尔查特隆煤(53英担,约合336千克),1815年后一项法案把这一负载量核定为标准。此外,马车上配备刹车装置,还有专为卸煤而设计的侧门和漏斗按钮。④ 单靠畜力运输而削减的成本毕竟有限,自然力向机械力的转变是时代发展的大势所趋。瓦特发明的蒸汽

---

① J. U. Nef, *The Rise of the British Coal Industry*, Vol. 1, London: George Routledge & Sons Ltd., 1932, p. 28.
② [法]费尔南·布罗代尔著:《15至18世纪物资文明、经济和资本主义》第三卷,顾良译,三联书店出版社2002年版,第678页。
③ Michael W. Flinn, *The History of the British Coal Industry*, Vol. 2, Oxford: Clarendon Press, 1984, p. 152.
④ Va NeeL. VanVleck, "Delivering Coal by Road and Rail in Britain, The Efficiency of the Silly Little Bobtailed Coal Wagons", *The Journal of Economic History*, Vol. 57, No. 1 (Mar., 1997), p. 145.

机是第一个实现热能向机械能转化的机器。① 1812 年 6 月约翰·布莱金索普（John Blenkinsop）成功地将拖曳着满载煤炭的机车沿马车路运至艾尔河边的亨斯莱（Hunslet）。1813 年兰开夏法尔东（Fawdon）煤矿还铺设了一条从诺森伯兰的考克斯洛奇（Coxlodge）到法尔东的轨道。② 1815 年机车取代驮马开始运输煤炭。相对于马匹，机车在能耗和效率上都占优势。一台引擎所需燃料成本相当于一匹马的价格，一匹马只能运输装载 2 吨或 4 吨煤的马车，而一辆机车可牵引相当于 20 辆马车的载重量。③

　　河流的拓宽和加深是改善煤炭运输条件的另一个主要手段。随着各地工业的发展，很多不具备河流条件的地区对煤炭的需求也愈加迫切，河流条件制约着煤炭的运输，煤运需要开辟新的通道。一般来说，可通航河流两岸 10 英里左右的区域都可获得廉价煤炭，但很多河流囿于流量太小或河水太浅而无法运输，河流改造投资成本巨大，收益却难以厘定。直到 17 世纪，议会明确了投资者权利后，河流的适航改造才在各地陆续地开展。在 1825 年铁路出现之前，煤炭的运输实际上主要依赖于河流的改造和运河的修建。

　　18 世纪前期大部分拓展河道运输的力量都用于"静水"运输，资金和物力都投入现有河道的拓宽、清淤和筑坝，而河流拓展的空间在 18 世纪中期就基本耗尽，开凿运河成为扩大煤炭市场的必然途径。被称为英国运河之父的布里奇沃特（Bridgewater）公爵三世曾经一针见血地指出，"每一条运河的脚后跟上都沾着煤灰"。④ 建于 1711 年的第一条运河连接了瓦尔维克郡的格里夫煤矿与临近的马车路轨道。但最负

---

① John Merriman and Jay Winter, Europe 1789 to 1914, *Encyclopedia of the Age of Industry and Empire*, Vol.1, Detroit: Thompson Gale, 2006, p.554.

② Michael W. Flinn, *The History of the British Coal Industry*, Vol.2, Oxford: Clarendon Press, 1984, p.157.

③ Michael W. Flinn, *The History of the British Coal Industry*, Vol.2, Oxford: Clarendon Press, 1984, p.169.

④ 王觉非等编：《欧洲历史大辞典》上卷，上海辞书出版社 2007 年版，703 页。

盛名的是 1757 年完工的桑基布鲁克通航运河（Sankeybrook Navigation）。运河开通后，从圣海伦（St. Helens）煤矿向利物浦和默西河沿岸家庭和工业的煤炭市场迅速发展起来，而且韦弗河（Weaver）沿岸的制盐业也依赖于此。从圣海伦煤矿运输煤炭成本的降低，促进了南兰开夏、默西河沿岸和北柴郡多种耗煤工业的发展，进而扩展了该地区的煤炭销量。1759 年兰开夏煤矿主布里奇沃特公爵三世修建了一条从沃斯利到曼彻斯特的运河，从而垄断曼彻斯特煤炭市场近 40 年。

此外，还有其他形式的煤炭运输道路建设。1776 年英国《道路法》的颁布正式确立道路收费站制度，道路通行费收入可归私人所有。这一法令极大地促进了私人投资建设公路，很多重要公路的建设都是为了连通工业城市与煤炭产区。例如，18 世纪利物浦的煤炭供应完全依赖于 7 英里外普雷斯科特（Prescot）附近煤矿公路，18 世纪五六十年代修建在萨默塞特的大部分公路都是为了运煤[①]。

总而言之，由于煤矿主对技术和资本的投入，蒸汽机、马车路（后期成为铁路的前身）、人工运河等运煤渠道陆续出现，煤炭运输条件得到改善，不仅降低了运煤成本，而且为煤炭市场的拓展做出了巨大贡献。同时，也推动了英国乃至全球的经济发展。从这个意义上说，说工业革命起源于煤炭运输亦不为过。

（三）大资本的投入

到 18 世纪，随着露天煤矿逐渐枯竭，简单的煤炭生产逐渐退出了历史舞台。新煤矿的开采不仅需大量资本投入，还要承担修建道路等方面的费用，采煤业已成为一项资本密集型的产业。随着矿井深度的加深，排水、通风和运输成本的增加，矿井本身需建造筑井壁（tubbing）、运煤车轨道、蒸汽泵等设施，加之雇佣工人和租用土地，矿井投入甚巨。此外，运输投资也可谓巨大。1739 年东北部煤商位于泰恩河畔 42 英里（约 67.6 千米）的马车路据说占用资本达到 5 万英镑，

[①] Michael W. Flinn, *The History of the British Coal Industry*, Vol. 2, Oxford: Clarendon Press, 1984, p. 209.

每英里投入1 190英镑（约合每千米739英镑）。1791年中洛辛郡（Midlothian）马车路每英里投入837英镑（约合每千米520英镑）。18世纪后期每英里投入740英镑较为常见。1810年东北部莫顿（Murton）煤矿的一条马车路预计每英里投入达1 203英镑（约合每千米747英镑），1819年由平克斯顿（Pinxton）到曼斯菲尔德（Mansfield）的10英里马车路共投入22 800英镑（约合每千米1 416英镑）。1830年南泰恩的考克鲁克（Crawcrook）煤矿一条千码马车路每英里投入2 825英镑（约合每公里1 755英镑）①。

由于采矿业规模扩大且投资巨大，18世纪晚期到19世纪早期煤矿投资成员趋于多元化，律师、牧师、商人、企业家、银行家和煤船船长成为煤矿的投资人。共同出资也是海煤运输的一大特点。18世纪从纽卡斯尔到伦敦往返一次至少需要一个月。运输船只从建造到航运的种种费用少则几百磅，多则几千镑。为分散风险，投入一般都是多名股东持有，共享收益，共担风险。煤炭开采的大资本投入一方面拓展了资本来源，增加了资本量，使煤矿开采规模达到了前所未有的高度，另一方面也出现了资本投入的各种金融创新，比如共同投资、合伙经营等，对后来股份制公司、保险企业等的形成产生了一定的影响。

二、城市和新工业：两种不同的煤炭消费市场

工业革命促成了英国经济增长方式的转变，同时也改变了英国的煤炭市场。传统的煤炭市场是以城市消费者为主，消费群体的出现早于煤炭市场，煤炭在这种市场中的地位很重要，但并非举足轻重。因为消费者的需求必然有限，市场的发展往往会遭遇瓶颈。但是随着工业革命的开展，以冶金、电力为代表的新兴工业消费市场中，低成本的煤炭供应是工业存在的前提，煤炭市场的规模直接决定了工业的发展前景，因此煤炭市场在工业领域的市场份额一定会大于城市消费领

---

① Michael W. Flinn, *The History of the British Coal Industry*, Vol.2, Oxford: Clarendon Press, 1984, p.157.

域。这种趋势在此时已初见端倪。

(一) 城市消费的煤炭市场

由于工业的发展和城市化,大部分煤矿周边陆续出现了许多新城镇,原有的煤炭市场被重新划分,大部分煤炭市场由当地或者附近的煤矿负责经营。苏格兰煤炭市场分成两部分,其中路煤的煤炭市场分布如下:当地的消费需求和工业需求由苏格兰拉纳克郡煤矿供应;福斯湾海岸周边地区依靠湾区煤矿自给自足;加罗韦(Galloway)和索尔韦(Solway)湾各郡从北方的英格兰的坎伯兰获得陆煤供应;北克莱德以当地低效的泥炭作为能源。苏格兰海煤的煤炭市场主要位于艾尔郡(Ayrshire)海岸。英国中南部兰开夏地区煤矿的发展首先基于陆地需求,其主要海煤来自于利物浦和里布尔(Ribble)河口。北威尔士煤矿销售主要取决于该地区家用和陆运煤的需求,工业方面除了当地诸如冶铁、冶铜、铸铅、烧陶等一些小工厂,没有更大的需求来源。南威尔士煤炭市场主要以威尔士当地的海煤为主。康沃尔地区的铜矿是当地的重要工业,到1829年康沃尔进口了超过162 000吨煤。[1] 萨默塞特、东西米德兰、德比郡、约克夏等地区煤矿都是供应当地市场。综上,苏格兰、威尔士和英国西部海岸的海岸贸易都是地区性的,煤船航程一般不超过50—60英里(约80—96千米),大部分航程都很短。

与其形成强烈对比的是,几乎所有英国南部和东部的港口都是由东北部煤矿供应。18世纪东北部港口在英国海岸煤炭贸易中所占份额较大。1710年从纽卡斯尔运至海岸的413 387吨煤炭,其中83.7%最终运抵伦敦。纽卡斯尔煤炭贸易绝大多数集中在伦敦。1811年10月到1813年10月的两年间,纽卡斯尔供应伦敦煤炭总需求量的87.6%[2]。到1824年,英国海岸贸易总量达到410万吨,东北部港口占据其中的

---

[1] Michael W. Flinn, *The History of the British Coal Industry*, Vol. 2, Oxford: Clarendon Press, 1984, p. 223.

[2] Michael W. Flinn, *The History of the British Coal Industry*, Vol. 2, Oxford: Clarendon Press, 1984, p. 216.

79.5%①。东北部港口保持着对伦敦煤炭市场的垄断。1830年伦敦海岸煤炭输入量中的96%是来自于东北部港口。家庭取暖是伦敦煤炭市场的主要需求；伦敦的很多工业，如酿酒、烤面包、烧砖、造船、冶炼金属和制造玻璃的煤炭需求量占据一定份额。据记载，1814—1819年伦敦煤气制造和蒸汽机的煤炭需求就达185 000吨。

18—19世纪早期英国海煤市场中占据一定份额的还有国外贸易。1830年的报告表明，出口到殖民地和外国的煤炭份额中，67.5%来自东北部港口，10.4%来自于利物浦。18世纪英国煤炭海外的主要销售地是荷兰和法国，拿破仑战争结束后主要销售地依次为丹麦、法国、德意志邦联和殖民地。1830年煤炭主要销往丹麦、殖民地、德意志邦联和法国②。即使是东北部这样的主要出口地区，也不是所有煤矿都在出口贸易中占有份额。一份1804—1806年东北部的煤矿名单显示31家煤矿中只有10%从事海外贸易③。

19世纪早期大部分城市居民和很多农村地区的取暖和做饭都以煤炭作为能源，他们获取煤炭的渠道一般由沿海港口、某条自然或人工改造的运河（河流）和公路构成。因为运河和公路在分配煤炭上的关键作用，许多居民使用煤炭是在18世纪晚期到19世纪早期之间。1801年英国25%的人口居住在城市，1831年大约30%居住在城市，可预测1801年和1831年城市居民消费煤炭量分别为550万吨和1 000万吨④。1831年工业郡人口占总人口的45%，农业郡只占26%⑤。由此可见，城市煤炭消耗量的巨大增长。另外，18世纪占比较小但仍很重要的一

---

① Michael W. Flinn, *The History of the British Coal Industry*, Vol.2, Oxford: Clarendon Press, 1984, p.222.

② Michael W. Flinn, *The History of the British Coal Industry*, Vol.2, Oxford: Clarendon Press, 1984, p.228.

③ P. Cromar, *Economic Power and Organisation: The Development of the Coal Industry of Tyneside, 1700–1828*, Cambridge: Cambridge University Press, 1976, p.49.

④ Michael W. Flinn, *The History of the British Coal Industry*, Vol.2, Oxford: Clarendon Press, 1984, p.232.

⑤ [法] 费尔南·布罗代尔：《15至18世纪物资文明、经济和资本主义》第三卷，顾良译，三联书店出版社2002年版，第653页。

批工业消费者是食物和酒类生产者。由于煤烟问题的解决以及木炭的昂贵,这类生产者转而使用煤炭。18世纪30年代伦敦杜松子酒酿造中最早开始使用煤炭,18世纪90年代烤面包行业也开始使用煤炭作为能源。啤酒酿造是这一领域里煤炭的最大消耗者,早在1640年焦炭就用于烘干麦芽。17世纪末德比城的76家麦芽工房全都使用德比郡焦炭。

与此同时,早已存在的一些工业对煤炭的需求也有所增长。早在18世纪50年代冶铁工业大规模使用煤炭之前,已经有很多工业在生产过程中把煤炭作为基础能源。例如,康沃尔地区斯旺西冶铜业是18—19世纪初期当地煤矿的主要消费者。18世纪中期英国冶铜业的50%都集中在斯旺西,18世纪末占比达到90%。据估计,18世纪末冶铜业消费煤炭15万吨,到1830年消费量达到22.5万吨[1]。

另一个煤炭消费产业制盐业在18世纪早期就已经初具规模。18世纪早期制盐工业的耗煤量超过25万吨,其中大约90%由泰恩和苏格兰供应。到1825年整个工业的消费量提升到40万吨[2]。斯坦福郡制陶业也是18世纪耗煤的主要工业,斯坦福的陶器厂拥有很大的规模,一家1737年开张的巴克雷(Buckley)陶器厂在1818年时雇佣人数达230人,其产品甚至远销德比郡[3]。该陶器厂是北斯坦福和弗林特郡煤矿的重要客户。烧砖和烧石灰行业也是煤炭的基本消费者。

18、19世纪前期许多产业随着人口的增长和居民生活水平的提高而发展起来,助推很多地区煤炭市场的繁荣。由于煤炭市场完全依靠城市消费拉动,尽管各地区对煤炭需求量有所增大,煤炭市场区域性发展的问题依然存在。煤炭市场的分化对英国而言并非一件好事,这无形中造成了资源的浪费和地方保护主义的盛行。英国需要更有效地

---

[1] Michael W. Flinn, *The History of the British Coal Industry*, Vol.2, Oxford: Clarendon Press, 1984, p.233.
[2] Michael W. Flinn, *The History of the British Coal Industry*, Vol.2, Oxford: Clarendon Press, 1984, p.236.
[3] Michael W. Flinn, *The History of the British Coal Industry*, Vol.2, Oxford: Clarendon Press, 1984, p.237.

利用煤炭资源，就需要建立一个充分利用煤炭资源还能将潜在煤炭资源有效开发的煤炭市场，这就是工业消费的煤炭市场。

（二）工业消费的煤炭市场

工业消费的煤炭市场始终存在，但与18世纪贴近消费市场的新兴工业不同，由于煤铁等资源在工业中占有重要地位，这些工业布局主要根据煤铁矿的地理分布呈现。18世纪新兴的三个主要耗煤工业冶铁、煤气和蒸汽动力都是在解决了无数复杂的技术问题之后蓬勃发展的，到19世纪中期这些新技术推动的新产业已经成为煤炭需求的重要组成部分。

作为能源，煤炭在冶铁业中以焦炭形式出现。随着钢铁性能的不断提升，对能源纯度的要求也在不断提高，所以煤炭在钢铁业中不断扩大的消费市场是伴随着持续的技术革新而进行的。1709年什罗普铁匠阿布拉罕·达比（Abraham Darby）成功地以焦炭作为能源熔化铁。18世纪60年代嵌铸的发明和1783—1784年搅炼法的创造都推动了焦炭替代木炭的进程，使煤炭既可以原料形式又可以焦炭形式用于冶铁的全过程。1830年，冶铁工业成为煤炭的主要消费者。冶铁业的扩张和它对煤炭的需求在18世纪90年代和19世纪20年代得以快速增长。对于冶铁业来说，煤炭市场[1]当然距离越近越好。但由于冶铁业的选址必须同时兼具煤炭和铁矿石的便利，而且还要尽可能靠近石灰石矿，这些因素综合起来一定程度上影响了煤炭的销售市场。斯塔福和南威尔士地区由于拥有完整的钢铁工业原材料供应链条，发展速度迅猛。到1830年这两个区域号称拥有全英生铁总产量的3/4[2]。在冶铁业煤炭需求急剧增加的情况下，煤炭的供给不可能完全依靠煤矿主来保证，许多钢铁公司直接对采矿业进行投资。

---

[1] 也就是煤炭交易的场所，但是很多冶铁厂实际上拥有煤矿，获取煤炭时并不发生交换活动，所以对这种特殊情况，可以将煤矿视作煤炭市场，而交换活动实际上在铁厂购买或者租用煤矿时就已经预支了。

[2] Michael W. Flinn, *The History of the British Coal Industry*, Vol. 2, Oxford: Clarendon Press, 1984, p. 241.

18世纪90年代，在威廉·莫多奇（William Murdoch）等人的研究基础上诞生了煤气工业。1812年，随着伦敦煤气照明和焦炭公司（London Gas Light and Coke Company）的设立，公众开始使用煤气。为公众煤气供应服务的私人公司在许多城市迅速产生，并且与当地政府就城市照明签订协议。19世纪20年代后期出现了煤气管线建造的高潮，从1818年持续到1826年，这一时期居住人口超过1万的城镇大部分都使用了煤气照明。例如，在苏格兰地区，煤气供应公司先后在格拉斯哥（1817年）、爱丁堡（1818年）、帕斯利（Paisley）和邓迪（Dundee）（1823年）以及格林诺克（Greenock）（1829年）建立[①]。尽管适合制造煤气的主要煤种是褐煤，但其他煤种也很快参与其中。随着很多耗煤产业的转移或萎缩，煤气工业成为煤炭市场一个重要的客户。

除炼铁厂和煤气厂外，机器工业中一个重要的煤炭消耗主体就是蒸汽机。最初，蒸汽机几乎完全用于矿井排水，1775年左右蒸汽机的使用开始扩展到高炉鼓风，从18世纪80年代开始用于煤矿卷扬。1781年瓦特改进蒸汽机使其应用领域扩大，其中最重要的是工厂纺织机中的应用。18世纪末纽科门往复式发动机每马力小时消耗25英担（158.75千克）煤炭，往复式发动机耗能为12.5—15英担（79.375—95.25千克），博尔顿-瓦特型循环式消耗22英担（139.7千克）。到1856年所有类型蒸汽机的平均消费量下降到12英担（76.2千克）。据估计，1830年蒸汽机总马力为165 000，总能源消耗量是460—490万吨，其中130万吨消耗在煤矿中，另有70万吨使用在铁厂（包括轧钢厂）的蒸汽机中[②]。

这一时期煤炭市场规模的决定因素不仅是城市及其人口的多寡，

[①] Michael W. Flinn, *The History of the British Coal Industry*, Vol. 2, Oxford: Clarendon Press, 1984, p. 246.

[②] W. S. Jevons, *The Coal Question: An Inquiry Concerning the Progress of the Nation, and the Probable Exhaustion of Our Coal-mines*, London, N. Y: Palgrave Publishers Ltd, 2001, p. 125 – 129.

更多依靠地区工业化水平的高低。由于无法吸引足够的冶铁工业，东北部市场的重要性相对下降，1831年该地区生铁产量只有西莱定产量的1/6，还不到斯塔福德郡的1/40①。但城市用煤的优势确保了东北部煤炭销量仍居榜首。苏格兰煤矿没有保持其销售份额，主要原因也是在冶铁业中没有占据有利地位。坎伯兰煤矿经历类似，它在海岸贸易市场没有突破，又受到当地重工业不发达的拖累，所以煤炭销售量主要还是依赖对爱尔兰市场的出口。南威尔士煤矿从南部谷地大规模冶铁厂的建设中获益匪浅，西南地区煤矿市场仍限制在地区的陆煤市场，而西米德兰市场销量则主要来自于斯塔福郡的冶铁工业。整体而言，新兴工业发展中受益最大的煤炭市场大多位于内陆地区。

三、煤价的影响因素：以伦敦市场为例

煤炭作为一种满足全社会需求的商品，其价格的波动必然对整个社会产生影响。煤价过低容易挫伤煤矿经营者开采的积极性，从长期来看对国民经济发展不利。煤价过高限制了消费者的消费，同样也对经济有害。理想状态下的煤价应该是在一个合理的价位上保持稳定。但真实的市场不是数学模型，有很多因素促使煤价剧烈波动。英国并不存在一个统一的煤炭市场，每个市场的具体情况各有不同，且各地区市场差异较大。本文仅以伦敦市场为例分析煤价的影响因素。

（一）政府税收的影响

政府税收对煤价影响较大。煤炭运输不便以及装卸场所的固定使其成为政府的征税对象。1368年爱德华三世就曾从泰恩河到伦敦的煤炭贸易中抽取税费。为扶持自由市和扩大王室资金来源，1421年议会颁布条令规定：凡在纽卡斯尔当地销售的海煤，每查特隆向英王缴纳2便士。但该项税费是按船征收，每船煤的载重为20查特隆。1599年纽卡斯尔市民与女王商定，每售出一查特隆煤炭缴纳1先令税费，向国

---

① [英] 克拉潘著：《现代英国经济史》上卷（早期铁路时代1820—1850年），姚曾廙译，商务印书馆1986年版，第75页。

外销售煤炭每查特隆征收 5 便士。该规定在王国各港口都有效，不过在偏远的苏格兰执行并不严格①。

从 15 世纪开始，英国政府把煤炭看作一个重要的征税对象，从东北部运输而来的海煤更是政府征税的重点。海洋入境货物必须经港口海关官员核查，特别是伦敦消费量巨大且替代品不足。但此时政府对煤炭的征税并没有引起公众过多的抵触，因为伦敦民众一直认为煤矿主是煤价高企的罪魁祸首，政府因此处于一个相对安全的地位。实际上如果煤价提高，政府必然是最大的嫌疑人，因为东北部煤商确定的价格策略，必然会受到政府征税政策的影响。因此有人认为煤价其实完全是政府推高的，是苛捐杂税助长了煤价的高企②。

以 1830 年为例，当时所有市场的海煤都负担着沉重的税收。这些税收大部分起征于 17 世纪。最初的国王税（King's Duty）就是针对所有海煤的，起征于 1695 和 1698 年，1710 和 1711 年再次修改③。这一税种极其复杂，对各种煤炭运输征收尺度不一，1816 年针对所运煤炭大小、运输性质、运销地在税率上均作出划分。对一般的内销家用煤炭征税也时常变化。1703—1831 年间有不少于 28 个议会法案是关于海岸税的，这些专用于伦敦的税种可称为"教堂捐"（Church Duty）。该税始于 1667 年伦敦大火之后，政府希望在重建圣保罗天主教堂和其他伦敦教堂时获得一些财务支持。这一税种后来进一步扩展到整个不列颠岛东岸。臭名昭著的里奇蒙先令，最初始于 1677 年对纽卡斯尔海岸的煤矿产出征收，每纽卡斯尔查特隆（914 千克）1 先令。"孤儿捐"（Orphan Duty）最初于 1694 年征收，用于保证伦敦城的孤儿不致无人管理。1767 年伦敦煤炭每查特隆（1 227 千克）征收 10 便士，税金用

---

① Robert Galloway, *Annals of Coal Mining and the Coal Trade*, Vol.1, London: The Colliery Guardian Company Limited, 1971, p.98.

② Paul M. Sweezy, *Monopoly and Competition in the English Coaltrade 1550 – 1850*, Westport, Connectight: Greenwood, 1972, p.49.

③ Robert Galloway, *Annals of Coal Mining and the Coal Trade*, Vol.1, London: The Colliery Guardian Company Limited, 1971, p.146.

于桥梁等一系列公共设施的建设①。

由于缺乏有效的国外竞争，海煤市场可以在这种税收水平下存续。但是加诸消费者的价格肯定会减少对煤炭的有效需求。亚当·斯密也曾谈及这种税收的破坏性，其在1776年的《国富论》中写道："煤是最便宜的能源。能源的价格如此重要地影响着整个大不列颠中位于那些产煤郡的制造业劳动力，这个国家的其他部分则承受着这种高价的能源，无法那样经济地生产……现在立法，每吨海岸运输增加3先令3便士的税收，大部分煤因此涨价超过原始井口价的60%。陆运或者内陆航运的煤不需要负税。在他们有余之处可以免税消费，而不足之处本来就昂贵，还要增加一个高税负。"② 据估计，税收使伦敦消费者的用煤成本增加了30%，但1730年的一份报告显示"国王税"对一煤仓煤炭要收104英镑，这些煤炭在纽卡斯尔的井口价是128英镑7先令，而纽卡斯尔和伦敦的其他捐税加起来还有48英镑3先令4便士。1824年的一份统计显示，从泰恩到伦敦的多种运输上的捐税每伦敦查特隆（相当于纽卡斯尔查特隆的134%）均到岸售价是13先令。

以上事实说明，海煤的销售价中，捐税的比例非常大。18世纪到19世纪早期政府的财政政策制约着工业的发展。伦敦当地由于耗煤工业很多，煤炭市场规模较大，这也成为政府勤于征税的原因。但这种税制产生了不利的影响，但政府获得的巨大收益是其存在的最好借口。1789年政府1 670万磅的总收入中，煤税达551 919英镑，占据政府岁入总额的3%。1820年达1 026 733英镑，政府岁入是5 810万磅，达到收入总额的1.7%，而征税成本仅为15 000英镑③。

煤炭生产者和贸易者都受到税收的压制，而消费者通常会反对征

---

① Michael W. Flinn, *The History of the British Coal Industry*, Vol. 2, Oxford: Clarendon Press, 1984, pp. 281–282.

② Adam Smith, An Inquiry into the Nature and Causes of the Wealth of Nations, 转引自 Michael W. Flinn, *The History of the British Coal Industry*, Vol. 2, Oxford: Clarendon Press, 1984, p. 283.

③ Michael W. Flinn, *The History of the British Coal Industry*, Vol. 2, Oxford: Clarendon Press, 1984, pp. 283–284.

税。19世纪20年代达勒姆-诺森伯兰矿主协会发起了一场废除或减少煤税的运动。1823年该协会联合南威尔士煤矿主向议会施压催促其废止煤税。1823年2月纽卡斯尔与伦敦共同召开会议向议会施压,并在所有海岸进口区域组织请愿,会议后建立了一个废除海岸煤税的委员会。1829年反对税收运动达到高潮,最终1830年上议院特别委员会建议废除所有海岸运输煤税,并在1831年的法案中正式生效,但直到1845年(英国国内的煤运)和1850年(向国外的出口)才完全取消①。政府对煤炭的税收直到20世纪初还存在,长时期内煤税是政府财政的重要支撑。尽管这种支撑最后加之于普通民众,但这种做法在一定程度上损害了东北部煤矿主的利益。

(二)煤矿主联合体的影响

18世纪—19世纪中期伦敦煤价的提升被民众视为东北部的煤矿主联合体——达勒姆-诺森伯兰矿主联合会(即"有限销售",Limitation of the Vend)牟取暴利的证据。18世纪早期煤价上涨就是东北部煤矿主市场操纵行为的结果。该世纪前几十年煤价的暴涨暴跌与东北部矿主联合体的存废密切相关。1739年的一份小册子把当年煤价的提升归因为"大联盟和其他一些矿主拥有超过一半以上的销售量,他们本该供给市场,但却原地观望"。② 但18世纪20—30年代煤价的基本稳定,也反映了联盟稳定价格的成功。1771年销售有限的实施似乎没有对煤价水平产生直接影响。19世纪前半期价格管制时有时无,但价格管制通常可以弥补亏损且恢复价格,由于其不常态不能看作一个单独的影响因素。矿主联合体控制煤价最有力的证据是:政府监控市场价格操纵行为时,煤价迅速跌落。这种情况在1710和1800年都曾出现。

但是,"价格联盟"和"有限销售"并非长期有效,它们在伦敦市场维持人为高价的行为也会失灵。1815年通货紧缩的情况下,东北

---

① Peter Cromar, "The Coal Industry on Tyneside 1771 – 1800: Oligopoly and Spatial Change", *Economic Geography*, Vol. 53, No. 1 (Jan., 1977), p. 93.

② Michael W. Flinn, *The History of the British Coal Industry*, Vol. 2, Oxford: Clarend on Press, 1984, p. 302.

部矿主组织控制价格的努力往往失败。1829年2月他们达成共识"在当前贸易条件下,每个矿主都要完成各自的销售量,可以根据市场行情自主调整价格"。① 当议会要成立特别委员会开展调查时,他们就曾向上议院请愿:联合会维持"销售有限"归根结底是因为东北部产煤量容易供大于求,且需求易受海外和海岸税收、地方税收和各类因素的影响。

东北部煤矿主联合体努力防止内陆煤矿通过运河运输煤炭至伦敦市场。1769年从米德兰煤矿通过牛津铺设了一条到达伦敦的运河,但东北部矿主设法在法案中植入禁止从更远地方运煤至伦敦的条款。1793年运河连通了伦敦和米德兰的一些煤矿区,东北部矿主又在法案中加入了禁止从运河的朗格雷伯里(Langleybury)段以外运煤的条款。类似的还有禁止通过维尔特和伯克夏运河向东越过雷丁贩煤的法案。1800—1830年期间东北煤矿主成立特别委员会,严密监视其他煤矿运煤到伦敦的各种可能性,当时伦敦制造业者和运煤船长都认为是矿主联盟提升了煤价。

有限销售最终于1836年解体,起因是煤矿主内部的倾轧。伦敦市场煤价此时大幅下滑并持续半年。此后东北部再也没有形成有规模的联合体,他们对伦敦市场的控制也随着铁路时代的到来而宣告终结。

(三) 其他影响煤价的因素

伦敦煤价的变化也易受其他外在因素的影响。战争对煤价的影响较大,战争期间军备和造船工业对煤炭需求的提升、掠私行为对煤运的影响、护航需求等都是诱发因素。詹金斯耳朵之战和奥地利王位继承战争(1739—1748)中,煤价经历了温和的通货膨胀。美国独立战争(1775—1783)也有类似经历,西班牙王位继承战争(1702—1713)导致煤价波动很大②。1793—1815年拿破仑战争期间煤价通货膨胀严

---

① Paul M. Sweezy, *Monopoly and Competition in the English Coal Trade 1550–1850*, Westport, Connectight: Greenwood, 1972, p.73.

② Michael W. Flinn, *The History of the British Coal Industry*, Vol.2, Oxford: Clarendon Press, 1984, p.309.

重。煤价的升幅从 1750—1754 年的 11.1% 蹿升到 1788—1792 年的 46.5%，1809—1815 年间达到 54.6% 的峰值（以 1792 年价格为基准）。

同时，煤价也受一些偶然因素的影响，特别是气候和环境导致的变化。很多情况下运输的困难（比如天气恶劣时）导致从东北部出港的煤船较少，这样造成的机会成本或实际成本（比如要逆风航行，费时就更长，需要的补给就更多）自然会加大，引发煤价上涨。可能对东北部持续平稳供煤的最大干扰来自偶发的强征入伍，这会导致驳船夫和水手短期缺乏，每当战争来临甚至遇到战争威胁时，这种影响就会出现。

第三节　19 世纪中期之后的英国煤炭市场

煤炭贸易的发展与英国经济结构的变化息息相关。工业革命前，许多工业聚集城镇，加上城镇居民的供暖用煤，煤炭销售围绕城镇市场开展。工业革命后，很多工厂在煤矿周围选址建厂，成为当地煤矿的重要销售对象。随着煤钢工业的发展，产业一体化和集约化的加强，很多工业购买煤矿自主生产。到 19 世纪后半期，煤炭更多是作为资源而非商品在工业内部流通。随着煤气和电力的普及，煤炭很少直接进入消费市场，专业化很高的煤炭生产者充当了能源贸易的中介。

一、煤钢时代的煤炭市场

随着工业的发展，大宗贸易受到欢迎，许多工业企业直接与煤矿签订买卖合同。大量消耗煤炭的钢铁工业也签订合同（没有煤矿的钢铁公司，往往更稳妥地用合同将煤炭的供应锁定）。铁路、海军部、航运公司、煤气厂以及其他规模较大的工厂也如法炮制。估计 1870 年大多数煤矿 50% 以上的煤炭销售都是通过合同实现的。南威尔士煤矿通过合同销售了 2/3 的产量，有时甚至高达 85%①。按照合同购买煤炭逐渐成为主流。随着煤炭单笔成交额的增大，其消费群体也在不断缩小。家庭和轻工业消费者逐渐萎缩，更便捷的电力和煤气成为煤炭的替代品。

(一) 新形势下各地区的发展状况

新形势下煤炭市场在地理上和功能上都发生了较大变化。旧有的市场被重新划分，而新生的市场也为新老煤矿所觊觎。1855 年东北部煤矿为东部和东南部铁路提供了 10 万吨动力煤（主要是褐煤）。铁路与钢铁厂成为达勒姆优质褐煤的大宗用户，其优质冶金褐煤在福内斯、南约克夏、东米德兰兹甚至黑乡与当地煤矿竞争冶金业客户。1869 年东北部产煤量的 1/3 都由冶金业买单，此后 20 年基本保持这一态势。此外，达勒姆拥有英国最好的无烟煤，19 世纪中期大约每年产出 100 万吨，大部分以海岸运输供应国内市场。到 19 世纪 30 年代达勒姆和诺森伯兰出口市场的扩张持续了 50 年，期间其出口量占其产量的 20%，锅炉用煤（动力煤）是其出口市场的大宗。当地煤化工产业的迅猛发展也得益于东北地区丰富的煤炭资源。

威尔士以适用于煤船蒸汽锅炉的无烟煤而闻名。当地煤出口量从 1840 年的 6.3 万吨升到 1874 年的 400 万吨，期间威尔士取代东北部地区成为船用动力煤的主要输出地。当地出口占该区产量的比例从 1855 年的 13% 上升至 1913 年的 50%。另外，1840 年后的 40—50 年间当地煤仓煤销量占其煤炭总销量的 12%—15%②。威尔士煤炭出口和运输需求也体现在钢铁工业中。19 世纪早期威尔士煤炭满足了当地钢铁工业接近 50% 的市场需求。

在整个的英国煤炭市场中，苏格兰总是显得形单影只。19 世纪中后期到 20 世纪初是苏格兰工业的高速发展期。随着这一时期蒸汽机大

---

① B. R. Mitchell, *Economic Development of the British Coal Industry 1800 – 1914*, Cambridge: Cambridge University Press, 1984, p.23.

② B. R. Mitchell, *Economic Development of the British Coal Industry 1800 – 1914*, Cambridge: Cambridge University Press, 1984, p.37.

范围的推广、居民生活质量的改善，作为城市煤炭需求的轻工业和家庭用煤是其最大的消费市场。当地冶铁业的发展很大程度上决定了煤炭市场的兴衰，蒸汽运输的购买量一直增长。随着热鼓风技术的发明和黑菱铁矿冶铁技术的普及，19 世纪 60 年代末苏格兰生铁产量接近 120 万吨，并且一直增长至 1870 年[①]。冶铁业的发展拉动了当地煤炭需求的增长。与冶铁工业分享苏格兰煤炭产出的是蒸汽运输（尤其是铁路）。苏格兰煤矿垄断了当地铁路公司的煤炭供给，蒸汽运输的旺盛需求促进了当地煤矿的发展。

19 世纪 40 年代早期约克夏煤炭主要的消费群体是当地的家庭和工业。直到 19 世纪 70 年代，煤炭销售才大幅度向重工业倾斜。随着巴恩斯利富矿层硫成分很高的小粒煤成功转化成焦炭，冶铁业爆炸性增长，当地的煤炭市场也急剧增长。不仅约克夏的钢铁公司极力获得煤矿控制权，煤矿主们也在与达勒姆争夺焦炭的市场份额，这些因素带动了林肯和北安普顿（North Ampton）冶炼业的增长，到 1887 年冶金业耗煤量占当地产量的 17%。约克夏盛产蒸汽煤，颇受出口市场青睐。直到 19 世纪 70 年代早期，约克夏煤炭出口量份额仍很小。铁路和船运的发展扩大了约克夏煤炭出口市场，20 世纪初该地区销量接近产量的 20%[②]。随着重工业需求趋于饱和，当地一些纺织业和煤气厂等产业也占有煤炭市场的一定份额。据 1871 年英国皇家调查委员会的估计，羊毛和毛纺工业加上附近城镇的棉纺工厂消耗预计达 50 万吨[③]。纺织机械制造厂、玻璃厂、自来水厂、酿酒厂、面粉厂等也是煤炭消费不可或缺的客户。

相当长的时间内东米德兰兹只能供应本地消费者。随着沿途主要

---

① B. R. Mitchell, *Economic Development of the British Coal Industry 1800–1914*, Cambridge: Cambridge University Press, 1984, p.39.

② Gilbert Stone, *The British Coal Industry*, London, Toronto: J. M. Dent & Sons Ltd., 1919, p.62.

③ B. R. Mitchell, *Economic Development of the British Coal Industry 1800–1914*, Cambridge: Cambridge University Press, 1984, p.43.

铁路所属公司的竞争,煤运变得便宜,该地区运往伦敦的煤炭总量从1855年的113.8万吨增长至19世纪80年代末的800万吨①。同时,中南英格兰、东南英格兰和东盎格利亚的煤炭主要来自于东米德兰兹和莱切斯特。由于19世纪中期火车燃料以原煤代替焦炭,铁路公司成为东米德兰兹煤矿的主要客户,1869—1913年为铁路供应的燃料份额占总量的5—6%。家用和制造业仍占地方煤炭销量的一定份额,直到该世纪末还在增长,但到1869年总额并不大。1871年皇家调查委员会估计,用于德比和诺丁汉消费品制造业的煤炭用量为120万吨,用于林肯、北安普顿、莱切斯特和茹特兰(Rutland)的总量为15万吨,用于瓦尔维克郡(包括伯明翰)的总量为12万吨,还有少量用于柴郡、兰开夏和德比周边的棉纺织城镇。但家用煤炭销量占比持续下跌。1830年家用煤炭市场仍能消耗产出的50%,1860年则低于20%,1887年为15%,1913年只有10%。②

坚守内陆煤炭市场的当属西米德兰诸郡——什罗普、北斯坦福、黑乡、坎诺克·切斯(Cannock Chase),它们的市场连成一体。19世纪初期煤矿产量的大多数是被当地高炉、铸造厂和冶铁厂消耗,其中很多企业是由煤矿主兼营。从1816年到19世纪60年代重工业消费比例占总产量的56%到70%③。该区域其他工业消耗量也有所增加,包括与冶金相关的工业。其中,钢铁工业在当地煤矿占有一定的份额。除钢铁工业之外,1869年西米德兰煤矿区对当地其他工业的供应量占总量的1/3,后续增长到大约40%④。什罗普区主要用于家庭消费,制陶工业是北斯坦福区最大的煤炭使用商,1869年消耗超过60万吨,占

---

① B. R. Mitchell, *Economic Development of the British Coal Industry 1800 – 1914*, Cambridge: Cambridge University Press, 1984, p.45.

② B. R. Mitchell, *Economic Development of the British Coal Industry 1800 – 1914*, Cambridge: Cambridge University Press, 1984, p.45.

③ B. R. Mitchell, *Economic Development of the British Coal Industry 1800 – 1914*, Cambridge: Cambridge University Press, 1984, p.46.

④ Gilbert Stone, *The British Coal Industry*, London, Toronto, J. M. Dent & Sons Ltd., 1919, p.59.

当地煤产量的 15—20%①。黑乡区是玻璃制造、机械制造和其他与金属相关的产业。

坎伯兰和北威尔士煤矿区工业亦不发达，占有市场份额有限。直到 20 世纪初地方家用和一般工业消费的煤炭占当地产量的大部分。当地市场消耗的煤炭产量占总产量的份额不低于 70%，如果加上当地蒸汽运输和钢铁工业耗煤量的话，份额占比介于 78%（1840）和 86%（1869）之间②。19 世纪这两地区通常与英格兰西北部的兰开夏和柴郡一起考察。兰开夏煤炭市场的增长依靠棉纺业和相关工业（包括机械制造）的跨越式发展和技术进步，在南兰开夏还存在众多其他用煤工业。据估计，1869 年棉纺工厂的蒸汽机使用煤炭近 250 万吨，面粉和其他工业消耗超过 57 万吨。制碱业消耗 58 万吨，有近 40 万吨用于为制盐，40 万吨用于砖厂。③ 兰开夏有少量的煤炭用于出口，19 世纪 50 年代该地区 3/4 的海岸运煤源于坎伯兰煤矿。到 1913 年从切斯特和兰开夏港输入的煤炭量增至 250 万吨④。

（二）煤炭市场出现的新特点

这一时期煤炭市场呈现出多个特点。其一是钢铁工业的兴盛。此时英国各大主要煤矿产区大都经历了一个钢铁行业耗煤量占总产量的一半甚至七八成的时段，其峰值大多出现在 19 世纪 70 年代前。这是英国钢铁业雨后春笋般发展的时期。1869 年与 1887 年相比，每吨生铁耗煤量在英国从 4.9 降到 3.6 吨，每吨熟铁和钢从 3.2 吨降低到 2.2 吨⑤。能耗的降低对钢铁行业是有益的，由此导致产业膨胀从钢铁业转

---

① Robert Galloway, *Annals of Coal Mining and the Coal Trade*, Vol. 1, London: The Colliery Guardian Company Limited, 1971, p. 431.

② B. R. Mitchell, *Economic Development of the British Coal Industry 1800–1914*, Cambridge: Cambridge University Press, 1984, p. 48.

③ B. R. Mitchell, *Economic Development of the British Coal Industry 1800–1914*, Cambridge: Cambridge University Press, 1984, p. 49.

④ B. R. Mitchell, *Economic Development of the British Coal Industry 1800–1914*, Cambridge: Cambridge University Press, 1984, p. 50.

⑤ B. R. Mitchell, *Economic Development of the British Coal Industry 1800–1914*, Cambridge: Cambridge University Press, 1984, p. 52.

移到铁路行业。铁路是煤钢时代的硕果,它本身又是消耗煤和钢铁的一个主要部门。1873年后铁路扩张及其铺设密度都达到临界点,对煤炭的需求极大。

其二就是出口的膨胀。煤炭出口的发展是市场扩展的结果。1830年铁路热潮初期,东北部达勒姆和诺森伯兰煤矿主就非常重视出口份额。10年后南威尔士开始发展煤炭出口,苏格兰始于19世纪60年代,约克夏于19世纪70年代提上日程。各地早期出口增长率都是最高的,但总量中它们所占比例始终没有超过20%[1]。煤炭出口异于海岸运输,出口煤炭要采用机械动力,并以煤炭作为燃料,且船只空间有限,因此煤炭燃烧效率比陆地更关键。最早的汽船发动机很耗煤。远程跨大西洋贸易的发展,使得19世纪70年代对煤炭的需求快速增加。但每艘船的特定容量限制了市场的过度发展。1887年每载净吨(NRT)耗煤降至2.2吨,1903年1.5吨,19世纪80年代后期释放的货仓空间可容纳19世纪60年代后期运煤量的3倍,而1914年可运载容量是后者的6倍。[2]

出口市场的情况比较复杂。首先,英国国内各地区煤矿在国外市场上相互竞争,在不产煤的外国市场上这种情况十分普遍。其次,许多国外市场存在其他外国竞争对手,在这种市场中英国煤商类似于一个煤商在国内某个市场中的状况;第三,许多煤炭出口市场本身就是港口,在这种市场上英国优势较大。因为海运成本相对陆路运输低,其他竞争对手没有距离更近的大规模的矿区。因此,英国煤炭出口的主要部分可能在于这部分市场。

其三是家用煤炭消费重要性下降,虽然该市场有增长,但增长很慢。不独是煤炭,家用需求市场增速缓慢几乎是19世纪中后期出所有商品市场的共性。从经营角度来看,家庭需求的一个重要特性就是其

---

[1] B. R. Mitchell, *Economic Development of the British Coal Industry 1800 – 1914*, Cambridge: Cambridge University Press, 1984, p.54.
[2] R. C. Smart, *The Economics of the Coal Industry*, Westminster: P. S. King & Son Ltd., 1930, p.87.

独立于短期波动,需求对价格不是完全刚性,但也绝非弹性很大。对于大多数居民来说,冬季的供暖至少是无论如何要保证的。煤气和电力在当时已经出现,但都不是主要刚需。直到一战前,煤气或者电力对任何煤矿都不太重要①。达勒姆、约克夏和兰开夏是煤气煤扩大需求的主要受益者,东米德兰兹占有煤气煤市场的最大份额,因为它们向南方最大的伦敦市场供煤,煤气煤是当地一些煤矿的主要品种。煤气消费的长期增长率直到 19 世纪末期仍比较可观,其需求实际上是由煤气供应设备的逐步普及和煤气使用新方法影响的,而且许多照明设备也使用煤气。

综上所述,整体而言英国煤炭需求弹性很低,特别是在 19 世纪后半期。煤炭在一些工业和运输市场上存在长期弹性,技术进步有削减煤炭使用的趋势。从表面上看,煤炭消费有减少的趋势,实则恰恰相反,它鼓励了依赖煤炭的技术进步②。这一切使得英国在其工业最为鼎盛的时期只有煤炭这一种能源可以利用,英国的经济被特化成为煤炭经济,1840—1850 年代直至 20 世纪初这一趋势变得更为普遍,这在一定程度上为日后英国经济的衰退埋下了祸根。

二、20 世纪英国的煤炭市场

对英国来说,发达的煤炭经济是其发展的必要条件。英国煤炭产业曾领先全世界,靠的是天然的禀赋和一套运行顺畅的供需网络,而当其他国家加大煤矿开采力度或着力拓宽供需渠道,利用现成的经验和最新的发展成果发展煤炭经济时,英国的领先地位就岌岌可危。从 19 世纪 40 年代中期开始,法国和普鲁士陆续实现了煤炭对木炭的全面

---

① David Greasley, "Fifty Years of Coal Mining Productivity: The Record of the British Coal Industry before 1939", *The Journal of Economic History*, Vol. 50, No. 4 (Dec., 1990), p. 127.

② David Greasley, "Fifty Years of Coal Mining Productivity: The Record of the British Coal Industry before 1939", *The Journal of Economic History*, Vol. 50, No. 4 (Dec., 1990), p. 137.

替代①，而后是大洋彼岸的美国。各国煤炭工业崛起适逢"煤钢时代"，高度组织化和合理化，以及后发国家政府对工业发展的有力支持促进了这些国家煤炭产业的发展。同时，由于电力和煤气的普及（1921 年联合王国有 14 家煤气公司供应炭加热煤气，总输送量达到 13.25 亿立方英尺②），英国传统煤炭市场（家庭与轻工业市场）几近消失。

（一）新运输工具对煤炭市场的影响

随着铁路取代运河成为煤炭运输的首选，铁路网将全国串联在一起，铁路公司尝试将煤炭运输纳入一个"共同市场系统"（pooling system），利用铁路线将全国煤矿作为一个整体，将煤炭运至需要的地方，从而避免煤炭需求趋紧时煤矿主的产量限制。在欧洲大陆，连接德国、法国和比利时的煤运共同市场系统每月可通行 5—6 次，而英国只能保证每月 2 次。铁路公司大力倡导的系统遭到煤矿主的共同抵制，他们为此组织了 60 万件、总价值达 4 000 万英磅的各种载具参与煤炭运输。奉行自由竞争的铁路公司本身也是实现"共同市场系统"的障碍。1925 年皇家煤炭委员会曾谈道："我们希望运输工具所有权实现更大的集中，由此运费每吨可节省 1 便士，每年节省运费将达 75 万磅。"③ 铁路公司一直垄断着英国的陆路运输，仅以煤运来说，英国煤炭的年消费量是 1 330 万吨。但一战后铁路运输量开始下降，相关运费收入降幅达到每年 500 万磅，1928 年煤炭运输量较 1927 年下降了 5.6%。④ 铁路电气化一定程度上改变了这一趋势，提升了效率且减少了能源消耗与运输的误点率。

---

① ［英］M. M. 波斯坦、H. J. 哈巴库克主编：《剑桥欧洲经济史》（工业革命及其以后的经济发展：收入、人口及技术变迁）第六卷，王春法等译，经济科学出版社 2002 年版，第 423 页。

② R. C. Smart, *The Economics of the Coal Industry*, Westminster: P. S. King & Son Ltd., 1930, p.85.

③ R. C. Smart, *The Economics of the Coal Industry*, Westminster: P. S. King & Son, Ltd., 1930, p.87.

④ R. C. Smart, *The Economics of the Coal Industry*, Westminster: P. S. King & Son Ltd., 1930, p.93.

铁路对煤炭市场的另一大贡献就是钢轨的生产。木榴油炮制的硬木卧轨只能使用20年，而钢轨可用30年。南部铁路与谢菲尔德的联合铁业康采恩签订了5 000吨（70 000条）钢轨订单，在35英里的路途上铺设。伦敦－米德兰－苏格兰铁路（L. M. S.）与大北（L. N. E.）铁路也从同一个公司订购了1 350吨（16 500条）类似的钢轨。1910年英国钢轨产量达到峰值951 400吨，其中国内消费了472 400吨，出口479 000吨。1925年生产589 800吨，消费了382 300吨，207 500吨用于出口。

英国铁路费率（即每吨英里的运费）很高，但国内运输距离较短，所以点对点运费很低。1928年12月政府向企业提供运输补助金，支援煤炭出口和特种钢生产企业，覆盖面涉及煤炭生产企业的60%，相当于每吨出口煤减少成本约7.5便士。南约克夏煤矿因运输距离长，所以每吨煤成本降低了1先令3便士。钢铁业用煤每吨减少9.25便士，其他工业运输（包括铁矿石和石灰石）降低5便士。这种补贴着力确保铁路公司能降低输往钢铁行业的煤炭和其他原材料的运费①。

海洋运输既是维护英国国际贸易地位的关键，也能反映出英国煤炭全球影响力的变化。1914年英国海运在全球的比例为39%，1928年英国在全球的份额却下降为30%。此时每吨煤炭到本国港口的运费大约为3—4先令，到地中海港口为8—10先令，到南美洲港口为11—17先令。1928年英国每出口100吨煤炭的货仓量是一战以来的最低值，很多船只没有装满，大量运力被浪费，这意味着英国煤炭在国外的竞争力下降。一方面是由于进口国煤矿的开发，另一方面是因为石油的使用。1913—1930年全球石油的产量增加了243%，而煤增加了7.46%。1926—1927煤炭消费量降低了4 200万吨。粗略估计每进口1万吨石油相当于200名矿工一年的工作量②。

---

① Michael Dintenfass, *Managing Industrial Decline: The British Coal Industry Between the Wars*, Columbus: Ohio State University Press, 1992, p. 61.

② R. C. Smart, *The Economics of the Coal Industry*, Westminster: P. S. King & Son Ltd., 1930, p. 89.

(二) 萧条中的煤炭市场

第一次世界大战对英国的影响是巨大的,战后英国经济长期疲软,煤炭工业在衰退的工业中陷得最深。1921年3月31日政府向煤矿主交还管理权当日,煤矿工人开展了长达3个月的大罢工。这次罢工没有胜利者,工人工资大幅削减,资方因此损失当年1/3的产量,罢工之后煤炭产业持续萧条。政府被迫推行煤矿企业合并计划,该计划曾奏效,19世纪90年代2 000余家煤矿被关停,剩余1 400家,但这次执行并不顺利。当时的一位政治家评述到,在经济形势急转直下的情况下,任何小修小补都无济于事。要想让煤炭市场恢复到较理想的状态,煤矿企业本身必须改变。

采煤业的规模决定了煤炭行业转轨的困难。许多经营者思维保守,在"共同销售市场"售煤的情况下,仍有半数以上煤炭企业顽固不化,拒不支持国家的统一调度。他们认为通过限产维持有利可图的价格是度过危机的最好办法。1928年生产者的出井价格比战前高出27%,而消费价接近某些地区标准的100%,即使批发价也比这一水平高出38.8%。如果产量受到人为压制,那么增加产能的新型设备当然毫无用处。1914—1929年的15年间截煤机的使用数量增加了136.3%,而其开采的煤炭只增长了17%(大约每年增长1%)。机器的闲置和产量的限制造成了巨大的损失。据估算,一战前到1930年每名矿工产能只提升了4%。这种不景气状况一直持续到第二次世界大战。

20世纪不仅是英国煤炭开采和应用丧失霸权的时代,而且也是煤炭工业重要地位不断式微的时代[①]。煤钢时代的传统大国在二战后都不复当年的辉煌,新兴的美国和石油逐渐成为世界的主导力量。第二次世界大战对采煤业来说不啻于一记丧钟。石油、天然气与核能在人类能源利用中逐渐占据重要的地位。

当然,能源的多元化并没有宣告煤炭就此退出历史舞台。相反,

---

① [英] 查尔斯·辛格等编:《技术史》第三卷,王前等译,上海科技教育出版社2004年版,第60页。

英国战时经济的刺激促使采煤业经历了又一次腾飞。二战结束时，英国煤矿工人接近 70 万，但这只是帝国煤炭产业的回光返照。二战后，1956 年英国议会通过《空气清洁法案》控制煤炭使用。1955 年英国能源消费的 85.4% 还是煤炭，到 1975 年这一比例已降到 36.2%。面对来自澳大利亚、波兰、哥伦比亚等国廉价煤炭的冲击，成本高昂的英国煤炭更是无力应对，许多煤矿被迫关闭。1994 年英国对煤炭工业实施私有化，同期煤炭总产量大幅下降。截至 2002 年 5 月，英国仅剩煤矿 80 多座，雇佣工人 1 万余人，产煤量仅有 3 000 万吨。

笨重、高污染和运输瓶颈使煤炭工业难以获得城市居民和工商业者的青睐，但廉价而储量巨大的特性使它在某些领域中具有独特的优势，例如电力和炼焦行业。1979 年国际能源署（International Energy Agency，IEA）报告中这两项业务占到全球煤炭消耗量的 63% 和 23%，全球平均水平略高于英国①。这些产业的共同特点就是投资巨大，行业集中度高，产品中相当一部分用于再生产，而它们对煤炭需求量也远非 18 世纪伦敦的小商人可比。需求的变化使煤炭贸易发生了巨大的变化，煤矿不再具备影响市场的力量，某些产业的波动反而会对煤矿经营产生影响。煤炭贸易变得简单化，煤矿又回归了其提供动力的原始功能。

从整体上看，煤炭市场贸易经历了早期萌芽、以伦敦市场为中心的地区性经济，以及全国性煤炭市场的发展等阶段，市场需求的日益扩大和支柱型产业的兴起为煤炭生产、贸易的发展奠定了坚实基础。

煤炭最初作为能源并不被人看好，只有穷人为了节省木材才偶尔购买。煤炭市场发展的第一个重大契机是 16 世纪英国的木材危机。表面上看这是英国圈地运动的后果，羊不仅吃人，也啃光了森林。但究其本质，还是因为英国国土面积狭小，遇到困境时回转余地不足。可以说，英国政府出口羊毛换取外汇的贸易政策迫使英国最终走上了发

---

① Ferdin and E. Banks, *The Political Economy of Coal*, Massachusetts Toronto: D. C. Heath-and Company, 1985, p.43.

展煤炭市场的道路。这条道路英国最终成功了,并以工业革命的形式成为国家工业化的样板。但作为工业革命的代表作,蒸汽机最初只用于矿井排水。代表人类先进生产力的火车,从机车到铁轨都曾是矿井运煤的工具。这些重大发明率先出现于采煤业,都曾试图解决煤炭市场的成本问题。这说明当时煤炭经济在英国经济中的重要地位,也说明了煤炭主对于科学技术创新的投入何其巨大。实际上,当时英国热衷于技术发明的不仅仅是煤矿中的工程师,很多监工甚至煤矿主本人都是技术的忠实拥趸,比如威尔河流域的大煤矿主约翰·兰普顿(John Lambton)爵士就是一个发明爱好者。这样的社会风气拉近了科学研究与发明创造之间的距离。在一个既能产生牛顿又能产生瓦特的国家,工业革命的发生也有其必然性。与当时英国发达的纺织业不同,采煤业基本都控制在大资本家手中。从18世纪中期出现的一系列纺织业的发明只是提升了一个产业的效率,而在煤矿实践中完成的蒸汽机和机车则改变了整个世界。由此可见,资本与技术的结合才能创造更大的生产力。

煤炭运输道路制约着煤炭市场的发展,煤矿主和购煤者都试图解除这种制约,但这种限制的消除不在于运河和马车路的巨额投入,而在于人们的因势利导,将钢铁厂建到煤矿附近比专门铺设一条铁路运煤要经济有效得多。这也正体现了市场经济对资源配置的优化作用。

通观英国煤炭市场的发展历史,可以发现:第一,采煤业发展有其周期,作为贸易主导的煤矿主是一个狭隘而自私的封闭群体,这是有别于资本化商人的地方,也是整个煤炭产业发展不同于一般工商业的关键。在商人和工业家尚在进行资本的原始积累之时,富有的地主和领主已经在煤矿中投入大量资金,为工商业的发展铺路架桥。一个封闭的煤矿主群体并不属于社会的进步力量,但它为社会进步力量的发展创造了条件。第二,英国工商业奉行的是自由竞争,但时至20世纪,自由竞争下的小型企业已无法同组织良好的产业集团竞争,这也是英国产煤业乃至能源产业不再居于世界领先水平的重要原因。自由放任的经济政策能够促进行业先驱者的创造力和进取精神,而产业规模逐渐扩大时,严谨而高效的组织才是后发者的理性选择。第三,英国在煤炭经济如日中天的时候没有居安思危,为新能源的应用和发展留下足够的空间,结果在石油时代到来之时没有充足的准备。

煤炭作为工业革命的基础,见证了英国从落后农业国向发达工业国的蜕变,又作为"煤钢时代"的代表见证了世界霸权从"日不落帝国"向"石油帝国"的转移。可以说,研究英国经济,没有什么比研究英国煤炭市场更能透视出表面上那些治乱兴衰之下的本质内涵了。英国煤炭市场始于13世纪(或更早),兴于18世纪,19世纪末开始衰退。其真正的辉煌时期,不过百余年而已。但就这短短的一百余年,英国却创造了前所未有的经济奇迹。进入20世纪以后,经历战争的残酷与经济萧条期,英国煤炭工业处于困境之中,引发罢工等诸多社会矛盾。在政府主导下,逐渐朝向国有化转变,煤炭工业在停滞中得到进一步发展。

第三章 一战后煤炭工业危机与其国有化政策

第一次世界大战是英国工业发展的重要转折点。战争结束后，英国经济不仅要面临国内生产秩序的恢复，而且还面临着工业生产率的低下和竞争力的缺乏以及由工业困境所引发的社会矛盾。战后作为传统行业的煤炭工业更是首当其冲。由于国外煤炭危机的发生和国内经济的衰退，英国煤炭企业经营陷入了困境，煤矿资本家为了提高煤炭市场竞争力和降低经营成本，采取了削减工资、增加工时的产业政策，激化了煤炭资本家和矿工间的矛盾，引发了1926年英国总罢工。罢工结束后，英国政府改变了传统的自由放任思想，加强了对工业领域尤其是煤炭工业的干预。英国政府对煤炭行业的干预经历了合理化运动、工业重组、战时的全面控制、二战后全面国有化等阶段，逐渐引导煤炭工业走出了困境。但由于外在因素的影响，英国政府对煤炭工业的国有化政策也存在许多弊病。

第一节 英国煤炭工业困境引发的社会矛盾

第一次世界大战结束后，英国经济长期萧条，传统煤矿工业在内外交困下处于衰败状态。为减少损失和缩减生产成本，英国煤矿资本家要求矿工无条件接受削减工资、延长工作时间的要求，否则将关闭煤矿。这一要求遭到各地矿工的强烈反对，煤矿资本家与矿工因劳资关系问题而产生重大分歧。由于1926年5月双方矛盾激化，最终演变为一场全国性的总罢工。1926年英国总罢工约有600万人参加，罢工一直持续到圣诞节前夕。作为主力军的煤矿工人将罢工推向了高潮。1926年煤矿工人罢工充分暴露了煤矿工业中极度紧张的劳资关系。

一、1926年英国总罢工概述

一战结束后,英国经济遭到重创,发展迟缓且长期不景气。一战期间英国直接经济损失达400亿美元,2 000多艘商船被打沉,英国从战前的债权国沦为战后的债务国,① 国际地位直线下降。据估计,一战期间英国物资损失达5.7亿英镑,1/4的海外投资损失殆尽。战争期间英国发行的国债增长了数倍,1914年3月发行量达6.5亿英镑,到1920年3月增加到78.28亿英镑,总债务比战前增加了10倍,累计约为8.42亿英镑②。战后老工业部门设备陈旧,企业主只能惨淡经营。一些行业如采煤业、钢铁制造业、棉纺织业甚至都没有恢复到战前水平。以1913年和1919年为例,煤炭产量从28 740万吨下降到22 800万吨,钢铁产量从1 599.7万吨下降到1 225.4万吨。棉纺锭额则从1913年的5 570万锭降低到1938年的3 690万锭。③ 英国工业产值在资本主义世界的比重也开始下降,从1914年的14%下降为1937年的9%。经济危机的到来,进一步恶化了工业生产。

英国经济的不景气,造成工业性用煤急剧减少,国内煤炭市场缩减,煤矿经营困难,煤炭工业领域的危机一触即发。到20世纪20年代,英国煤矿开采设备陈旧,机械化水平低,煤炭行业的国际竞争力疲软。例如,在1924年煤炭出口量持续下降,1925年因煤矿资本家经营困难,有1/5的煤矿倒闭,30多万矿工失业。由于英国设备老化、生产工具落后等原因,煤炭生产成本偏高。为了降低煤炭成本,煤矿资本家只能采取增加工时、降低工资等老式方法解决当前的困境。为了保护自身利益,各地矿工联合起来成立大不列颠矿工联合会(Miners' Federation of Great Britain),这是一个分布于20多个煤矿地区的联合组织。该组织的主要宗旨就是争取增加工资、减少工时、提

---

① 徐天新、许平、王红生:《世界通史·现代卷》,人民出版社1989年版,第173页。
② 齐世荣:《世界史·现代卷》,高等教育出版社2006年版,第117页。
③ 钱乘旦:《日落斜阳:20世纪英国》,华东师范大学出版社1999年版,第162页。

高工人的福利待遇。1924年夏,失业人数继续增加。各行业中失业人数最多的是煤炭工业。1924年该行业失业率为5.7%,1925年失业率为15.8%。工人实际生活水平下降,政府改革无力改变现状,劳资关系极度紧张。面对煤矿资本家的无理要求,矿工同盟组织试图与政府及煤矿资本家谈判,维护工资权益,保障自身的基本生活水平。

1925年3月,当政府、煤矿资本家与矿工谈判时,矿工联合会提出了自身的诉求:要求政府修改煤矿工业最低工资标准,将最低工资定为每个工作日12先令,同时提出了全国煤矿联营和保证矿工工作时间的要求。① 但这些要求均未得到鲍尔温政府的支持,谈判陷入僵局。7月1日,煤矿资本家在矿区发布了增加工时、降低工资的公告。公告内容为:矿工工作时间从每天7小时增加为8小时;减少工人13%—48%的工资;取消最低工资限额;废除全国性工资合同,矿工工资由各矿区自主发放。如若反对,将于8月1日关闭所有煤矿并解雇罢工工人。② 面对煤矿资本家的蛮横要求,矿工们向工会最高理事会递交了请求援助罢工运动的决议,工会职工代表大会表示将在矿工工资问题上与其保持一致,对矿工的决议给予支持。铁路、运输、机械行业的工会都声援矿工联合会。矿工联合会和工会联合再次同政府和煤矿资本家谈判,但谈判未取得结果。于是,矿工决定7月31日(星期五)举行罢工,这一建议得到职工代表大会的批准。为了争取时间,1925年7月31日,政府宣布给矿工发放为期9个月的补贴,这一行为暂时缓解了矿工与煤矿资本家的激烈冲突。同时,政府成立皇家委员会对煤矿业开展调查,矿工也因此撤回了罢工公告,这就是著名的"红色

---

① David Gilbert, *Class, Community, and Collective Action: Social Change in Two British Coalfields, 1850–1926*, Oxford: Clarendon Press, 1992, p.9.
② 全国性工资合同:即1924年7月煤矿资本家和矿工订立的集体合同。合同规定:全国煤矿工人有统一的工资额(即以煤矿业总收入除去生产费用以外余额的87%开支工人的工资);矿工有最低工资额(即以1919年的工资为基数,再增加30%);矿工每天的劳动时间为7小时。

星期五"事件。

表面上,矿工在罢工斗争中取得了一定的胜利,但在英国政府和煤矿资本家看来,这只是为其争取了回旋的余地。对鲍尔温政府而言,如果继续支持煤矿资本家,工人极有可能再次发起罢工,从而导致全国各行业瘫痪,所以只能妥协。

1926年3月11日,鲍尔温政府向煤矿工人公布了皇家煤矿调查委员会的调查报告。报告认为,煤矿资本家经营确实面临困难,提议降低矿工至少10%的工资,工作时间延长为8小时,政府临时补助不再延期。3月12日,矿工联合会针对调查报告召开了特别会议,要求各地反馈意见。3月20日各地区矿工召开代表大会,大会同意支持罢工。4月9日矿工工会拒绝接受政府要求,坚持三项要求:不随意削减工人工资,不增加工人工作时间,不废除全国性工资合同。会议强调:如果矿工要求得不到保障,矿工将会举行罢工。

面对紧张的局势,全国职工大会最高理事会希望矿工代表能与煤矿资本家和谈,达成谅解协议从而减少分歧争议。4月13日煤矿资本家与矿工代表举行谈判,但由于煤矿资本家协会要求废除全国性协议而使会议陷入僵局。4月14日矿工代表与职工大会最高理事会会晤并汇报和谈经过,职工大会最高理事会最终发布声明支援矿工们的诉求。随后,英国首相鲍尔温召见职工大会和矿工领袖希望进行调解,但双方并未达成协议。4月16日煤矿资本家发布关闭煤矿和厂房的通知。此时,职工大会领导层仍希望和谈解决问题,期望政府能延长津贴的期限。但这一请求遭到政府拒绝,职工大会各工会的执行委员会明确宣布:将组织罢工,直到矿工诉求满足为止,否则绝不复工。① 4月30日政府发出公告宣称全国处于戒备状态,煤矿资本家也宣布关闭煤矿。由于煤矿资本家关闭矿井,导致全国2/3的矿工失业。1926年5月1日,在全国各工会联合会代表大会上,总工会通过了实行总罢工的决

---

① [英]约翰·穆莱:《1926年英国总罢工》,生活·读书·新知三联书店1962年版,第74页。

议。5月3日部分煤矿资本家借口煤矿经营经济恶化而关闭矿井，造成100万矿工失业。工人失去了生活保障后，由铁路、公路、矿业、运输行业数百万工人联合起来举行了全国总罢工。

　　1926年5月4日煤矿业罢工正式开始，参与罢工的人员主要以煤炭工人为主，人数达到200多万，到5月5日增加到400万，罢工人数超过全国工会成员总数的一半以上。至此，总罢工在全国开始蔓延。罢工工人们不仅控制了矿区的财政大权，还控制了粮食、日用品的供应，同时发行了工人自己的刊物，建立了工人纠察队和自卫队。5月6日政府正式宣布罢工违背民族和国家利益，颁布了相关法令企图制止总罢工。但总罢工并未因政府的打击而停止。5月8日职工大会最高理事会为结束罢工而进行谈判。英国首相鲍尔温提出在政府展开谈判前罢工应该停止，因此职工大会只能放弃先前的谈判主张。5月9日职工大会通过《英国工人报》刊登了最高理事会关于继续坚持罢工主张的文章，文章中提到"鲍尔温将总罢工看作一项政治事件，工人阶级不应该被其思想误导。工会组织罢工的目的是保卫矿工的生活水平，并且只为这一个目的而进行战斗"[①]。5月10日，最高理事会肯定了工人在罢工中的团结，指出罢工进入了新的阶段，组织成立了群众纠察队，开始自卫宣传工作。到5月11日，机械制造和造船业100多万工人也投入罢工的队伍中，罢工的人数接近600万。同日，英国最高法院宣布罢工运动为非法，颁布了防止工会领导人号召海员和消防联合工会工人罢工的禁令。

　　职工大会在接到禁令后，希望以调查委员会起草的报告为基础和政府和谈，但遭到矿工代表的拒绝。5月12日工会宣布接受调查委员会提出的"矿井改制和工资降低"的草案，表示已经与政府部门达成一致。工会宣布停止罢工，要求各行业工人返回工作岗位。随后各行业工人陆续停止了罢工。从1926年5月4日到5月12日，总罢工历时9天。罢工期间，工人阶级对政府及其煤矿资本家施加了很大的压力。

---

① Julian Symons, *The General Strike: A History Portrait*, London: Readers Union, 1959, p.50.

煤矿工人表现出惊人的团结与斗争精神，这种精神在达勒姆矿区得到了充分的体现。

二、英国达勒姆矿区的罢工及其失败原因

英国职工大会最高委员会宣布总罢工在英国开始以后，在达勒姆矿工协会的领导下，该矿区顺应总罢工潮流，成立了达勒姆总罢工工会组织，达勒姆矿区罢工也紧张地进行起来。在达勒姆罢工中，矿工们表现出极大的团结与斗争精神，达勒姆矿区罢工运动获得了社会各界的广泛支持，但由于达勒姆矿区矿工联盟的脆弱性、矿工自身的局限性和工会组织的软弱性等原因，达勒姆矿区罢工最终以失败告终。

达勒姆矿区位于英国东北部，除南部和西部地带外，煤炭储量十分丰富。一战后，达勒姆矿区煤炭产业经营困难，很多矿井关闭。为了提高英国煤炭在国外市场的竞争力，达勒姆矿区煤矿资本家采取了降低工人工资的做法，这一做法遭到矿工抵制。达勒姆矿工领袖库克认为这一做法是对矿工权利的极大侵犯，号召工人联合起来通过斗争来维护自身权益。1926年5月3日总罢工开始后，5月4日达勒姆郡矿区以煤炭工人为主的工人阶级积极响应，罢工运动迅速蔓延至达勒姆郡各矿区。除100万煤矿工人外，还有100万其他行业工人积极参与罢工。达勒姆郡矿区和周边矿区相互声援，罢工声势极为壮观。历史学家玛格丽特·莫里斯（Margaret Morris）从民政厅的统计分析，英国100万工人中有91%（不包括文书和监督人员）参与了罢工。[1] 5月5日，总罢工领导人在罢工运动中提出工人阶级的政治主张，消息很快传到达勒姆矿区，达勒姆矿区的罢工人数持续增加。当地矿工领袖库克在《9天的奇迹》中写道："这是对资本家多么美妙的回应，矿工的团结和忠诚多么伟大，为了保卫他们的工资而与资本家展开斗争"。[2]

---

[1] R. W. Postgate, E. Wilkinson, and J. F. Horrabin (eds), "A Worker's History of the Great Strike (1927)", 20; M. Morris, *The General Strike* (Harmond sworth, 1976), p. 30.

[2] A. J. Cook, *The Nine Days: The Story of the General Strike Told by the Miners' Secretary* (1926), p. 16.

随着罢工运动在达勒姆郡矿区影响力的扩大,矿区周边农村的很多农民为支持矿工罢工,在农村酝酿发动抗租运动。罢工进行一星期后,罢工成员考虑到自身利益,在罢工宣传中不断强调工资、工时和工作条件的要求。由于煤矿资本家和政府对矿工采取分化战略,矿工联盟出现分裂,对达勒姆郡各阶层构建的团结联盟可能造成了潜在的影响。① 5月12日工会最高委员会宣布罢工结束后,达勒姆矿区部分矿工继续坚持斗争。矿工协会希望提出一个公正的解决办法,要求煤矿资本家做出一些妥协,② 但煤矿资本家并没有动摇。从罢工期间的文件可以看出,达勒姆矿区7月初返工的矿工数量不到矿工总人数的1%,罢工持续到1926年秋天。保守党议员塞奇菲尔德(Sedgefield)告诉下议院,"我不得不对100多万矿工罢工的决心产生敬意,更何况在大多数情况下,他们都已经对罢工失去了信心"。③ 罢工坚持到10月底时,大不列颠矿工协会领导人同意与达勒姆矿区的煤矿资本家进行谈判,到年底所有矿工返工。④ 1926年达勒姆矿区总罢工在坚持了6个月后最终以失败告终。

学术界对达勒姆矿区罢工失败的原因观点不一。苏联学者认为罢工失败的主要原因是英国共产党"依然很年轻,人数上很弱小"。⑤ 部分学者认为罢工的失败是因工会右翼势力的不团结造成的,这些分析都过于片面。达勒姆矿区罢工失败的原因应从矿工、工会等多方面加以分析。

从矿工角度来看,罢工的持续导致家庭生活无以为继。矿工子女

---

① Roy Church and Quentin Outram, *Strikes and Solidarity: Coalfield Conflict in Britain 1889 – 1966*, Cambridge, New York: Cambridge University Press, 1998, p.119.

② King Coal, Miners, *Coal and Britain's Industrial Future*, Harmond Sworth, Middle sex: Penguin Books, 1981. p.54.

③ Hansard Parliamentary Debates (Commons), Fifth SeR. (Henceforth HPD (C)), 199, c.605.

④ Dean and Chapter Library, Durham Cathedral, Diary of H. Hensley Henson, 25 May 1926. Herbert Hensley Henson (1863 – 1947) was Bishop of Durham 1920 – 39.

⑤ Morton H. Cowdena, "Soviet and Comintern Policies Toward the British General Strike of 1926", *World Politics*, Vol.5, No.4 (Jul., 1953), p.523.

被迫失学流落街区，很多矿区民众在罢工中由于缺乏营养而死亡，窘迫的生活状况使许多矿工对罢工能否取得胜利丧失了信心。矿工罢工不仅缺乏足够的理论思想指导，而且也没有一个强有力的组织机构来领导。虽然社会各界人士都给予了矿工罢工运动以帮助，但并未真正形成一个有力的斗争阵营，支持背后更多是经济利益上的考量。矿工自身的诸多局限性也导致矿工领袖和矿工经常发生摩擦。罗伊·格雷戈里（Roy Gregory）在对20世纪早期矿工的研究中说道："矿工的人生观或许比较狭隘，他们表现出倔强和顽固的性格，在应对问题时比较缓慢或者缺乏秩序。"[1] 由于地域文化的限制，矿工很少接受教育，罢工领导人在领导罢工的过程中并未提出鲜明的政治目标。煤矿社区和工作环境相对封闭，这都不利于矿工发动大范围的工人运动。

从工会角度来看，工会在罢工中的软弱性也是矿工罢工失败的主导因素之一。工会由于政治力量的薄弱表现出诸多的软弱性。组织思想上由于不同派别的汇合造成组织内左右两翼的分化。思想上并未将马克思主义转化为指导思想，而主要吸取运用了一些社会主义指导思想。[2] 这些因素决定了工会在罢工中的妥协性。5月8日罢工发起以后，工会领袖已经暗地寻求与煤矿资本家谈判。5月10日下午，工会联合会最高理事会主席波夫在得到塞缪尔及煤矿资本家的保证下，呼吁工人尽快停止罢工。5月12日中午工会最高理事会迫于政府和煤矿资本家的压力，向各矿区工会发布了停止罢工的通知，宣称政府已经答应给矿工继续补助，不再削减工资和增加工作时间的要求，宣布矿工罢工运动已取得胜利，希望各行业工人尽快重返工作岗位。工会在矿工与煤矿资本家矛盾激化后，虽然通过了支持罢工的决议，但是

---

[1] Roy Gregory, *The Miners and British Politics*, 1906 – 1914, London：Oxford University Press, 1968, p.15.

[2] 费边社是20世纪初英国的一个工人社会主义派别，其传统重在务实的社会建设，倡导建立互助互爱的社会服务。尽管费边社本身并未创建一套完整的社会福利理论。但是在他们的社会实践中，明显地贯穿着期望通过实践社会各阶层由平等和自由的理念（包括平等的财产、社会地位和政治权利的分配而至自由）达至社会合作和互爱的人际关系的愿望，是英国工人群众对福利国家制度最早、最直接的要求。

由于工会内部缺乏团结，其对总罢工的态度也只能停留在简单的措辞上。

全国职工大会是英国工人全国性组织机构的简称。由于职工大会总委员会缺乏绝对权力，只能在形式上领导英国罢工，这就造成在与煤矿资本家进行劳资谈判时，总委员会下属的工会拥有自主权，而在谈判中由于意见不同而在罢工问题上产生意见分歧。在宣布罢工结束后，最高工会理事会总书记汤姆斯、全国工会代理书记西特林及工人工会总书记贝文主张通过和平调解的方式解决与企业主的矛盾冲突，对罢工者发出《训令》，强令工人和资本家要和睦相处，避免发生冲突。明确规定不准工人阶级使用暴力，并且说"必须尽最大努力将暴力抛弃在罢工之外"，即便遭到政府镇压也不能进行反抗，严格要求工人避免同警察发生冲突。

从煤炭行业困境来看，一战后国际经济环境的影响等方面因素造成了英国煤炭产业的衰落，煤矿工人生活来源的单一性迫使其被迫反抗，但要解决这个问题单靠煤炭工人的罢工抗议是不现实的，罢工并不能解决英国当时的社会经济危机。煤矿资本家的削减工资和增加工时的举措与矿工维护自身利益之间的矛盾是不可调和的，加之政府倾向于煤矿主资本家，罢工也注定走向失败。

第二节　英国煤炭工业的重组与国有化政策

20世纪初期，面对煤炭工业危机及其引发的持续性社会矛盾，英国政府开启了对传统煤炭工业的重组与国有化的进程。一战和二战的爆发使英国经济步入战时经济轨道，为英国政府干预煤矿行业提供了有益的经验。两次世界大战期间多重危机交织下煤炭行业陷入困境，迫使政府尝试对煤炭行业实施国有化。二战结束后上台执政的艾德礼工党政府将其视为一项推动英国经济发展的重要政策。本节主要以英国能源国有化为主线，分时段论述英国政府对煤炭工业重组与国有化政策的确立和实施。

一、早期煤炭工业的国有化政策

煤炭工业作为英国传统能源行业,对英国经济发展起到了至关重要的作用。煤炭不仅是国内市场销售的主要燃料,也是销往国外的重要出口产品。煤炭国有化政策是在1947年艾德礼工党政府执政时期正式确定的,但该政策的确定是前期政府长期实践的产物。早在20世纪初期,英国工党政府就有将煤炭工业国有化的构想,在经历了长达半个世纪的尝试和摸索后最终得以确定,两次世界大战期间能源行业的重组和重建就是最初的国有化政策的体现。

(一)一战后煤炭工业发展困境

第一次世界大战对英国的经济格局产生了很大影响。面对战争局势的发展,1916年政府开始在南威尔士第一次尝试国有化政策。1917年3月全国煤矿实施国有化。1918年矿工联合会通过决议:"把煤矿业由私人所有转归国有、由工人和国家共同管理和经营的时机已经到来。"[1] 当时政府实施国有化不仅是为了满足当时经济发展的需要,同时也是基于政治上的考虑。战时国家需要足够经济实力来解决生产问题:"军队和工业效率的必要因素就是实施国有化政策。"[2] 煤炭行业战时的发展最终被证明是一个非常有效的手段,煤炭的生产和销售保证了战时的供需平衡。战时政府采取的能源集中化管理政策,使得煤炭行业在战时阶段得以有序发展。

一战结束后,由于煤炭市场供需失衡,煤炭工业发展陷入困境。当时煤炭工业发展面临的问题包括两方面。第一,产量和雇佣人数的下降。1913年是英国煤炭行业快速发展的时期,该年煤炭产量突破200 008 700吨。一战结束后,由于煤炭市场遭到破坏,煤炭行业的产量长期下滑。即便是相对繁荣的1929年的产量,也不过是200 005 800

---

[1] Barry Supple, *The History of the British Coal Industry*, Oxford: Clarendon Press, 1993, p.78.
[2] Barry Supple, *The History of the British Coal Industry*, Oxford: Clarendon Press, 1993, p.80.

吨，也低于战前水平，而在1937年的产量也刚达到200 004 000吨而已。① 与此同时，煤矿雇佣人数也大幅下滑，从1924年雇佣人数120万下降到1929年的96万，继续下滑到1937年的79万。② 第二，出口市场的缩小和出口价格的高升。战后德国和波兰两国煤炭的出口，抢占了英国传统的煤矿出口市场，导致英国煤炭出口量急剧下降。1913年英国煤炭出口量占世界煤矿出口比重为55%，1929年下降为44%，1937年跌至37%。③ 在日益激烈的国际煤炭出口竞争市场上，英国出口煤炭价格因生产成本原因长期居高不下，国际竞争力羸弱，无法取得价格优势。

战后英国煤炭工业亟需解决的问题从根本上来说是生产效率和组织结构问题。行业内部结构冗乱和效率低下使得煤炭行业最先成为政府帮扶的对象，而国有化政策的实施为煤炭行业的发展赢得了生机。

（二）一战后初期煤炭国有化的开始

战后，国内经济的不景气导致煤炭需求量下降，加之国际市场的竞争，英国煤矿主被迫采取削减矿工工资和延长工时来维持生存。由此引发1918到1921年煤矿主和矿工间围绕工资问题争议不断。1919年劳合·乔治政府成立皇家委员会对煤矿工业展开调研，最终收集的证据表明，煤炭工业效率低下。④ 1923年法国占领鲁尔工业区暂时缓解了煤炭工业的困境，但1925年煤炭市场的恶化，迫使煤矿主削减矿工工资，由此引起各地矿工的反抗。1926年春，塞缪尔（Samuel）曾建议对煤炭工业重组。皇家委员会认为：煤炭工业自发的联合是不可能实现的，只有在政府主导下的重组才能实现煤炭工业的新生。⑤

---

① Leonard, Tivey, *Nationalization in British Industry*, London: Jonathan Cape, 1973, p.18.
② Julian Greaves, *Industrial Reorganization and Government Policy in Interwar Britain*, Hampshire: Ashgate, 1988, p.113.
③ Julian Greaves, *Industrial Reorganization and Government Policy in Interwar Britain*, Hampshire: Ashgate, 1988, p.115.
④ Coal Industry Commission (1919), Vol. I: First Stage: Reports and Evidence, Cmd. 359, London: HMSO, 1919.
⑤ Samuel Report, pp.58 – 62.

一战后，面对煤炭行业急需解决的问题，政府开始认识到干预的必要性，开始朝着国有化的方向发展。煤炭工业先后尝试开展合理化运动和行业重组。

1. 煤炭工业的合理化运动

在 20 世纪 20 年代末期的议会大选中，保守党、自由党和工党都在竞选宣言中强调要提高工业效率。可以看出，这一时期工业问题已经得到了各党派的高度关注。1926 年工党政府颁布了《煤炭工业法案》，试图开展煤炭工业的合理化运动，但进展比较迟缓。1930 年早期麦克唐纳（MacDonald）成立了经济咨询委员会（EAC），为经济和工业问题提供专业性咨询。在该委员会下又设立了"合理化问题委员会"，由该委员会负责制定工业合并的基本原则，从而规范工业合理化运动的开展。然而，委员会的调查面临重重困境，工业问题的繁琐复杂和门类的庞杂使得委员会难以应付。最终，在工党下台之前，委员会并未提交正式的工业调查报告，只提交了一些日常的工作进展报告。

面对国际市场的竞争压力，英国煤炭出口量大幅度下降，煤炭只能专注于国内市场，煤炭工业发展困境重重，政府试图从工业效率方面彻底解决煤炭行业面临的问题，实行工业合理化运动。但由于各党派的利益冲突，加之工业效率改革工程巨大，进展迟缓。

2. 20 世纪 30 年代煤炭工业的重组

20 世纪 30 年代英国政府开启了以立法手段强制推进煤炭工业的重组。英国四大传统行业中，煤炭工业作为国民经济最主要的部门，长期以来背负着效率低的恶名，同时关于煤矿的劳资冲突不断。因此，煤炭行业是政府工业改革的重心，于是工党在煤炭工业中实行强制卡特尔计划，通过合并煤矿企业来实现大规模生产，期望以此降低生产成本，提升煤炭的市场竞争力。1929 年 11 月，议会开始讨论一个煤炭议案，最终 1930 年末予以颁布。法案旨在推进卡特尔，由煤矿主建立区域性的营销方案，来限制超额生产。同时成立煤炭重组委员会，在必要时强制推进重组进程，从而使卡特尔计划得以实施。虽然计划有一定的强制性，但是政府也通过工业自身改革来实现生产的集中化。

世界性经济危机的到来重创了英国经济,煤炭工业更是雪上加霜。政府除了加强由生产者控制的卡特尔计划外,还多次督促煤炭工业进行市场调剂。1935年,在煤炭委员会的安排下,政府干预了煤炭工业的市场配额,1936年又参与煤炭销售价格的控制。面对恶化的经济形势,英国政府对煤矿工业的政策不再只是提高经济效益或减少生产过剩的问题,而是保护工业如何度过产业危机而不至于破产。由于市场的剧烈波动,煤炭行业的问题更加复杂,政府对煤炭行业的措施一直处于摸索状态,如何解决煤炭工业问题仍是有待政府长期思量的一道测试题。

二、煤炭国有化政策的发展

二战时煤炭的发展是整个行业发展的一个重要阶段。1914到1918年的经历,以及后来20世纪30年代的经济萧条,意味着煤炭行业和政府对于二战期间的应战措施的力度要强于一战以后。即便如此,战时煤炭行业的发展并不乐观,而且就组织结构而言,也需要改进。1940年以后,煤炭行业的经济危机看上去岌岌可危,正如一份报告中陈述的:"工业的生产力水平非常低,来自政府的监督和控制是犹豫不决的和低效率的。"①

(一)战时煤炭行业面临的问题

战争初期,煤炭行业面临的主要问题是,工人劳动力数量和质量的下降导致工业产量急剧下降。"战时的工人数量和质量都在下降,这决定了生产力下降的一部分。数量下降是指,1943年1月是714 000人,1943年11月的人数是701 000人,即便是当时人数最高的时期也不及战前720 000的必要人数的要求。"② 由于战争入伍的需要,战时煤炭工人的能力大大降低了,"1937到1944年的工人年龄比例,同样

---

① Robert Millward and John Singleton, *The Political Economy of Nationalisation in Britain 1920 – 1950*, Cambridge, New York: Cambridge University Press, 1995, p. 10.
② Barry Supple, *The History of the British Coal Industry*, Oxford: Clarendon Press, 1975, p. 540.

是 20 到 30 岁之间,从之前的 26.3% 下降到 20%"。① 这无疑是死亡人数和退休人数增加,导致生产力下降的结果。历史再一次在这个行业上重现:"根据煤矿部门的不完全统计,工业平均每年丢失 38 000 人,除去招募入伍的 10 000 人以外,至少还需要额外 20 000 个成年劳动力才能与战前的劳动力相持平。煤炭生产下降的部分原因是最初人力资源有流失,同时,技术工人的减少也增加了煤炭行业的负担。产量从 1931 年的每人 300 吨下降到 1945 年的每人 248 吨。"② 而战争带来的另一个问题:即"交通运输的问题导致的煤炭供给量下滑。起初只是在北部的一些煤矿,但是很快蔓延到整个煤炭行业。不幸的是,这一问题在 1940 年 1 月还受到恶劣天气影响以至于更为糟糕,这一结果影响了煤炭行业的供给,导致产量严重下滑"。③

针对人口下降和交通运输问题造成的影响,政府不得不对这样大型的公共工程进行干预。"出现在冬天煤炭产业的震动问题,就要均衡煤炭行业的夏天产碳量的节省来计算。"④ 而这种整体统筹的角色绝非煤矿主一个人所能担当的,由此进入政府干预阶段。面对这样的局势,大量财政的投入以及对煤炭行业产碳量的安排出现在战争期间。由此,这场危机在 1940 年 5 月得到解决。但是,即便政府干预,解决这一困难也并非易事,因为战时对于煤炭的需求量还是很大。但这恰恰为政府干预提供了机会。"对于供需关系的维持需要政府的控制,宏观地把握煤炭行业的发展方向对于煤炭行业的战时发展无疑是最关键的。"⑤

随着战争的爆发,局势的紧张变化,对于煤炭行业产生了一定的

---

① Barry Supple, *The History of the British Coal Industry*, Oxford: Clarendon Press, 1975, p. 540.

② Barry Supple, *The History of the British Coal Industry*, Oxford: Clarendon Press, 1975, p. 540.

③ William Ashworth, *The History of the British Coal Industry*, Vol. 5: 1946 – 1982, The Nationalized Industry, New York: Oxford University Press, 1986. p. 32.

④ Robert Millward and John Singleton, *The Political Economy of Nationalisation in Britain 1920 – 1950*, Cambridge, New York: Cambridge University Press, 1995, p. 60.

⑤ Barry Supple, *The History of the British Coal Industry*, Oxford: Clarendon Press, 1975, p. 538.

影响:"煤炭行业的生产量不断减少,但是与战前的需求量相比,却得到了很大提升,这一时期的供需关系中,煤炭行业开始严格控制供给。"① 这也是继战争初期之后的战中阶段的一个新问题:"供给量不足,需要稳定供求关系。"②

(二) 第二次世界大战期间英国对煤炭行业的控制

第二次世界大战期间,因为物资的紧缺性和战争的严酷性,政府必须对所有战略物资实行计划性控制,煤炭工业更是重中之重。政府对煤炭的生产和销售都严格控制,煤炭行业的生产效率和机械化得以大幅提高,煤炭供需实现了最大程度上的平衡,煤炭工业实现了战时的国有化。

1. 政府控制煤炭需求量

战时政府对煤炭工业的第一个政策是控制煤炭供给量,分别在民用和工业两个领域采取措施。在民用领域,为了减少煤炭的民用需求量,政府进行了大量的宣传。1942 年 9 月燃料经济公共委员会发动了一场经济运动,这场"燃料战役"使用广播开展宣传。这一措施被认为更易被民众接受。加之 1942 年和 1943 年冬天并不寒冷,国内煤炭民用使用量减少了近 400 万吨。在工业领域,政府通过燃料高效委员会限制煤炭的生产与使用过程。这一方法主要应用于企业。联合政府致力于降低级别,企业运转用低级别的煤炭代替高级别煤炭或特殊煤炭。到了 1943 年 4 月,企业节省将近 1 100 吨煤炭。③ 通过这些措施的实施,政府控制煤炭需求量取得了一定成效,不仅平衡了供需关系,更重要的是政府加强了对煤炭工业的干预。

---

① Robert Millward and John Singleton, *The Political Economy of Nationalisation in Britain 1920 – 1950*, Cambridge, NewYork: Cambridge University Press, 1995, p.10.

② Robert Millward and John Singleton, *The Political Economy of Nationalisation in Britain 1920 – 1950*, Cambridge, NewYork: Cambridge University Press, 1995, p.10.

③ Barry Supple, *The History of the British Coal Industry*, Oxford: Clarendon Press, 1975, p.541.

2. 提高生产率——中央监控、双重监督

二战时期煤炭工业面临的一个问题就是生产率较低。产生这一问题的原因主要有两方面。一方面，战争期间招募军人导致生产工人减少，技术操作人员更是紧缺；另一方面，由于疏于管理，生产技术革新比较慢，管理结构存在漏洞。为了保证煤炭生产量，政府采取了一系列措施来提高煤炭生产效率。

政府在确保给予煤炭工业管理和技术设置支持的前提下，利用控制中心理论加强了对煤炭生产的控制。当时全国8个主要煤炭产区由不同的组织自行管理。控制中心理论分为生产、劳工、服务和财政4个部分。所有环节不仅由国家煤炭委员会（National Coal Board）主导，政府也参与其中。当时人们普遍认为人力资源的再分配能提高生产量。到1943年，能源与动力部认为，通过人力资源的实施可以将煤炭产量从850万吨提升到1 200万吨。

除了在技术设置和工业管理上做出调整外，政府实施的第二个方案就是建立战时"双控制系统"。[①] 所谓双控制系统，就是政府和煤矿主共同解决煤矿出现的危机。煤矿公司掌握在私人所有者手里，并且由私人所有者管理；政府给予财政上的支持。能源与动力部开始鼓励提高生产率和生产量，但是对于矿工的工资问题比较避讳，所以并没有给煤炭行业带来多大的激情。[②] 事实证明这种控制力度取得了一定的成效。

战时英国政府采用双重控制理论是为了避免煤炭行业的供给危机。劳合·乔治（Lloyd George）认为：如果想要提高生产力，就必须实施包括财政控制在内的更加全面的控制。[③] 根据这一言论和当时的实践结

[①] Barry Supple, *The History of the British Coal Industry*, Oxford: Clarend on Press, 1975, p.541.

[②] Barry Supple, *The History of the British Coal Industry*, Oxford: Clarend on Press, 1975, p.541.

[③] Barry Supple, *The History of the British Coal Industry*, Oxford: Clarend on Press, 1975, p.542.

果，1943年政府开始使用双重监管制度，加强了对煤炭工业的控制。

3. 技术管理的集中化和机械化

战时内阁委员会和能源与动力部加强了对煤炭行业的财政和生产方面的控制。随着人力资源再分配和双控制理论的出台，政府对煤炭工业发展有了新的认识，开始从更深层次考虑煤炭行业国有化的进程问题，比如技术层面和管理体制。这一阶段政府采取的措施主要是技术管理的集中化和机械化。一方面，整合大部分煤矿，形成一定的规模来生产煤炭；另一方面，通过改进设备提高煤炭行业的生产量。但在实施中，工业效率控制、煤矿主与雇工间的合作、技术和组织结构等问题的存在，导致了无法引进相应的技术或者管理机制。工人技术的问题、大规模改革煤炭行业的阻力、官僚资本主义的鼠目寸光都是潜在的障碍。可见，战时能源和燃料委员会根本无法制定一项现实且可行的政策来实施双控制理论。

战时煤炭工业政策的中心问题主要是供给和劳动力组织问题。尽管战时政府介入并参与了煤炭工业的改革，但却无法改革真正的问题。比如，煤炭行业的结构和所有制问题。虽然政府对双重管制理论有一定的应用，但却对重组工业的效率认识不充分。战时政府对煤炭工业控制的实践为后续国有化政策提供了有利的条件。二战期间，面对复杂的国内外环境，煤炭行业的发展危机四伏。面对这种危机，煤矿主认为应该稳定企业内部管理制度，完善组织结构，提高生产率和生产量，而煤矿工人关注的则是稳定的工作环境和良好的工资待遇。虽然战时政府对煤矿工业的控制政策没能切中工业发展的要害，但却使煤炭工业度过了危机。

三、英国能源国有化政策的高潮

二战结束以后，英国进入了一个相对和平稳定的发展时期。工党艾德礼政府的上台，无疑给英国带来了新的希望。1945—1951年工党政府在大选胜利的鼓舞下，大力推行其"民主社会主义"改革。在建设福利国家的同时，工党政府对煤炭、运输、电力、钢铁、煤气等部门实行了国有化。

（一）煤炭国有化政策高潮

第二次世界大战期间，英国国有企业有了一定的发展，同时国家干预的职能在战时迅速膨胀。基思爵士曾说过："战争不仅加强了政府的干预，而且使民众相信政府干预是无所不能的。"① 国有企业的发展为二战的胜利奠定了经济基础。二战中为了保证战争的胜利，英国许多重点工业企业特别是军用工业都收归国有，实现了资源的有效配置。战时这些国有政策虽然对煤炭工业本身意义甚微，但对国内稳定和取得反法西斯的胜利起到了积极的作用。

1. 二战后英国面临的状况

战争彻底改变了英国选民对工党的看法。战时工党领袖艾德礼的能力有目共睹，艾德礼所宣传的一系列纲领让选民们认识到，工党是值得托付的政党。对于经受战争洗礼的英国选民而言，工党所宣传的"依靠国家调节加强财富分配和建立自由平等民主社会"的施政纲领更是深入人心。

战争给英国经济造成严重创伤。英国商船总运输能力减少了28%，英国战争开支超过国民收入的50%。战时通货膨胀严重，如果1914年英镑购买力为100，到1937—1938年则下降为65，到1944—1945年跌至43。同时，国家债务增加两倍，人民生活水准大大下降。② 战后内外交困的形势下，工党政府主张通过战时实行的国有化政策来恢复和振兴英国经济。可以说，工党政府实行国有化政策不但是其实行社会主义的一种试验，也是克服战后经济困难和恢复英国经济的一种有效手段。

2. 二战后初期煤炭国有化的发展

1945年7月26日，艾德礼工党政府宣告成立，针对战后经济形势，结合工党自建立以来就坚持的民主社会主义改革，英国政府开始

---

① H. Stanley Jevons, *The British Coal Trade*, New York: E. p. Dutton & Co., 1915, p.253.
② Robert Millward and John Singleton, *The Political Economy of Nationalization in British 1920–1950*, Cambridge, New York: Cambridge University Press, 1995, p.66.

了全面的国有化改革。国有化是解决英国战后经济发展问题的一剂良药。1945年8月底,内阁办公室经济处负责人詹姆斯·米德(James Meade)向负责国有化问题的莫里森建议,英国工业国有化应该在"赔偿、资本结构、管理结构、价格政策、进出口政策以及资源发展政策等"问题上取得相关部门的配合。10月初,燃料和动力大臣欣威尔考虑到煤炭工业将是国有化的重点对象,向枢密院委员会提交了一份关于煤炭工业管理原则的报告。但首相艾德礼只是任命了一个由莫里森为主席的国有化工业委员会来统筹负责。能源与动力大臣的欣威尔承认:"作为能源与动力大臣,我发现根本没有切实可行的计划实施。"[①]对于如何管理这些国有化企业,莫里森采取了大家所熟悉的"公营公司"这种方式。这种形式早在1926年就应用于中央电力局,1927年应用于英国广播公司,1939年在英国海外航空公司实施。因此,公营公司模式成为政府管理国有化工业的模板。因此,战后英国政府对煤炭工业的国有化基本遵循了以下程序。首先成立国家管理局(或称管理委员会)管理煤炭企业,然后制定具体法律条文,最后确定国有化的日期,由负责行业的管理局接管。

艾德礼政府时期,国有化政策的方针就是政府出台的立法法案。但是,政策在执行过程中存在许多疑难杂症。煤炭工业国有化的过程中就存在经营目标不明确、权力集中等诸多问题。为了解决遇到的问题,政府建立了全国煤炭委员会来促进煤炭工业的有效发展。然而,从实施的结果看,全国煤炭委员会一定程度上保证了各年度的收支平衡,但对于诸如煤炭价格和行业发展政策等问题却束手无策。政府对煤炭工业委员会的权利和义务也没有明文规定。政府在国有化政策中对国有企业的管理较为模糊。为了便于管理,煤炭工业的管理大部分是在"专职制"基础上组织起来的。对于销售、财政和劳工关系的责任是由全国煤炭委员会层级下达,导致委员会权力过分集中,不可避

---

① Robert Millward and John Singleton, *The Political Economy of Nationalization in British 1920–1950*, Cambridge, New York: Cambridge University Press, 1995, p. 10.

免地导致官僚主义作风。

国有化企业经济运行中较为普遍的问题是缺乏明确的利润目标。政府国有化法规要求国有企业为公共利益服务，而公共利益是个模糊的概念，容易给人错觉，认为国有企业不能实现利润最大化。利润最大化意味着成本最小化，国有企业缺乏利润目标就无法追求成本最小化，反而容易导致生产成本提高。同时，国有企业还要按照上级的要求完成多项目标，利润目标被排在相当次要的位置。政府为了政治目的可以令企业执行非赢利性目标。例如，20世纪40年代末燃料紧缺时，国有企业必须保证市场价格稳定（以实现市场出清），这使燃料短缺问题一直持续到50年代，煤炭价格明显低于边际成本，但政府还是拒绝企业提价。这种政治干预必然使企业面临亏损。工党政府在设计国有化企业管理方式时，将国有企业的董事或经理、政府大臣等定义为公共利益的监护人，但没有重视和厘清这些监护人间的关系，给国有企业定价、投资和生产效率带来一些消极影响。

战后，煤炭工业陷入相对停滞状态，需要国家干预来帮助走出危机。政府直接通过国有化政策介入煤炭工业事务。某种程度上，这是解决问题的最佳办法。通过国有化政策，不仅可以改善劳资关系和优化结构模式，还可以为煤炭工业的投资重组提供资金保障。战后英国政府是在制定国有化法案基础上探索煤炭工业的国有化。政府设立了煤炭委员会来管理煤炭工业，试图通过国家力量整合煤炭工业。从长远来看，政府实施的国有化政策可以拯救整个煤炭工业，但短期内由于客观条件的限制（战后经济凋敝、短时间内应对繁杂的煤炭系统），煤炭工业国有化政策收效甚微。

第四章　英国政府对煤矿事故的治理

18世纪下半叶，工业革命在英国兴起，采煤业是其工业化进程中最重要的行业之一，为英国现代经济的发展做出了重要贡献。但是，在英国采煤业的历史中，煤矿事故曾是困扰这一行业发展的一大顽疾，但经过英国政府一个多世纪的综合治理，英国煤矿事故发生率明显地下降。本章将从历史学的视野来探究英国政府对煤矿事故治理的整个过程，通过研究英国政府各个时期对煤矿事故的处理措施，进而总结英国政府在防治煤矿事故方面的经验和教训，以期对我国的煤矿事故防治提供一定的借鉴。第一节主要讲述17世纪至19世纪初期英国煤矿开采的概况、煤矿事故发生概况以及英国政府对煤矿事故的初步认识和治理过程。这一时期英国政府对煤矿事故的治理从被动接受逐步走向主动调查，这表明英国政府对煤矿事故的认识发生了转变：由无作为转为介入煤矿事故调查。第二节由19世纪中后期煤矿事故概况展开，进而详细讲述英国政府对煤矿事故的大力治理过程。这一时期英国政府对煤矿事故的治理分为三个阶段：政府立法和监察的开启、煤矿事故治理的加强、19世纪晚期煤矿事故治理的延伸。在对煤矿事故调查取证的基础上，英国政府采取了立法和监察措施，一定程度上改善了煤矿事故死亡率居高不下的状态。第三节论述英国政府对煤矿事故已经从被动的事后治理走向了防治结合的阶段。英国政府不仅立法监察措施并举，而且还利用了科研机构对煤矿事故原因展开研究。二战后煤矿国有化，英国政府成立了专门的行政机构负责煤矿事务。在国家的全面干预下，煤矿事故高发的态势得到了根本治愈。

第一节 17世纪至19世纪早期英国
对煤矿事故的治理

17世纪至19世纪早期的英国采煤业处于起步阶段，设施简陋，雇佣矿工人数较少。随着工业革命的开展，英国煤矿开采规模越来越大，雇佣人数也逐渐增加，煤矿事故也越来越频繁，但政府对煤矿事故的治理却还处于探索阶段。本节将从早期煤矿开采、煤矿事故、政府认知等方面展开阐述，分析英国早期煤矿事故的历史概况和政府的应对措施。

一、早期的煤矿开采

英国使用煤的历史很早，普遍认为罗马时期就对煤有所认识。13世纪早期在福斯湾畔南部海岸人们已经提及煤，但是当时煤只是用于锻造或在石灰窑中使用。直到14世纪铁烟囱的发明，煤炭才开始在家庭中使用。但人们当时却认为煤对人类健康有害，1306年颁布的一份皇家布告就禁止工匠使用煤。[①] 17世纪以前，由于工业发展规模有限、森林资源丰富，英国的高热工业如冶金、玻璃、肥皂等工业，所用的燃料都是木炭。生活燃料也以木材为主，对煤的需求不大。英国金属制造业特别是冶铁业，在16—17世纪时曾一度繁荣，但当时也主要以木炭为燃料。随着森林资源被大量砍伐，18世纪初以木炭为燃料的工业开始衰败。

随着英国工业规模扩大、人口增长对木材的需求猛增、森林砍伐殆尽和耕地面积的不断扩大，多重压力下木炭价格一路走高，这种情况严重地影响了英国工业发展。从这时起，煤才开始取代木材成为主要燃料。到18世纪早期，煤已广泛应用于英国工业部门，如提炼食盐、制造玻璃、建筑砖瓦。煤还被英格兰和苏格兰居民用来烹饪食物。各地居民已把煤作为日常生活中不可替代的燃料。1716年诺福克郡的一份官方报告称，该地区燃料基本都使用煤[②]。到18世纪末，煤在英

[①] Andrew Bryan, *The Evolution of Health and Safety in Mines*, London: Ashire Publishing Ltd., 1975, p.10.

[②] Raymond Turner, "English Coal Industry in the Seventeenth and Eighteenth Centuries", *The American Historical Review*, Vol. 27, No. 1 (1921), pp. 13–14.

国已成为不可替代的燃料。

18世纪上半叶,煤开始应用于冶金工业,扭转了金属制造业的颓势,煤也开始进入大开采时期。当时占主要地位的采煤业主要依托英格兰中北部(大致从北部的利兹到米德兰的诺丁汉之间)、西北部(曼彻斯特东北面的大片地区)、东北部(纽卡斯尔和桑德兰周围)、南威尔士以及苏格兰低地地区等多处较大的煤田,其中英格兰西北部、东北部和苏格兰低地地区主要是露天煤矿开采,英格兰中北部和南威尔士地区部分是露天煤矿,部分是深层煤矿①。

当时英国产煤区主要分布在达勒姆郡、诺森伯兰郡、苏格兰、米德兰等地区。其中又以达勒姆郡、诺森伯兰郡和米德兰地区为最重要的开采区,三者占当时英国采煤总量的60%—70%。而诺森伯兰郡最重要的产煤区是泰恩河河畔,占该郡采煤总量的70%以上。② 到18世纪中期,当地一座煤矿雇工人数就有上百,年产量可达1万到2万吨。

18世纪中期,英国的煤矿产量已经达到500万吨。采煤业已经成为英国仅次于纺织业的第二大工业部门,它对英国工业的发展具有举足轻重的作用。一位法国旅行者曾在1738年写道:煤炭是"英国所有工业的灵魂"。③ 1724年一位瑞典人参观英国布里斯托尔炼铜厂后,在写给朋友的信中谈道:"我很高兴告诉你,我完全相信煤炭对于英国的重要性。没有煤炭,他们就别想制造玻璃、炼出好钢,也别想让炼铁厂开工。"④煤的产量在18世纪前半期增长了75%,后半期增长了300%,19世纪前30年又增长了1倍,仅仅100余年里就有10倍的增长。⑤

---

① Rexpope, *Atlas of British Social and Economic History since 1700*, London: Routledge, 1991, p. 69.

② 柴晨清:《试论16—18世纪英国"大工业"的兴起》,硕士学位论文,天津师范大学,2009年,第37页。

③ Carlo M. Cipolla, *Before the Industry Revolution: European Society and Economy 1000 - 1700*, New York: W. W. Norton & Company, 1994, p. 271.

④ Alan Brich and M. W. Flinn, "Foreign Observers of the British Iron Industry During the Eighteenth Century", *The Journal of Economic History*, Vol. 15, (Mar., 1955), pp. 23 - 33.

⑤ P. Deane and W. A. Cole, *British Economic Growth 1688 - 1959: Trends and Structure*, Cambridge: Cambridge University Press, 1969, p. 225.

19世纪早期随着工业革命的深入开展,煤炭成为当时英国工业和交通运输业等多部门发展的重要基础,制造工厂需要煤炭为机器提供动力,铸造工厂需要用煤炭提炼、锻造金属,新型交通工具——火车机车也少不了使用煤炭,家庭炉灶对煤炭的需求量也渐增。总之,此时煤炭的产量和消费量激增。据统计,1800年英国煤产量达1 100万吨,到1840年已增至3 370万吨。①

19世纪初期煤矿已经得到大规模开发,煤矿数量增加,矿井深度进一步加深,矿工人数也明显增加。

从表4-1可以看出,1800—1850年英国煤炭产量呈递增趋势且增幅很大。随着煤炭成为英国工业的主要能源,加之工业革命的持续深入,煤炭需求量剧增,煤矿得到了大规模开采,满足了英国工业和居民用煤的需求。但煤矿大规模开采的同时,煤矿事故也时有发生,直接威胁着采煤业矿工的生命安全。

表4-1:19世纪上半叶英国煤炭产量②

年份	总产量(100万吨)	总产值(100万英镑)
1800	10.0	2.8
1816	15.9	5.2
1820	17.4	5.7
1825	21.9	6.9
1830	22.4	6.9
1835	27.7	7.6
1840	33.7	8.8
1845	45.9	9.2
1850	49.4	10.3

---

① 易杰雄主编:《欧洲文明的历程丛书》,华夏出版社2000年版,第22页。

② P. Deane and W. A. Cole, *British Economic Growth 1688–1959: Trends and Structure*, Cambridge: Cambridge University Press, 1969, p.216.

二、煤矿事故分析

17世纪前英国煤矿开采主要以浅层挖掘为主，开采量始终保持在较低的水平。① 早期煤炭开采方法比较原始，使用的工具有镐、锤、楔、木铲。所有工作面都是浅层，要么是一个不深的、矿工敢下去的喇叭状立井，要么是一个水平廊道的立井。在矿工面临的各种危险中，有三种来源于矿井内部的致命毒气。第一种是"窒息性气体"，大致类似于二氧化碳。这种气体达到一定浓度之后可致命。② 当时煤矿中空气的流通只能依靠自然风，窒息性气体普遍存在。第二种气体是"白色湿气"，也就是一氧化碳。一氧化碳通常出现在煤矿失火或爆炸之后，有时会使前来救火的矿工致命。窒息性气体和白色湿气对矿工生命构成了致命危险，但它们的杀伤力却无法与第三种毒气相比——"爆炸气体"。

随着煤炭需求量的增加，煤矿坑道下挖至20—30甚至是40英尺就变得十分必要，爆炸气体经常出现。爆炸气体主要是甲烷（瓦斯），它通常从煤层中渗出，有时也会从煤层的裂缝中迅速散发。由于爆炸气体比空气轻，因而会沿着矿井顶部聚积。③ 同时，煤矿照明也存在问题。矿工白天靠散射的日光和蜡烛工作。但在瓦斯矿中，蜡烛变得极其危险。通风持续恶化，自由通风行不通，有害气体成为新的危险源。1662年法夫郡（Fifeshire）戴萨特贵族辛克莱煤矿发生事故，9人窒息而死。④ 大约从1675年开始，爆炸后果惨不忍睹，许多矿工被烧焦或致残，随后英国各地陆续也发生多起爆炸。其中一起发生在煤矿，一

---

① J. U. Nef, "The Progress of Technology and the Growth of Large-Scale Industry in Great Britain 1540–1640", *The Economic History Review*, Vol. 5, No. 1 (Oct., 1934), pp. 3–24.
② [美] 巴巴拉·弗里兹：《煤的历史》，时娜译，中信出版社2005年版，第42页。
③ [美] 巴巴拉·弗里兹：《煤的历史》，时娜译，中信出版社2005年版，第45—46页。
④ Robert Lindsay Galloway, *A History of Coal Mining in Great Britain*, London: Macmillan and Co., 1882, p. 125.

名矿工胳膊和大腿致残。1675年切斯特菲尔德附近的一个煤矿中，大火在几个星期内多次燃烧，每次都有矿工受伤。1676年英格兰北部煤矿的爆炸更是众所周知。①

18世纪初期英格兰北部煤矿的普遍深度是20—30英寻②，但有一些煤矿已达到60—70英寻。此时煤矿通风设施并没有改进，甚至英格兰北部有些地区连人工通风设施都没有。这一时期煤矿开采已经进入干燥区域，先前煤矿死亡原因主要是窒息性气体，现在则主要是瓦斯引起的。随着煤矿开采深度增加，每个矿井工作面都在扩大，所雇佣的矿工人数也越来越多。通风没有改善，瓦斯更加集中，爆炸频繁发生。在泰恩河畔记录的煤矿事故中，1705年3月或4月盖茨黑德煤矿爆炸，当时煤矿深度已达到60英寻，造成30多人死亡。几年后，北部煤矿区爆炸规模更大。1708年8月18日威尔河切斯特－乐街附近的法特菲尔德（Fatfield）煤矿发生爆炸，死亡69人。③这次煤矿爆炸立即报告给了皇家学会，刊登在当时的《哲学学报》上。1710年泰恩河畔本莎姆（Bensham）煤矿事故中死亡大约75人。

到18世纪末，随着煤矿工作面和矿井深度的增加，特别是在英格兰东北部，煤矿事故规模更大，导致的死亡人数更多，引起了人们的普遍焦虑。1765年4月2日沃克煤矿爆炸，死亡8人。1766年3月18日该矿再次爆炸，死亡10人。特别是18世纪末期，在英格兰东北部有关死亡的记录很多，但没有一起煤矿事故记录是完整的。大多数重大事故有记录，许多死亡仅一两人的事故没有记录，特别是一些小事故和小采煤区的事故更鲜有提及。

---

① Boyd, R. Nelson, *Coal Mines Inspection: Its History and Results*, London: W. H. Allen & Co., 1879, p.21.

② 1英寻=1.8288米

③ Robert Lindsay Galloway, *A History of Coal Mining in Great Britain*, London: Macmillan and Co., 1882, p.127.

19世纪初煤矿已大规模开采，1800年英国产煤量已达1 100万吨，到1816年达到了1 500万吨。煤矿数量和矿井深度都在延伸，雇佣人数也迅速递增。随着生产的扩大，工作面的危险也在扩大。1805—1806年英国多地煤矿爆炸。在英格兰北部，1805年10月21日赫本（Hebburn）煤矿爆炸造成35人死亡，11月28日奥克斯克罗斯（Oxclose）煤矿38人死亡。1806年3月28日基林沃思煤矿10人丧生。1806年北威尔士莫斯廷煤矿两次爆炸死亡36人。同年，兰开夏郡圣海伦煤矿60人丧生，怀特黑文的煤矿爆炸造成17人死亡。① 1813年11月24日芬林煤矿再次发生爆炸，造成23人死亡。1814年也发生多起煤矿爆炸事故，如：4月15日珀西煤矿4人死亡，8月12日赫本煤矿11死亡，9月9日海菲尔德（Seafield）煤矿4人死亡。1815年5月3日希顿煤矿发生透水事故，75人死亡。② 同年，6月2日纽波特（Newbottle）煤矿爆炸死亡57人，6月27日谢里夫山煤矿爆炸死亡11人③。

重大煤矿爆炸事故频繁发生，当时人们普遍认为：爆炸是造成目前煤矿人员伤亡的主要原因。但是在一些不景气和相对贫穷的地区，仅大的煤矿事故才会引起公众的注意。当时煤矿高级开采工程师约翰·布德尔认为：达勒姆郡和诺森伯兰郡常见的煤矿事故远比易燃气体爆炸导致的死亡人数要多。由于当时获取煤矿事故信息的渠道较少，媒体没有相关报道，煤矿事故多数被瞒报，加上缺乏相关专业知识，仅一些灾难性的大事故才会引发关注。政府对于死亡事故和死亡人数没有调查和记录，也没有相应的煤矿事故调查程序。

---

① Robert Lindsay Galloway, *A History of Coal Mining in Great Britain*, London: Macmillan and Co., 1882, p.129.

② Boyd, R. Nelson, *Coal Mines Inspection: Its History and Results*, London: W. H. Allen & Co., 1879, p.26.

③ Robert L. Galloway, *Annals of Coal Mining and the Coal Trade*, London: The Colliery Guardian Company, 1898, p.135.

表4-2：英格兰北部达勒姆郡纪录的煤矿事故死亡人数[①]

时间（年月）	事故地点	死亡人数（人）	矿井深度（码[②]）
1705	达勒姆郡斯托尼本	30	120
1708	达勒姆郡法特菲尔德	69	114
1743	达勒姆郡比迪克	17	160
1756	达勒姆郡查特沙	4	160
1757	达勒姆郡霍文斯沃恩	16	188
1766.4	达勒姆郡比迪克	27	155
1766.8	达勒姆郡兰顿	6	150
1767	达勒姆郡法特菲尔德	39	160
1773	达勒姆郡比迪克	19	160
1793	达勒姆郡谢利夫山	14	250
1794.6	达勒姆郡里克尔顿（Rickleton）	30	150
1794.6	达勒姆郡哈特（Harraton）	28	160
1794.12	达勒姆郡谢利夫山	12	250
1796	达勒姆郡华盛顿	72	20
1798	达勒姆郡华盛顿	7	220
1799	达勒姆郡拉姆利	39	110
1805.10	达勒姆郡赫本	35	233
1805.11	达勒姆郡欧克克罗斯	38	160
1812.5	达勒姆郡芬林	92	204
1812.10	达勒姆郡赫林顿	24	290
1813.9	达勒姆郡法特菲尔德	32	160

① 上述数据是根据 http：//www.dmm.org.uk/colliery/index.htm，2003.5.24 网站上的相关信息编辑而成，并不是达勒姆郡的全部煤矿数据。
② 1 码 = 0.9144 米

续表

时间（年月）	事故地点	死亡人数（人）	矿井深度（码①）
1813.12	达勒姆郡芬林	22	204
1814	达勒姆郡赫本	11	233
1815.6	达勒姆郡纽波特	52	225
1815.6	达勒姆郡谢利夫山	11	250
1817.6	达勒姆郡哈特	38	179
1817.9	达勒姆郡贾罗	6	350
1817.12	达勒姆郡雷恩顿	27	148
1819.7	达勒姆郡谢利夫山	35	250
1819.10	达勒姆郡拉姆利	13	152
1821.10	达勒姆郡芬林	6	204
1823	达勒姆郡雷恩顿	59	152
1824.10	达勒姆郡拉姆利	14	152
1824.11	达勒姆郡纽波特	11	265
1825	达勒姆郡法特菲尔德	11	160
1826.1	达勒姆郡贾罗	34	350
1826.5	达勒姆郡汤利	38	136
1826.9	达勒姆郡休沃思	5	164
1828.3	达勒姆郡贾罗	8	350
1828.9	达勒姆郡霍顿	71	92
1828.11	达勒姆郡华盛顿	14	220
1830	达勒姆郡贾罗	42	350
1833	达勒姆郡斯普林韦尔	47	256
1836	达勒姆郡艾普尔顿	20	348
1837	达勒姆郡斯普林韦尔	30	256
1839.6	达勒姆郡伊尔达	51	286
1843	达勒姆郡谢利夫山	28	190

① 1 码 = 0.9144 米

上表数据显示，达勒姆郡从 1705 年到 1843 年间煤矿死亡人数达到 1 225 人。18 世纪达勒姆郡各地煤矿事故发生率较低，而 19 世纪前半期发生率较多。随着达勒姆郡各地煤矿深度不断增加，同一个煤矿在不同的时间段事故多发，例如法特菲尔德煤矿分别在 1708、1767、1813、1825 年发生了事故。17 到 18 世纪煤矿事故主要集中在英格兰东北部地区，如达勒姆郡、诺森伯兰郡，而其他地区的煤矿事故很少，主要是因为英国其他地区的煤田还没开采，或者事故数据很少被记录。

总体上，17 到 19 世纪早期的煤矿事故呈现以下几个特点：第一，煤矿事故种类开始从火灾、透水和窒息性气体转向瓦斯爆炸，并且瓦斯爆炸的比重越来越大。第二，随着煤矿开采深度的增加，煤矿雇佣人数相应扩大，这无疑也是煤矿事故增加的因素。第三，煤矿事故死亡人数由原来的几人，逐渐增加到几十人甚至上百人。第四，煤矿事故覆盖范围正在逐渐扩大。随着工业革命的深入，煤炭需求量越来越大，新煤矿陆续开采，煤矿事故已经由主要集中地英格兰东北部逐渐扩展到英国的其他地区。

由于早期煤矿比较浅，死亡人数相对较少，面临的危险主要是窒息性气体、透水和火灾。随着煤矿大规模开采，煤矿深度增加，煤矿工人遇到的危险也发生转移，主要是瓦斯爆炸，其导致的死亡人数也随之大量增加，且一次性爆炸死亡人数较多。

三、煤矿事故治理的探索时期

（一）早期与矿工相关的立法

17—18 世纪矿工命运悲惨，不得不在煤矿中长时间劳作。尽管他们可以获得劳动报酬，但没有人身自由，不得随意更换工作。当时妇女儿童和男性一同在煤矿工作，生活凄惨。当时煤矿地下通道很低，用筐把煤运出去的妇女不得不在满是水和泥的地面爬行，煤矿中没有新鲜空气，矿井随时可能在其头顶坍塌，空气令人窒息，极易中毒，"也许它在你脸上爆炸，也可能会有洪水突然冲进来把你淹没，使你永远被困在井底"。①

矿工不仅过着悲惨的生活，而且早期政府对矿工的立法也是压迫性的。政府第一类法规主要是煤矿主和矿工的人身依附关系。最早可见的煤矿法规是苏格兰议会关于主仆关系的法规。1606年苏格兰议会通过的法规规定：所有矿工都禁止离开工作地，除非有矿主开具的书面证明，违者将受罚。其他雇佣矿工的雇主，必须在24小时内将矿工送回，否则将罚款100英镑。② 1661年法规添加了新的内容：矿工连同在煤矿工作的所有工人都得服从这一法规。也就是说，不仅矿工而且煤矿中所有雇佣人员事实上都成为奴隶。直到1775年苏格兰矿工仍处于奴役状态。由于煤矿很难获得劳动力，此时英国议会通过法规允许煤矿雇佣者成为自由劳动者。1799年乔治三世第39条法规的通过标志着苏格兰矿工的解放。

政府第二类法规是关于保护煤矿免受矿工恶意破坏的法规。例如，1592年苏格兰法规惩罚在煤矿放火的矿工。1736年法规中关于破坏和危害王权的具体条款为："任何故意向煤矿放火或导致煤矿着火的人员，将被定罪，判以重罪甚至死刑。"③ 这一严厉的条款说明煤矿放火行为很多，政府利用法规来保障煤矿正常生产。1769年故意伤害法规定任何故意放火、破坏煤矿排水设备或损坏运输设施的人员将被定罪，犯有上述多项罪行者将予以重判。④ 1800年7月乔治二世时期通过的第39—40项法规规定：任何人堵塞通风孔或者破坏煤矿，都将被定以重罪。任何矿工违反矿主意愿或者不予合作，将罚款40先令或监禁。煤炭开采中任何欺诈行为都可能被处以监禁。这些不公正条款就是英国

---

① [美] 巴巴拉·弗里兹：《煤的历史》，时娜译，中信出版社2005年版，第43页。
② Michael Pollard, *The Hardest Work Under Heaven: The Life and Death of the British Coal Miner*, London: Hutchinson Publishing Group, 1984, p.35.
③ Robert L. Galloway, *Annals of Coal Mining and the Coal Trade*, London: The Colliery Guardian Company, 1898, p.165.
④ Robert L. Galloway, *Annals of Coal Mining and the Coal Trade*, London: The Colliery Guardian Company, 1898, p.167.

关于煤矿工人的早期立法。① 有关矿工和煤矿安全的立法，直到 19 世纪才提上日程。

虽然英国拥有丰富的煤炭资源，但是就煤矿安全来说，英国并不是第一个制定法规来保护矿工安全的国家，同样也不是第一个对煤矿实行政府监察的国家。普鲁士早在弗雷德里克大王的统治时期就控制煤矿开采了，1766 年萨克森弗莱堡学校设置煤炭开采、冶金、矿物学等课程。② 1781 年法王路易十六时期对煤矿实施监管，到 1783 年法国已建立了矿业学校，一定程度上是模仿萨克森弗莱堡学校建立的。

随着 19 世纪工业革命的深化，采煤业也一路高歌。但随着煤矿深度的加大，煤矿事故频繁发生，导致大量矿工伤亡，煤矿事故逐渐引起公众的重视，官方和民间组织开始介入煤矿事故的调查，从而开启了英国矿难治理的序幕。

（二）工场法规

尽管采煤业是英国所有重工业中最危险的行业，但是保证矿工安全的政府制度并不是首先在采煤业中制定的，而始于手工工场。社会对工场妇女儿童悲惨状况的披露，使得工场生产状况最先得到人们的关注。1802 年棉花制造商罗伯特·皮尔向议会提交了学徒健康和道德法案，希望政府采取措施来改善工人状况。虽遭到一些工场主的强烈反对，法案最终还是获得通过。但法规并不涉及矿工，矿工请求议会关注的呼声被忽略。尽管法案中涉及的仅仅是工人苦难中的一点，然而这条法规是英国工业史上的转折点，因为它不仅是第一个工场法，而且开创了对工业进行国家调控的整个现代体制。法规对学徒工作时间进行了限制，要求工场主保持工作场所干净、正常通风、工人每年洗一次澡。学徒必须接受教育，每个星期天上一小时的宗教课。③ 然而

---

① Boyd, R. Nelson, *Coal Mines Inspection: Its History and Results*, London: W. H. Allen & Co., London, 1879, p.23.

② Sir Andrew Bryan, *The Evolution of Health and Safety in Mines*, London: Ashire Publishing Ltd., 1975, p.12.

③ John Sinclair, *Coal Mining Law*, London: Sir Isaac Pitman & Sons Ltd., 1958, p.80.

就如哈钦斯和哈里森在 1911 年《工厂立法史》中所说:"严格地说,在今天来看这并不是一条工厂法规,仅仅是伊丽莎白时期济贫法中关于教区学徒的延伸。"① 政府已经承担起抚养和安置这些儿童的责任,尝试着改善他们的工作条件。

1815 年罗伯特·皮尔再次提及在工场工作的儿童,政府任命了下议院的一个特别委员会去调查英国工场中儿童雇佣现状。随后的报告揭露了工作环境的恶劣,皮尔提出了一项法案试图解决这一弊端。1819 年该法案经下议院修改后成为法规,但通过的工场法法规只是皮尔原先建议的一部分。该法规仅适用于纺织厂的儿童。法规禁止雇佣 9 岁以下的儿童,把 9—13 岁儿童的工作时间限制在了 12 小时。1819 年法规和以后规范工厂状况的法规一样,大部分并没有达到预期目的。一方面是因为法规规定过于宽泛,另一方面是雇主和父母的联合反对使得法规失效。1833 年的工场法规范了所有工场儿童的工作环境,任命了 4 名监察员,这是英国第一批政府监察员。② 他们有一定的司法和行政权,尽管他们的法定职责主要是关注雇佣儿童的年龄、工作时间、劳动强度等内容,但政府工场监察员每年的报告表明,他们关注了工人生活和福利的许多方面,也将煤矿工人包括在内。

(三) 桑德兰学会

大型煤矿事故的频发,导致大量矿工伤亡,这迫使公众认识到有必要采取立法行动来保障煤矿安全。煤矿立法进程中最初的助力就是 1813 年桑德兰学会的建立。1812 年达勒姆郡芬林煤矿爆炸,导致 92 人死亡。按照惯例,当时英格兰北部煤矿两班人员轮流工作,第一班人员必须等到第二班人员到来后才可离开煤矿工作面。在很短的换班时间内,两班人员都在煤矿中,当时 121 名矿工进入煤矿。③ 爆炸发生

---

① B. L. Hutchins and Amy Harrison, *A History of Factory Legislation*, London: P. S. King & Son, 1911, p.98.
② John Sinclair, *Coal Mining Law*, London: Sir Isaac Pitman & Sons Ltd., 1958, p.80.
③ Robert Lindsay Galloway, *A History of Coal Mining in Great Britain*, London: Macmillan and Co., 1882, p.157.

后，仅有 32 人逃离，其中 3 人逃离后也相继死亡。

爆炸发生后当地报纸并没有报道，而作为牧师的霍奇森（Hodgson）认为必须做些事来避免这样的悲剧再次发生。他出版了一本芬林煤矿事故详情的小册子，其中涉及煤矿规划和通风方法。这本小册子广为流传，其中一部分内容写入了同年 5 月的《哲学学报》。[1] 同样关注此事的威尔金森（Wilkinson）经过实地调查，下决心呼吁公众关注煤矿爆炸。1813 年 9 月 1 日他向达勒姆郡和诺森伯兰郡建议成立一个学会来调查煤矿事故发生的原因。这些建议引起了达勒姆郡的关注，威尔金森写信给牧师格雷（Gray），委托他帮助建立该学会。1813 年 10 月 1 日在主席拉尔夫（Ralph）先生主持下，在桑德兰召开了首次学会会议，任命了一个委员会调查煤矿事故的起因。

1813 年 11 月桑德兰学会公布了首份调查报告，其中包含了英格兰北部视察员布德尔（Buddle）的一封信。布德尔在信中说："目前我们阻止火灾的唯一方法就是多个巷道和工作面的完全通风。"[2] 机器设备在阻止煤矿爆炸事故方面并不是有效的。他认为："一般来说，我相信煤矿各类事故导致的伤亡比爆炸带来的死亡更大。"[3] 在调查中，桑德兰学会认为必须得到科学家戴维（Davy）爵士的帮助。1815 年秋戴维在英格兰北部实地查看了一些煤矿。他这次北行的直接结果就是众所周知的戴维安全灯的发明。戴维在和委员会交流的信件中谈及："霍奇森出版的 1812 年芬林煤矿爆炸的小册子，给了我很大的帮助，我必须感谢他提供给我的那些信息。总的来说，这些信息在我的试验得到了运用。"[4]

1815 年戴维安全灯发明后就在英格兰北部得到广泛使用。安全灯

---

[1] Robert Lindsay Galloway, *A History of Coal Mining in Great Britain*, London: Macmillan and Co., 1882, p.158.

[2] Robert L. Galloway, *Annals of Coal Mining and the Coal Trade*, London: The Colliery Guardian Company, 1898, p.217.

[3] Robert Lindsay Galloway, *A History of Coal Mining in Great Britain*, London: Macmillan and Co., 1882, p.159.

[4] Sir Andrew Bryan, *The Evolution of Health and Safety in Mines*, London: Ashire Publishing Ltd., 1975, p.18.

的发明，让格雷认为学会的任务已经完成，随后桑德兰学会就解散了。学会认为爆炸将不再发生，然而结果证明这是轻率和错误的。尽管安全灯挽救了许多人的生命，但安全灯并没有结束煤矿事故。一些矿工因安全灯灯光暗弱或者因为煤矿中炸药和安全灯不相容而反对使用它。重大矿难导致大量人员死亡的事故，继续在多个煤矿上演。

在桑德兰学会解散后的20年内，煤矿事故的话题很少引起公众关注，直到1830年，英国政府也没有采取任何立法措施来确保煤矿安全。安全标准一般由视察员确定，在很多实例中视察员确定很高的安全标准，有力地加强了安全。但视察员是煤矿主的雇工，矿主很少直面矿工的危险。矿主们开采煤炭是为了利润，经济利益重于安全。在矿主和视察员看来，偶然事故导致的死亡是不可避免的。由于当时人们对煤矿状况没有足够的科学理解，设备的简陋无法抵御爆炸和透水释放的力量，导致没能统计矿工的死亡人数。

（四）1835年下议院特别委员会

煤矿事故继续高发，许多人士怀疑戴维安全灯的价值。1818年和1830年议员将安全灯的分歧意见呈给了议会，但这时议会忙于调查煤炭贸易而无暇他顾。1834年5月群众的请求递给了下议院，代表斯塔福德郡和达德利矿区的矿工和矿主恳求："提供一些立法措施，任命一个科学委员会检查所有提供给煤矿的安全灯，监督所有安全灯的性能，严禁销售不良安全灯。必要时进入煤矿试验这些安全灯是否能保护矿工免受有毒气体的侵害。"[1]

由于斯塔福德郡的请愿，在南达勒姆议员爱德华·皮斯的提议下，1835年6月2日任命下议院特别委员会去调查英国煤矿中这些不幸事故的原因，以期防止事故的再次发生。尽管该委员会搜集了大量证据，但并没有提出任何立法方面的建议。委员会认为，自从安全灯使用以来，死亡人数已经上升，至少在英格兰北部煤矿是如此。在安全灯出

---

[1] Michael W. Flinn, *The History of the British Coal Industry*, *Volume 2*, *1700–1830*: *The Industrial Revolution*, Oxford: Clarendon Press, 1984, p.156.

现前的 18 年中，诺森伯兰和达勒姆郡丧生 447 人。安全灯出现后的 18 年内，死亡人数上升到 538 人。① 对于这种上升，委员会认为是煤炭出口量增加和瓦斯煤层增多导致的。

在委员会存续期内，沃尔森德煤矿发生严重爆炸，102 人丧生。煤矿要求法医协助调查事故的起因。委员会列举了导致事故的许多原因，例如易燃气体爆炸、窒息性气体、其他有毒气体、洪水泛滥。他们认为：高死亡率完全超出了人们的控制，这与追求煤炭产量是紧密相关的。这些灾难性后果正是忽视警告或无视危险造成的。委员会报告提出了防止煤矿事故发生的建议："第一，通风。足够的空气是驱除有毒气体的有效手段，或者掺杂这些气体避免爆炸，或者避免碳酸气体致人死亡。在通风上，所有矿工都应履行严格的日常职责。第二，不准使用明火，矿工可以借助安全灯来工作。第三，正确的平面图。明确空气的流向和完整的工作面，标出可能存在气体和水的邻近废弃工作面。"②

从委员会的报告中可以看出，委员会认为有必要将涉及大量死亡的煤矿事故提交给内政部的国务大臣，任命一些合适的人员来协助法医和陪审团参与调查。关于这方面，委员会报告中就曾谈及：没有任何处置就去质问那些热情可靠的法医和陪审团，权宜之计是考虑提供每次事故死亡人数的第一手资料，上报给内政部的国务大臣。英国首席大法官应该在法医的指引下任命一些合适的人员来帮助法医和陪审团进行调查。这样才是人道的、科学的，才能更好地保证公正，在最好的建议下得出结论。③ 但委员会认为，英国不同地区开采条件大不相同，不可能制定任何统一的指令或者形成普遍适用的法规。尽管他们认为制定特别规定来指导煤矿工人是实用的，但还是不考虑提出立法建议。

---

① Sir Andrew Bryan, *The Evolution of Health and Safety in Mines*, London：Ashire Publishing Ltd., 1975, p.20.
② *Select Committee Report*, "Accidentsin Mines" (603) V, London：H. M. S. O., 1835.
③ Sir Andrew Bryan, *The Evolution of Health and Safety in Mines*, London：Ashire Publishing Ltd., 1975, p.27.

特别委员会乐观地认为：如果一些著名的化学家、工程师和慈善家可以去煤矿调查，会对煤矿安全有很大帮助；建立像康沃尔工艺学校这类工科学校是有利的；矿主和管理者的警惕可以阻止许多事故的发生。尽管个别委员提出了任命政府煤矿监察员的建议，但遭到强烈反对，委员会放弃了阐述监察的必要性。在总结中，特别委员会没能提出任何专门的计划或者决定性的建议，但他们希望收集的大量证据会对公众有利。事实上，他们报告的影响力有限。带有证据的140页蓝皮书很快被束之高阁。

（五）南希尔兹委员会

随着时间的流逝，煤矿爆炸继续频繁地发生，公众再一次聚焦英格兰北部。1837年发生的煤矿事故中，一起发生在斯普林韦尔煤矿，30人死亡；另一起发生在沃尔森德，11人死亡。[1] 1839年一起严重的煤矿爆炸事故发生在南希尔兹附近的希尔达煤矿，致使52人丧生，进而成立了南希尔兹委员会。像1813年的桑德兰学会一样，建立南希尔兹委员会是为了调查煤矿事故发生的原因。委员会调查内容包括：安全灯、通风、机器设备、煤矿童工雇佣、煤矿平面图和工作面、煤矿人员的教育、政府监察和爆炸后的医疗处理。委员会深深地感到调查的重要性和面临的困难，希望通过对煤矿的调查、数据的统计、优秀矿工的佐证、与一些监察者的交流、和著名科学家的通信、和不同开采体系的比较、调查国外的开采法规和制度，尽力得出公正的结论。[2]

南希尔兹委员会形象地描述了矿工的职业危险。矿工得深入地表下200—300码甚至是500码，穿过两三英里[3]的地下通道才能到达煤矿工作面。在蜡烛或简陋灯的微光下工作，工作面一般只有三四尺高，最高处也就六尺[4]。矿工得蜷缩着工作，有时他们在浑浊的空气中得躺

---

[1] Robert L. Galloway, *Annals of Coal Mining and the Coal Trade*, London: The Colliery Guardian Company, 1898, p.218.

[2] Robert L. Galloway, *Annals of Coal Mining and the Coal Trade*, London: The Colliery Guardian Company, 1898, p.220.

[3] 1英里=1 609.344米

[4] 1米=3尺

8—10个小时挖煤,然后再将煤运到地面。在这样的工作环境下,可能会被破坏物压倒,也可能被爆炸性气体烧焦。在过去20年仅泰恩威尔郡就有680次类似事故发生①。调查中委员会强调煤矿需要足够通风,强烈谴责矿工仅依靠安全灯,他们认为"这是致命的错误"②,建议煤矿中应设置更多通风井,加大对煤矿管理者的系统教育,采取措施避免煤矿雇佣童工和妇女。

鉴于瑞典、荷兰、比利时、法国等国对煤矿的监察立法已经取得了很大成就,委员会认为有组织的政府监察是必须的。为了从生产和经济上更好地促进煤矿开采且保障矿工安全,有必要雇佣一些有科学知识和实践经验的监察员定期检查煤矿。同时也需建立一个权威的法庭,例如煤矿法院,保持监察的公正性,从而保证煤矿的正常生产和政策的执行。③

南希尔兹委员会于1839年成立,直到1842年才发布了调查报告。因其是一个志愿者团体,没有像皇家委员会或者特别委员会一样的法律权威和经济来源,当报告公布时,并没有被认真对待。因为在南希尔兹委员会存续期间,已经成立了更引人注目的皇家委员会(调查煤矿中童工和妇女的雇佣情况),皇家委员会已完成并提交了报告,议会已将南希尔兹委员会的主要建议付诸实施。尽管有些建议并没有实施,但南希尔兹报告对煤矿安全事宜已然做出了重要贡献。1852年,下议院特别委员会报告提到南希尔兹委员会时就曾说:"早在1852年特别委员会建立前,南希尔兹委员会被任命去调查煤矿事故的原因,它的报告在1849年已引起上议院的关注。"④

---

① R. Nelson Boyd, *Coal Mines Inspection: Its History and Results*, London: W. H. Allen & Co., 1879, p.44.

② Report of South Shields Committee on "Accidents in Coal Mines", Longman, Brown, Green and Longmans, 1843.

③ Robert L. Galloway, *Annals of Coal Mining and the Coal Trade*, London: The Colliery Guardian Company, 1898, p.232.

④ Robert L. Galloway, *Annals of Coal Mining and the Coal Trade*, London: The Colliery Guardian Company, 1898, p.233.

(六) 1842 年矿山法规

1830—1840 年间关于煤矿立法的认识已经发生转变。随着煤矿事故的增加、死亡人数的增多，一些小地方也频繁发生事故，每年都有议员要求政府对煤矿立法和监察。人们普遍认为某种形式的政府监察是必要或合理的。一些熟悉煤矿的专业人士也提议由合格的人员定期对煤矿监察。公众相信所有发生的灾难性事故都是矿主的忽视造成的，政府应对煤矿加以监督。事实上，随着矿工的状况及煤矿的危险逐渐曝光，也证实了某种形式的监察是需要的。1840 年学校监察员报告已然揭露了南威尔士煤矿区矿工各种凄惨的工作状况。

阿什利勋爵（后来的沙夫茨伯里伯爵一世）在下议院也谈到矿工的困境。在他的倡议下，1840 年 10 月 20 日议会任命了皇家委员会调查煤矿和工厂中童工的雇佣情况，调查范围包括："煤矿中雇佣儿童的年龄、工作时间和状况、心理和身体影响。"[1] 调查并没有专门涉及煤矿安全的说明，也没有要求委员们对改善雇佣现状提出建议。按照 1841 年 2 月 4 日下院的请求，迫使委员会调查青少年的雇佣状况。又任命了四名委员，分别是经济学家托马斯·图克（Thomas Tooke）、内科医生托马斯·伍德·史密斯、伦纳德·霍纳（Leonard Homner）和罗伯特·约翰·桑德斯，之后又任命了 20 名人员协助他们工作。[2]

1842 年 4 月 21 日委员会第一份报告涉及的内容有：煤矿、铁矿和铁厂。第一份报告附录（分为两部分）中的报告和证据也在 1842 年公布。第一部分有 886 页，第二部分有 932 页。[3] 该报告出版后被公众广泛阅读和引用，超过了对煤矿调查的任何议会文件。第一份报告揭露了煤矿开采的糟糕状况，特别是关于煤矿中儿童和妇女的雇佣，要求

---

[1] Sir Andrew Bryan, *The Evolution of Health and Safety in Mines*, London: Ashire Publishing Ltd., 1975, p.34.

[2] Robert L. Galloway, *Annals of Coal Mining and the Coal Trade*, London: The Colliery Guardian Company, 1898, p.234.

[3] Report of Children's Employment Commission, First Report of the Commissioners. London: H.M.S.O., 1842.

立即采取立法措施来修正。报告包括了 26 页插图,描绘了煤矿中雇佣儿童和妇女的工作情况。伍德·史密斯认为这些插图可以使"那些认为自己很忙无暇看报告的议会成员直接查看"①。带有大量附录的第一份报告是令人恼怒的,但是报告并不是完全谴责煤矿生产。报告第 27 段包含了报告的一些结论:第一,煤矿需要正常通风和排水,煤矿的主通道和岔道都需达到一定高度。煤矿不仅需要卫生,温度也要适中,应该比地上工种更卫生和适宜工作。第二,煤矿中儿童和青少年的工作主要是把装满煤的箱子从工作面运到主通道或者竖井下面。②

皇家委员会报告中揭露的煤矿中儿童的雇佣情况使得人们关心那些不幸儿童的苦难,激励议会立法来保护他们。1842 年阿什利勋爵在下议院提出一项法案来禁止煤矿雇佣女性,同时把煤矿雇佣儿童的年龄提高到 13 岁。在提交这份议案时,阿什利在他的演讲中宣称:"任何人,不管其职位高低,只要有一颗平常心,在看到可怕的事实时,都有一种复杂的心情:羞愧、可怕和愤慨。"他以这些话结束了自己激情的演讲:"我相信议会将原谅我耽搁这么长时间,我请求他们谅解我最后做出的结论。用圣经的话来说,用我们的正直和仁慈停止我们的罪恶,这也许可以延长我们的安静。"③

6 月 15 日议案在议会一读,下议院没有异议,反对意见主要来源于上议院。伦敦德里郡的马奎斯是矿主的拥护者。马奎斯认为:"目前的煤矿法案如果通过,将会阻止全国大多数重要煤矿的生产。除了关于妇女的雇佣,这一议案应该让上议院来具体审议议案的每项条款。"④他特别反对授权国务大臣任命煤矿监察员,其他贵族也递交了反对这一议案的请愿书。南斯塔福德郡煤矿主会议抱怨下议院处理方式的轻

---

① J. L. Hammond and B. Hammond, *Lord Shaftesbury*, London: Constable, 1923, p.147.
② Report of Children's Employment Commission, First Report of the Commissioners. London: H. M. S. O., 1842.
③ Sir Andrew Bryan, *The Evolution of Health and Safety in Mines*, London: Ashire Publishing Ltd., 1975, p.39.
④ R. Nelson Boyd, *Coal Mines Inspection: Its History and Results*, London: W. H. Allen & Co., 1879, p.51.

率。这些反对意见给下议院议员带来很大的压力。7月5日议案二读最终通过，7月14日议案三读。当议案最终递交给上议院时，议案内容和下议院原来的议案内容存在很大的差异。童工的年龄由原来的10岁降低为8岁。负责提升机人员的年龄也由原来的21岁降低为15岁。对此，即使煤矿主强烈反对，议案还是以49∶3票通过①，于1842年8月10日得到皇室的同意。法规规定：1843年3月1日后，煤矿不能雇佣任何女性，也不能雇佣10岁以下的男孩，除非是已经在煤矿中工作的男孩。10岁以下的男孩不能成为学徒，工资不能在附近的酒馆支付，国务大臣有权任命合适的人员调查煤矿。违反法规者，最少罚款5英镑，最多不超过10英镑。②

1842年法规"关于禁止煤矿地下雇佣女性、对雇佣男孩的规定、矿工的其他规定"主要涉及的是妇女和儿童。法规建立在皇家委员会调查的基础上，但直接关于煤矿安全的内容却很少。法规中关于煤矿事故的条款，仅在委员会最后报告的第五段提到，这是委员们报告中结论的摘要部分。总之，所有关于安全的只有：第一，在所有煤矿中致命事故非常多；第二，有时煤矿中童工人数基本与成年男性持平；第三，频繁的事故是缺乏正规的监管导致的；第四，竖井中涉及升降矿工、通风的有效性和顶板的安全方面。

尽管1842年法规没有直接规定煤矿安全标准，然而法规的执行无疑达到了预期效果，这意味着10岁以下的童工可免于在煤矿中工作，因为这些工作可能危及他们的生命，同样也会对煤矿中的其他雇佣者构成威胁；15岁以下的人员被禁止看管煤矿升降机；在酒馆支付工资被禁止；任命煤矿监察员检查煤矿。从长期来看，1842年法规被认为是矿工安全的重要保障，它是英国议会通过的第一个关于煤矿的成文法规。该法规阻止煤矿雇佣妇女，规定了操作机器人员的最低年龄，

---

① R. Nelson Boyd, *Coal Mines Inspection: Its History and Results*, London: W. H. Allen & Co., 1879, p.52.

② Robert L. Galloway, *Annals of Coal Mining and the Coal Trade*, London: The Colliery Guardian Company, 1904, p.235.

禁止雇佣儿童从事危险的职业。从这时起煤矿开始成为政府长期关注的对象，所有重大煤矿事故都须政府介入调查。

1842年法规的条款比其他政府法规在保障煤矿安全方面更具效力。法规要求国务大臣任命一名监察员负责"随时进入煤矿调查与法规有关的情况，并对矿工的状况及法规条款是否执行进行报告"。① 随后按照阿什利勋爵法案，任命了1名监察员，他就是特里梅西尔（Tremenheere）。② 1843年12月14日的政府任命信中，煤矿监察员除了履行法规条款职责外，议会还授权监察员采取措施保护矿工利益，制裁那些公然或秘密违反立法规定的管理人员。尽管法规授权监察员可进入煤矿巡视，但特里梅西尔并没有进入煤矿内进行视察。

法令条款适用于苏格兰、英格兰和威尔士等地区各种煤矿中2 500多矿工和12万雇佣工，仅任命1名监察员来保障法令的执行，这无疑是不现实的，因此对煤矿内部的监察根本无法真正实现。阿什利勋爵在议会任命煤矿监察员时就曾说："关于煤矿内部监察是不可能实现的，即使可能也是不安全的。因此目前监察员并不愿意为了履行法规而深入矿井检查。"③ 特里梅西尔在执行中很快也意识到，只有煤矿安全法规是不够的，到1845年他就迫切要求任命合格的开采工程师来担任监察员。1845年格拉摩根郡（Glamorgan）阿伯德尔煤矿和1846年蒙默思郡（Monmouthshire）里斯卡煤矿相继发生爆炸，导致56人丧生。爆炸后，他更迫切要求采取增加专业监察员。据他说："对每个煤矿通风模式的检查，必须是由合格的专业人员来进行，这样才能消除爆炸的隐患。"④

---

① Joel H. Wiener, *Great Britain: The Lionat Home: A Documentary History of Domestic Policy, 1689 – 1973*, Vol. 2, New York: Chelsea House Publisher, 1974, p.1612.

② Robert Lindsay Galloway, *A History of Coal Mining in Great Britain*, London: Macmillan and Co., 1882, p.152.

③ Sir Andrew Bryan, *The Evolution of Health and Safety in Mines*, London: Ashire Publishing Ltd., 1975, p.50.

④ Tremenheere, H. S. Edmonds, *I Was There: The Memoirs of H. S. Tremenheere*, Eton, Windsor: Shakespeare Head Press, 1965, p.75.

特里梅西尔认为，合格的技术监察员应是经过专业知识教育、有实践经验的专业人员。在备忘录中，他谈及1847年报告中就含有任命政府监察员的内容。① 他坚信，政府监察员与煤矿管理者间良好的信息沟通可以保证监察员提出的建议能落实，从而减少严重事故的频发。这对仁慈的煤矿主也是一种激励，使他们能够为矿工提供一个安全的工作场所。同时，特里梅西尔也认为，政府性质的监察会遭到煤矿主的强烈抵抗，因为物质上会干涉资本的应用，同样也会干涉个人技术和企业，这将导致政府行为越权。授予政府专员监察权力，让煤矿主改善煤矿通风和管理细节，这会把煤矿主自身的安全和管理责任转移给政府。② 关于政府干预的建议，并不只有监察员特里梅西尔要求立法来任命合格的政府监察员，除了上面提到的南希尔兹委员会外，矿区报纸也呼吁政府任命合格的监察员来保证矿工的安全。

综上所述，从17世纪到19世纪早期，煤矿基本上处于自由发展时期，矿工的工作环境十分恶劣，生命安全得不到切实的保障。随着矿井深度的延伸，煤矿规模逐渐扩大，大多数煤矿的雇佣人员激增，煤矿事故越来越频繁，死亡人数也剧增，煤矿事故已经从个别地区扩展到了英国的大部分地区，煤矿事故成为采煤业发展中的一个隐患，逐渐引起了民众和议会的重视。政府和民间组织对煤矿事故展开了调查，以期找到根治办法。但此时的煤矿事故调查只是处于一个自发的探索阶段，有关煤矿的安全法规基本缺位，政府根本没有采取有效的干预性措施，煤矿工人的安全一直在危险的边缘上徘徊。此时英国政府对煤矿的治理基本处于无为而治阶段。导致这一现状的原因主要有以下四方面。

第一，从1688年光荣革命到18世纪末期，英国地方政府进入了一个相对平稳的发展阶段。用韦伯夫妇的话说："在此期间，郡获得了最大限度的地方自治，郡长官有效地避免了来自上级的干涉，既没有

---

① H. S. Tremenheere, *Annual Report of Inspector of Mines*, London: H. M. S. O., 1847.

② R. Nelson Boyd, *Coal Mines Inspection: Its History and Results*, London: W. H. Allen & Co., 1879, p.45.

来自中央政府的,也没有议会或法庭的。"① 地方政府免受中央政府的控制。英国作为自治传统非常强的国家,一直坚持着传统"小政府"的"无为而治",尊重地方自治的传统,所以 18 世纪以来,英国政府对地方事务介入越少越被认为合乎传统。在这样一个地方政府自治的时期,英国政府基本无权干涉地方的具体事务,更谈不上干涉煤矿安全事务。对煤矿的生产运营基本上处于不干涉状态,根本无法统计当时英国煤矿的数量和大小,各种煤矿也没有对事故死亡人数进行过专门统计。

第二,光荣革命后,土地精英逐渐占据了象征议会主权的下议院,他们制定法规的重点集中于保护私产尤其是土地房屋等不动产。乡绅们则占据着地方治安法官的绝大多数席位,他们从自由主义政治发展中获益,一种放任主义的社会和经济原则正在不断地成长,地方当局越来越倾向于保护自身经济利益。煤矿主开采煤矿的目的主要就是获取最大的经济利润,只要能保证煤炭开采量,煤矿主根本不管矿工的死活。事实上,许多土地精英和乡绅本身就是煤矿主,他们可以利用议会权力来保护自身利益,根本不会制订煤矿安全法规来损害自身利益。

第三,煤矿开采设备正处于研发和试验阶段,在当时的科学技术条件下,也不具备抵御这些煤矿事故的技术手段。加上交通和通信设施的不便利,即使某地发生了煤矿事故,其他地方也不可能知道,何况当时煤矿事故导致的死亡人数相对来说比较少。矿工生活水平低下,谋求经济利益是根本,也没有安全方面的意识。

第四,在英国工业革命发展过程中,自由放任是这一时期基本的经济方针。② 这一思想源于亚当·斯密的《国富论》。亚当·斯密是英国古典经济学的重要代表人物,他反对国家干预政策,主张自由放任理论。国家职能在于保护个人的自由,而不是直接对国家的经济发展加以干预。18 世纪末至 19 世纪前期,自由放任理论被民众普遍认可,

---

① Sidney and Beatrice Webb, *English Local Government from the Revolution to the Municipal Coporations Act*: *The Parish and the County*, London: Longmans, Greenand Company, 1906, p. 309 – 310.

② 钱承旦:《第一个工业化社会》,四川人民出版社 1988 年版,第 27 页。

李嘉图等学者继续发展了该理论,认为经济的发展应该由市场机制独立发挥作用,政府只需要充当"守夜人"的角色。因此,政府对一切经济问题都袖手旁观,绝不干预经济发展。在政府看来,国家没有责任保证个人生存。民众生存被看作是个人事务,它既不需要别人干涉,也不允许别人干涉。正因为极力推崇古典自由主义,强调国家对经济发展的不干预,因此,19世纪前期在整个英国社会形成了一种完全自由放任的氛围。

但随着煤矿事故的频繁发生和死亡人数的剧增,煤矿安全逐渐引起了社会各界的关注,政府开始被动地调查这些事故的起因,致力于采取一些措施来防止事故的发生。1835年政府任命了一个下议院委员会调查当时的煤矿事故,1839年希尔达煤矿爆炸后也成立了一个民间委员会来调查煤矿事故的起因。煤矿事故的频繁发生迫使议会开始官方调查。1840年议会任命皇家委员会调查煤矿中妇女和童工的雇佣情况,最终通过了沙夫茨伯里勋爵提交的一份议案,就是著名的《1842年矿山法》。法规禁止雇佣妇女和童工,规范煤矿童工的雇佣情况。随后议会任命了1名煤矿监察员,但他的职责并不包括对煤矿事故的调查。因此,这一时期只是英国煤矿立法的开始,政府真正开始对煤矿事故治理始于1850年。

第二节　19世纪中后期英国政府对煤矿事故的治理

从1850年议会通过煤矿监察法规开始,英国真正进入了煤矿事故的大力整治时期。英国政府加强了对煤矿的立法和监察,煤矿事故发生率和死亡率明显下降,煤矿安全得到了一定程度的改善。本节将从煤矿事故、政府政策调整等方面来具体论述。

一、煤矿事故概述

随着工业革命的完成,英国煤炭的使用量与日俱增。1855年皇家委员会提交的一份煤炭供应报告显示，1851、1852、1853 年三年的煤矿产量大约每年 5 087.5 万吨。① 自从 1854 年以来，年产煤量都登记在册。1861 年英国煤炭产量为 8 603.9 万吨，1871 年煤炭产量达到 1.1 743 亿吨，到 1891 年已增加到 1.85 亿吨。与此同时，煤矿雇佣人数也呈上升的趋势。据统计，1851 年煤矿雇佣人数为 21.6 万，1861 年人数达到 28 万，1891 年人数为 51.7 万。②

随着煤矿产量和雇佣人数的增加，煤矿事故更加频繁。迪金森（Deakins）统计了从 1851 年到 1875 年发生的煤矿事故和死亡人数。假设 1851 年煤炭产量为 5 087.5 万吨，据记录这年的死亡人数是 984 人，也就是每开产 51 702 吨煤就死亡 1 人。10 年后，1861 年的煤炭产量是 8 603.9 万吨，死亡人数是 943 人，也就是每生产 91 239 吨煤炭死亡人数是 1 人。③ 可以看出，1851 年 19 人死亡，1861 年 11 人死亡。1871 年产量是 1.1 743 亿吨，死亡人数为 1 075 人，每百万吨死亡 9 人。1875 年产量是 1.3 413 亿吨，死亡人数共计 933 人，每百万吨死亡 7 人。到 1860 年 10 年间死亡率是 13.9%，到 1870 年 10 年间减少到了 10.9%，到 1875 年，5 年间进一步降低到 8.7%。④

我们就 19 世纪中期以后英国煤矿爆炸死亡人数来做出分析：从表 4-3 可以看出，从 1851 年到 1885 年煤矿雇佣人数逐年递增。煤矿中爆炸死亡人数呈明显的下降趋势，煤矿死亡人数总体上降低，但有的年份死亡人数却很大。可见，煤矿爆炸并不占煤矿死亡人数中的很大比例，还有其他因素在煤矿死亡原因中起着关键性作用。我们可以从下面的另一组数据中得出一些启示。

---

① R. Nelson Boyd, *Coal Mines Inspection: Its History and Results*, London: W. H. Allen & Co., 1879, p.236.
② [英] 克拉潘：《现代英国经济史》姚曾译，商务印书馆 1986 年版，第 140 页。
③ R. Nelson Boyd, *Coal Mines Inspection: Its History and Results*, London: W. H. Allen & Co., 1879, p.236.
④ R. Nelson Boyd, *Coal Mines Inspection: Its History and Results*, London: W. H. Allen & Co., 1879, p.237.

表4-3：1851—1885年的煤矿爆炸死亡人数①

年份（年）	爆炸死亡人数（人）	总死亡人数（人）	煤矿雇佣人数（人）
1851	98	321	216 217
1855	95	146	242 719
1860	70	363	275 847
1865	64	168	315 451
1870	56	185	350 894
1875	41	288	535 845
1880	28	499	484 933
1885	25	311	520 632

表4-4、4-5、4-6为25年间煤矿爆炸每年的平均死亡人数、死亡的主要原因、每类事故的百分比。

表4-4：1851—1860平均死亡人数②

种　类	死亡人数	百分比（％）
爆　炸	244	24.4
塌　方	377	37.6
竖　井	212	21.2
地下其他类	119	11.8
地　面	51	5
统　计	1003	100

---

① 达勒姆郡采矿博物馆，http://www.dmm.org.uk/colliery/index.htm, 2003.5.24/2009.4.13

② R. Nelson Boyd, *Coal Mines Inspection: Its History and Results*, London: W. H. Allen & Co., 1879, p.236.

表4-5：1861—1870年平均死亡人数[①]

种 类	死亡人数	百分比（%）
爆 炸	227	21.3
塌 方	416	39.1
竖 井	151	14.15
地下其他类	192	18.2
地 面	78	7.25
统 计	1 064	100

表4-6：1871—1875年平均死亡人数[②]

种 类	死亡人数	百分比（%）
爆 炸	195	17.8
塌 方	451	41
竖 井	155	14
地下其他类	211	19.2
地 面	89	8
统 计	1 101	100

从这些表中可以看出：一方面，在英国政府监察煤矿的25年间，因爆炸引发的死亡人数明显地减少了。煤矿监察的第一个10年间平均死亡人数是24.4%，第二个10年间是21.3%，到1875年的5年间下降到17.8%。另一方面，因塌方导致的死亡从第一个10年间的37.6%上升到了第二个10年间的39.1%，飙升到1875年5年间的41%。其

---

① R. Nelson Boyd, *Coal Mines Inspection: Its History and Results*, London: W. H. Allen & Co., 1879, p.237.

② R. Nelson Boyd, *Coal Mines Inspection: Its History and Results*, London: W. H. Allen & Co., 1879, p.237.

他类事故死亡人数有所变化,但所占比例很低,都是不可预见的环境、粗心、无视和无知导致的。爆炸导致的死亡人数明显下降,但塌方导致的死亡却不断增加,因此有必要关注塌方引发的煤矿事故。

我们在雇佣人数固定的前提下,比较各个时期的煤矿事故死亡率,结果如下:1851 年到 1860 年 10 年间死亡率是 1/245,1861 年到 1870 年 10 年间死亡率是 1/300,1871 年到 1875 年 5 年间是 1/430。也就是说,死亡率从每千人中 4 人减少到了 2.3 人。导致煤矿中致命死亡的主要原因是塌方。因为,1851 年到 1860 年的 10 年间,塌方死亡人数每年是 377 人,而爆炸死亡人数是 244 人。1861 年到 1870 年 10 年间塌方死亡 416 人,而爆炸死亡 227 人。到 1875 年 5 年间塌方死亡 450 人,而爆炸死亡是 195 人。与此同时,爆炸死亡率从 1851 年到 1860 年 10 年间的 1/1 008,减少到 1861 年至 1870 年 10 年间的 1/1 408,继续下降到 1871 年至 1875 年 5 年间的 1/2 864。而塌方死亡率却从 1/1 056 上升到 1/653。

虽然塌方事故中的死亡人数看上去并不大,但比爆炸死亡人数多。煤矿监察 25 年以来,塌方死亡人数并不比爆炸死亡人数少。此时煤矿开采深度增加,爆炸气体聚集更多,因而很难通风,而塌方导致的危险并没有减少,深层煤矿和浅层煤矿都是木结构。可见这类事故的治理并没有明显改善。随着 19 世纪晚期电的使用,一些电器化设备开始运用到煤矿,煤矿增加了一些新的危险因素,电器设备使用不当导致的事故也开始成为死亡人数增加的诱发因素。

总体上,19 世纪中后期煤矿事故有如下几个特点:第一,煤矿事故的主要原因是:瓦斯爆炸、塌方、煤尘爆炸。瓦斯爆炸导致的死亡呈逐渐下降趋势,而塌方导致的煤矿事故却始终被忽视,它在煤矿事故中占很大比重。煤尘爆炸进而引发瓦斯爆炸才刚被人们认识到。第二,煤矿事故的发生地几乎覆盖全国,有些地区发生过多起事故,治理后仍然发生。第三,在煤矿雇佣人数增加的前提下,煤矿事故导致的死亡人数总体上保持稳定,但个别年份仍有所增加。第四,随着电气设备引入煤矿,煤矿事故原因出现新的诱发因素。

二、政府立法和监察的开启

随着工业革命的完成，采煤业成为英国工业中的支柱产业。煤矿事故的频繁发生，不仅影响了煤矿的正常生产，而且使矿工时刻面临着死亡的危险。在公众和工人运动的压力之下，英国政府出台了针对煤矿安全的立法和监察举措，着手治理煤矿事故。

（一）第一部监察法规的出台

随着煤矿事故的频繁发生，矿工协会已经有能力利用自己的行动来影响立法，直至今天仍然发挥着巨大作用。弗恩斯（Fynes）在《诺森伯兰和达勒姆郡矿工史》中记录了1840年贸易协会的一些罢工事例①。1844年3月2日矿工贸易协会在达勒姆郡伯特利附近召开会议，大约有2 000人参与。② 会议号召矿工前往下议院请愿，请愿包括改善煤矿通风、防止煤矿事故发生、使用正规的称量器、按星期支付工资等内容。1844年达勒姆郡的哈斯韦尔（Haswell）煤矿发生特大爆炸，95人死亡。哈斯韦尔煤矿爆炸在煤炭开采历史上占据着特殊的地位，因为这是首次对煤矿爆炸进行官方报道。这起事故轰动很大，也震撼了煤矿主，他们下决心调查这起事故。矿工协会的法律顾问罗伯茨（Roberts）参与了调查，他建议政府任命特别委员会来调查煤矿爆炸起因。政府任命了莱伊尔（Lyell）和法拉第（Faraday）教授调查煤矿事故。

调查数据表明，14年间有11次大爆炸发生在诺森伯兰郡和达勒姆郡。除了哈斯韦尔事故，10起煤矿事故发生在没有支柱设施的煤矿。③ 委员会调取了许多矿工提供的证据，他们认为：如果对矿工进行全面教育，一定程度上能够减少死亡人数。委员会关于利用教育来阻止事故的意见很模糊，而矿工们对这些消极的建议十分满意。矿工开会决

---

① R. Nelson Boyd, *Coal Mines Inspection: Its History and Results*, London: W. H. Allen & Co., 1879, p.76.

② Richard Fynes, *The Miners of Northumberland and Durham: A History of Their Social and Political Progress*, Summerbell: Thomas Sunderland, 1963, p.53.

③ Lyell, C. and Faraday, M., *Report on* "Explosion at the Haswell Collieries on the Mesns of Preventing Similar Occurrences". London: H. M. S. O., 1845.

定向下议院提交请愿书，托马斯·邓库姆（Thomas Duncombe）在 1845 年 3 月 11 日向下议院递交了矿工集体的请愿书。1845 年 8 月政府又任命了一个委员会来调查煤矿爆炸和其他有毒气体，尽可能确定这些气体的属性，并提出治理的建议。委员会成员包括亨利（Henry）和普莱费厄（Playfair）。①

政府要求委员会尽快递交报告，使得煤矿问题能在该年度得到讨论。而委员会这项调查报告直到 1846 年 6 月才完成。与此同时，科学协会和新闻界已经在公众场合讨论煤矿事故。1845 年安斯蒂德教授在科学进步学会上提出了英格兰北部煤矿开采和通风的许多建议。② 他建议政府必须制定煤矿工作面的标准与规格。1845 年英国各地多起煤矿爆炸事故发生，其中一起发生在贾罗煤矿，29 人丧生。政府派遣普莱费厄调查煤矿事故原因。调查发现一些大煤矿仅有一个竖井，代理工头不能熟练地书写，普莱费厄认为：负责煤矿管理和通风人员无知。煤矿管理人员需接受教育，加之矿工的无知，都需要在煤矿内部引入监察员。③ 1846 年 6 月，亨利和普莱费厄两委员的报告完成。他们认为：监察有助于保证煤矿正常通风、加强管理者的认知、适当惩罚矿工的疏忽。④ 他们在调查报告中也指出煤矿正确平面图的重要性，认为平面图可以展示通风方法和采煤方式。委员会委员提议提高煤矿保证金来保障监察制度的实施，而煤矿主则反对任何形式的监察立法。

1846 年发生了许多严重的煤矿事故，政府也陆续对这些事故展开调查。1 月南威尔士里斯卡（Risca）煤矿爆炸，之后几个月内兰开夏郡的卡普尔（Coppull）煤矿爆炸、沃里克郡的奥德伯里煤矿爆炸。⑤

---

① Robert Lindsay Galloway, *A History of Coal Mining in Great Britain*, London: Macmillan and Co., 1882, p.146.

② R. Nelson Boyd, *Coal Mines Inspection: Its History and Results*, London: W. H. Allen & Co., 1879, p.77.

③ Playfair, Lyon, Report on "*Explosion at Jarrow Colliery*", London: H. M. S. O., 1846.

④ Sir Andrew Bryan, *The Evolution of Health and Safety in Mines*, London: Ashire Publishing Ltd., 1975, p.58.

⑤ R. Nelson Boyd, *Coal Mines Inspection: Its History and Results*, London: W. H. Allen & Co., 1879, p.78.

调查结果表明：管理制度的缺失、管理者的无知、通风条件差是造成煤矿爆炸的主因。1846年11月23日朗德格林（Roundgreen）煤矿爆炸，达德利矿工多次召开会议，祈求政府对煤矿采取措施，即任命煤矿监察员。随后1847年5月矿工们提交了请愿书，适时地呈递给下议院。1847年5月20日请愿书公布。请愿书详列了所有改善煤矿安全的具体措施，暗示着采取立法措施可以使其受益。

请愿书的具体内容如下：应该任命监察员来检查煤矿，监察员中应该有一些熟悉煤矿工作的成员，便于熟悉煤矿平面图。当监察员认为煤矿具备安全条件后，可以给煤矿主发开采许可证。如果没有许可证，煤矿就不能开采。违背监察员命令的人员最少罚款100英镑。罚款由地主和煤矿承租者共同负担。应该建立基金来抚恤死难者家属。① 在这份请愿书中，矿工认为管理职责应该由政府监察员来负责，同样请求对煤矿采取登记注册制度。这份递交给议会的请愿书尽管遭到驳斥，但最终还是引起了上下两院的注意，特别是上议院的费兹·威廉（Fitz William）伯爵和下议院的托马斯·邓肯。

1847年6月16日下议院讨论了邓肯提出的一项议案。这份议案建议任命3名监察员，每年对每个煤矿至少巡查4次，有权查验证人的口供、保留必要的证据并提交年度监察报告。在伦敦或威斯敏斯特设立煤矿办事处，负责处理煤矿开采事务。所有事故通知应该呈递给最近的监察员，由他来检查煤矿和提交报告。遇到严重事故时必须立即通知总监察员。② 6月30日议案在二读中遭到了国务大臣的反对，他说这是政府应该考虑的。尽管这项议案没有被接受，监察制度也已经得到下议院大多数议员的认可。

7月1日威根郡附近的克里斯山煤矿爆炸，7月14日邓肯又提交了第二份议案，该议案建议禁止瓦斯矿使用明火和火药。明知有瓦斯

---

① Robert L. Galloway, *Annals of Coal Mining and the Coal Trade*, London：The Colliery Guardian Company, 1898, p.375.

② R. Nelson Boyd, *Coal Mines Inspection: Its History and Results*, London：W. H. Allen & Co., 1879, p.80.

存在，而使用明火或火药者将判以重罪。煤矿主负责监管火药的使用，没有允许不得使用。这项议案遭到强烈反对——尽管许多议员支持煤矿监察，最终还是以33：23 票失败。① 尽管议案没有通过，对煤矿进行立法的制度也已经取得很大进步，这次议案至少得到了政府的支持。事故继续发生，矿工的状况并没有得到切实改善。一名工作6 年的煤矿视察员描述了各种煤矿的差别："一些煤矿有良好的管理，开采环境不错，而我们收集到的大部分煤矿情况却不佳。禁止雇佣妇女、限制童工的法规已取得一些实效，累积了许多煤矿状况的报告，但煤矿管理也没有取得很大进步。"② 许多爆炸案例证实了某种形式的政府监察是必要的。

与此同时，政府派监察员特里梅西尔去法国和比利时考察欧洲大陆的煤矿监察制度。1847 年12 月考察报告呈递给内政大臣。1848 年8月特里梅西尔又前往德国考察，考察报告于1848 年11 月递给了内政大臣。③ 与此同时，政府任命了德拉·萨贝什和普莱费尔调查爆炸煤矿的环境、易燃有毒气体的产生和积聚以及采取何种方法来解决潜在的威胁。他们在其调查报告中阐述了矿工教育的重要性，着重强调不同煤矿存在的不稳定情况及需要有经验的工程师来对煤矿进行检查。总之，两名科学家都认为：改善矿工的工作环境，对矿工、企业和国家三方都是有益的。

1849 年1 月24 日巴恩斯利附近的达利主矿发生爆炸，致使75 人丧生。政府应郡行政官的请求，立即派遣特里梅西尔和沃灵顿·史密斯两名委员前往参与事故的调查。调查结果揭示了煤矿管理的混乱，存在着多方面的管理缺位，如通风由不能读写的煤矿管理者负责，煤矿工作面空气流通不足等。尼古拉斯·伍德用证据指出：许多废矿中

---

① Robert L. Galloway, *Annals of Coal Mining and the Coal Trade*, London: The Colliery Guardian Company, 1898, p.376.
② Sir Andrew Bryan, *The Evolution of Health and Safety in Mines*, London: Ashire Publishing Ltd., 1975, p.63.
③ John Sinclair, *Coal Mining Law*, London: SirIsaac Pitman & Sons Ltd., 1958, p.83.

存在瓦斯，如果不加以注意，气压改变或地层陷落将使瓦斯进入工作面，明火的使用可能引发爆炸。① 沃灵顿·史密斯在官方报告中指出煤矿存在很多问题，包括管理缺失、通风不足、采煤方式不合理、煤矿管理者没有专业知识等问题。经过调查，委员会希望政府任命一个有科学和实践经验的专业人员定时对煤矿检查，监察煤矿是否正常运行，同时接纳矿工意见。1849年2月16日凯利提及这次事故时，询问政府是否准备采取措施为煤矿建立监察制度。国务大臣回复说："这一议题，政府正在考虑。"②

煤矿事故不时发生，1849年7月4日邓肯在下议院根据矿工请愿内容提交了一项议案。该议案提议：政府应任命监察员每年至少对各煤矿检查4次，有权对煤矿安全做出指导。③ 建议的监察制度遭到了政府的反对，国务大臣认为：煤矿主的职责不应转移给政府或议会。大家认为该议案不切实际并不予支持。此时政府又任命菲利普（Philip）和布莱克威尔（Blackwell）两名委员去检查各地区煤矿现状。委员会调取了39个证人的证词，收集了大量的证据。委员会成员认为：各郡大部分煤矿的通风都存在严重问题。通风的改善不仅可以减少事故，事实上对采煤业发展也是有利的。约翰·托马斯·伍德豪斯总结了有效通风的优势：这不仅是一项安全措施，对煤矿支柱的保护和矿工的健康也都有益。④ 伍德豪斯并不反对监察，但煤矿主认为"政府监察费用由矿主支付，这明显不公平"。⑤ 布莱克威尔在委员会报告中指出，

---

① Select Committee Report on "The Best Means of Preventing the Occurrence of Dangerous Accidents in Mines", London: H. M. S. O., 1849.

② R. Nelson Boyd, *Coal Mines Inspection: Its History and Results*, London: W. H. Allen & Co., 1879, p.84.

③ Sir Andrew Bryan, *The Evolution of Health and Safety in Mines*, London: Ashire Publishing Ltd., 1975, p.65.

④ Robert L. Galloway, *Annals of Coal Mining and the Coal Trade*, London: The Colliery Guardian Company, 1898, p.379.

⑤ R. Nelson Boyd, *Coal Mines Inspection: Its History and Results*, London: W. H. Allen & Co., 1879, p.90.

此时纽卡斯尔区的煤矿更深、竖井距离比其他地区大。而北部煤矿平均是 500—2000 英亩①，兰开夏和威尔士是 25—250 英亩，斯塔福德郡则不超过 10—20 英亩。② 南威尔士和兰开夏郡煤矿要是扩大规模、增加开采深度，除非采用良好的管理制度和通风设施，否则很难克服瓦斯和其他潜在危险。他发现约克郡、兰开夏、南威尔士的煤矿管理存在缺陷，除非引入严格的管理制度，否则安全灯也可能成为危险源，因此应该制定规则来指导煤矿开采和矿工工作。菲利普建议采用先进设备来预防煤矿中人为因素的潜在风险。③ 为了保证必要的技术设施，政府监察是必要的。

事实上，所有递给政府的官方报告、特别委员会的建议和大量的小册子都支持建立某种形式的政府监察机制。因而在各方压力和充足的证据面前，政府决定采取措施来实施监察制度。1850 年 7 月 11 日，卡莱尔勋爵向上议院递交了一份监察议案。这份议案包含两部分内容：煤矿监察和使用规范的平面图。所有费用都由统一的基金承担，但煤矿管理职责全部由矿主负责。④ 尽管布鲁厄姆勋爵认为这项议案不公正地干涉了劳工的权利，但对这一议案的反对意见不大，它不仅获得了矿工支持，也得到许多议员的默许。1850 年 8 月 11 日，议会很快就通过了这项议案，这就是《1850 年煤矿监察法》。该法规任命政府监察员，授权他们进入并检查煤矿，检查范围包括所有工作面、机械、地面建筑，可以随时调查任何与矿工安全相关的事宜。一旦煤矿存在潜在危险，监察员可向管理者指出危险所在；如果缺陷没有得到及时纠正，可以上报给国务大臣。煤矿在致命事故发生后 12 小时内必须上报国务大臣，在事故调查前两天通知法医。如果煤矿主隐瞒事故，将被

---

① 1 英亩 = 4 046.86 平方米
② Blackwell, S. K. Report on "Working of Colloeries". London: H. M. S. O., 1850.
③ Philips, J. Report on "Ventilation of Collieries". London: H. M. S. O., 1850.
④ R. Nelson Boyd, *Coal Mines Inspection: Its History and Results*, London: W. H. Allen & Co., 1879, p.97.

罚款10—20英镑。煤矿主必须保存煤矿工作面的平面图,急需时交予监察员。任何阻挠监察员执行公务的行为,将面临5—10英镑的罚款。① 法规自通过之日起执行,法规有效期为5年。

为了英国煤矿安全,1850年煤矿监察法首次建立了国家干预煤矿的制度。规定对英国所有煤矿进行检查,授权国务大臣任命或解除煤矿监察员,对监察员的职责和权力作了具体规定。法规授权任命的煤矿监察员调查煤矿中"与矿工安全相关的所有事宜"。但是正如博伊德(Boyd)在其《煤矿监察》一书中所说,"尽管1850年法规是国家干预中的重要一步,但是任命的监察员人数很少,并没有授予他们更多的权力"。② 因为每年都发生大量致命事故,在矿工的要求下,煤矿监察员不得不花大量时间参与调查。他们的工作更多是记录煤矿事故中的死亡人数及对事故调查做出总结。

1850年煤矿监察法只是建立了煤矿监察制度,而煤矿主并不完全接受这一创新。他们反对政府人员窥探煤矿管理,害怕政府干涉煤矿事务。一些煤矿主反对这种监察,另一些担忧政府监察员是科学人员,其提出的建议没有可操作性。许多煤矿管理者反对监察,认为科学人员的检查纯粹是徒有其表。这些矿主普遍认为:只有那些从事煤矿工作的专业人员才能处理煤矿事务。然而,如果说煤矿主和管理者反对新法规,矿工则对这种改变表示满意。英格兰北部矿工非常感谢这一法规,如南威尔士委员会荣誉主席詹姆斯·马瑟(James Masser)认为立法对减少煤矿事故贡献很大。新监察员都是熟悉煤矿工作的专业人员,这无疑打消了许多煤矿主的顾虑。

1850年法规通过后3个月,内政大臣把全国划分为4个监察区,在每一区任命了一名合格的开采工程师作为监察员,薪水是400英镑/年。根据法规规定,1850年11月政府任命了4名煤矿监察员,他们分

---

① Robert Lindsay Galloway, *A History of Coal Mining in Great Britain*, London: Macmillan and Co., 1882, p.243.
② Sir Andrew Bryan, *The Evolution of Health and Safety in Mines*, London: Ashire Publishing Ltd., 1975, p.51.

别是查尔斯·莫顿（Charles Morton）、约瑟夫·迪金森（Joseph Dickinson）、马赛尼斯·邓恩（Mathias Duncan）和凯尼恩·布莱克威尔①（Kenyon Blackwell）。监察员终身任职或因病退休。麦克沃斯（Mackworth）1858年逝世；莫顿因欧克斯（Oaks）煤矿爆炸于1866年退休；邓恩也于1866年因病退休；但监察员迪金森从事该工作41年，退休后仍是曼彻斯特地质和开采学会的积极分子，直到1912年4月去世，享年95岁。② 政府要求监察员必须参与每一项事故调查、检查煤矿工作面和预防煤矿事故发生，但政府也警告监察员不得干预煤矿管理。

1851年英国煤矿约有1 200座，如果一年内把所有煤矿检查一次，每个监察员得检查300座煤矿，这样超负荷的工作事实上是不可能完成的。监察法引入的一年内，发生了许多严重事故。佩斯利附近的煤矿爆炸，61人死亡；沃金顿煤矿爆炸，35人丧生；拉马什煤矿爆炸，52人死亡。自从法案引入后，这些事故看起来有增加的迹象。1851年监察员的年度报告记录的煤矿事故死亡人数达到1 062人，③ 这是第一次官方真实的煤矿事故死亡记录。

（二）煤矿事故调查委员会（1852—1853）

由于煤矿现状很糟糕，矿工和科学人员把注意力集中于改善煤矿通风和预防煤矿爆炸这两个问题上。风炉和蒸汽喷嘴是煤矿通风的主要动力。詹姆斯·史密斯推动了机械设备的应用，设计了改善后的风扇；1851年11月6日亨利创立了矿业学校，专注于研究工业类研究课题。由于矿工大力呼吁增加煤矿监察员人数，迫使政府在苏格兰和英格兰又任命了两名监察员，但这并不能满足矿工的需要。早在1852年2月，达勒姆和诺森伯兰郡矿工就向国务大臣递交了一份备忘录，表达了矿工对煤

---

① 布莱克威尔只担任一年就退休了，他的职位由赫伯特·迈克沃斯接任。
② Job Barry, "The Mines Inspectors and the Accidents at Glasshouse Common Ironstone Mine, 1865, and Baddesley Colliery, 1882", *Bulletin of the Peak District Mines Historical Society*. Vol. 11, No. 5, (Summer 1992), pp. 233 – 238.
③ Sir Andrew Bryan, *The Evolution of Health and Safety in Mines*, London: Ashire Publishing Ltd., 1975, p. 71.

矿安全的关心，呼吁政府采取措施增加监察员人数。1852年各地煤矿事故接连发生，5月初莫雷山煤矿10人死亡，5月6日莱斯利（Hebburn）煤矿22人丧生，5月10日达夫伦（Duffryn）煤矿65人死亡，5月20日卡普尔（Coppul）煤矿36人死亡。① 6月5日邦克（Bunker）煤矿5人丧生。在不到3周的时间内，138人在煤矿爆炸中丧生。② 在Coppul煤矿爆炸后，约克郡北区的凯利提及这些事故，要求成立议会特别委员会来调查事故发生的原因，从而减少或预防事故的发生。

1852年3月27日，议会任命了一个调查委员会，委员会在6月提交了调查报告。在委员会提交的调查报告中，委员会解释了爆炸频发的原因，认为这些事故是煤矿通风不良导致的。③ 报告认为预防爆炸需通过良好的通风实现，任何依靠复杂机械的通风系统都是不可取的。除了通风，委员会认为现有的监察人员严重不足，人数太少且权力受限。此时英国煤矿监察员只有6人，委员会建议翻倍，同时给每位监察员配备两名副手。④ 同时，委员会建议建立由具备科学知识和实践经验的专业人员组成中央监察部门，监察员定期向政府汇报工作并接受其领导，但委员会成员并不主张授予监察员过多权力。但如果煤矿主不听取监察员建议，监察员有权暂停那些存在巨大隐患的煤矿的工作。总之，委员会希望建立有效的监察部门，增加合格的监察员和副监察员人数。涉及煤矿安全时，监察员有权加强煤矿各部分的通风，处置那些忽视建议的煤矿主，暂停其煤矿生产直到改正为止。尽管1852年委员会的建议不受欢迎，但调查报告搜集到的许多证据有其特定的价值，激励着其他人员在此基础上继续深入调查。1852年特别委员会的

---

① Sir Andrew Bryan, *The Evolution of Health and Safety in Mines*, London: Ashire Publishing Ltd., 1975, p.72.

② R. Nelson Boyd, *Coal Mines Inspection: Its History and Results*, London: W. H. Allen & Co., 1879, p.108.

③ Report of Select Committee "Causes of the Frequency of Explosions in Coal Mines", London: H. M. S. O., 1852.

④ Robert Lindsay Galloway, *A History of Coal Mining in Great Britain*, London: Macmillan and Co., 1882, p.244.

建议并没有满足矿工的要求。事实上,所有政党对这份报告都不满意。

1853年2月15日,政府公布了1850—1851年的煤矿事故数据,1852年事故数据也要求公布。监察员整理了1850年11月到1852年12月的煤矿事故,结果表明此时煤矿事故死亡人数已达2 040人①。借此,赫钦斯(Hutchins)要求任命一个特别委员会来调查煤矿事故,这一提议得到了国务大臣帕默斯顿(Palmerston)的赞成。他认为这一话题涉及多方利益,值得调查,并详列了调查的所有内容,包括有效通风、蒸汽喷嘴和风炉功能比较、风向分布、上风竖井建设、安全灯改善、煤矿监察、矿工教育等。② 因调查内容过多,委员会的调查从1853年6月开始,直到1854年6月才完成。

该委员会充分利用已有的煤矿监察员经验和报告,使得自己的建议既符合矿工利益,又符合矿主和管理者的要求。1853年委员会报告是建立在以往煤矿事故调查报告基础上的。事实上,爆炸并不是主要的死亡原因,委员会过分夸大了爆炸死亡的重要性。然而委员会认为66%的死亡都来源于爆炸,而监察员认为20%是一个更加可靠的数字。麦克沃斯指出,委员会关注瓦斯类煤矿,而忽视了英国超过66%的其他类煤矿事故。迪金森认为,委员会错误地相信75%的死亡是由爆炸引起的,而他认为这个数字仅仅是7%。③ 迪金森在1853年报告中认为:在他的监察区大约有879个煤矿,法规的影响并不像想象中的那么大。④ 尽管一些监察员认为:煤矿主和管理者间的合作可以改善煤矿安全状况,但其他监察员对此并不认同。在谈及煤矿管理时,监察员建议采用大煤矿已然实施的规则。特别委员会采取了这一建议,要求煤矿主制定一套煤矿规则来指导煤矿开采,这可能包含在即将通过的立法中。

---

① R. Nelson Boyd, *Coal Mines Inspection: Its History and Results*, London: W. H. Allen & Co., 1879, p.121.
② Report of Select Committee (1853), "Accidents in Coal Mines", London: H. M. S. O., 1854.
③ Report of Select Committee (1853), "Accidents in Coal Mines", London: H. M. S. O., 1854.
④ Sir Andrew Bryan, *The Evolution of Health and Safety in Mines*, London: Ashire Publishing Ltd., 1975, p.70.

委员会的建议得到了诺森伯兰郡和达勒姆郡矿工工会的响应,最终两郡工会于1854年3月25日向各郡煤矿主发出邀请函,希望召集煤矿主和工程师共同商议矿工工会有关煤矿事宜的一些决议。在这份邀请函中,矿工工会宣称:应该在各郡采煤区制定一套煤矿监察法规,请求各郡煤矿区代表于4月25日在伦敦集合。4天后,各地采煤区代表都参加了这次集会,会议由尼古拉斯·伍德主持,监察员和伦敦工人代表应邀出席。经过多次会议讨论后,与会代表制定了一套煤矿开采规则,由会议主席递交委员会。此次矿工代表会议中,矿工观点主要包括:第一,任命副监察员;第二,建立一个部门来调解矿工与煤矿管理者间的矛盾;第三,规定煤矿中童工雇佣必须接受教育;最后,煤矿实施良好的通风。① 为了征求煤矿主的意见,矿工工会发出的邀请函中已谈及一些建议。这些建议经大家讨论,最终达成共识:煤矿应该制定一套预防煤矿事故发生的法规。如果任命监察员,他们必须从事煤矿管理不少于10年。② 授权监察员干涉煤矿具体事务是不合适的,授予监察员任何其他权力必须征得矿主同意。如果事故调查法官必须介入,矿主和死者家属代表也应出席。煤矿应有完备的人工通风设施。如果矿工能接受教育,由矿工无知导致的大量事故将会减少,因此矿主应在该地区建立学校。设立的慈善基金应由煤矿主和矿工负责。但在如何减少煤矿事故发生这一事宜上,各方分歧较大。一类人建议采用科学的机械设备改善通风、瓦斯矿强制使用安全灯。另一类人则认为事故是因管理缺失导致的,希望改善煤矿管理体系、制订严格制度从而加强监管、让管理者和监工接受教育。

特别委员会报告于1854年6月递交议会。委员会建议:应该增加监察员人数,提高工资,决不允许监察员参与除职责外的其他事务。政府任命的监察员必须有7年煤矿管理经验且通过采煤知识考试,定

---

① R. Nelson Boyd, *Coal Mines Inspection: Its History and Results*, London: W. H. Allen & Co., 1879, p.128.

② Report of Select Committee "Accidents in Coal Mines", London: H. M. S. O., 1854.

期向议会提交监察报告。政府应制定 12 条煤矿法规来规范各地煤矿开采，这些建议都是在吸取煤矿主、矿工和监察员年度报告建议的基础上提出的，这是 1853 年下议院特别委员会关于煤矿安全建议的主要内容。尽管下议院特别委员会报告更加详细和全面，但仍有一些重点问题没有提及。例如，每个煤矿应设置两个独立竖井，应对管理者和监工的能力进行认证，建立政府监管部门负责煤矿事务。特别委员会两本蓝皮书包括了报告的证据和附录，对政府制定政策有重要参考价值。1854 年监察员报告也详列了各郡煤矿区大量真实事件，指出该年事故死亡人数为 1 017。① 监察员普遍认为，煤炭贸易的繁荣，促使煤矿主加大煤矿开采力度，为了经济利益而无视安全要求，进而导致某些煤矿区事故频发。许多监察员强烈建议政府应制订一套适用于煤矿的特别规则来解决具体问题。

1855 年 5 月政府采纳了特别委员会的建议。新的煤矿议案自引入议会直到 8 月 14 日得到皇家首肯，并没有在上下两院引起激烈讨论，而是在特别委员会建议基础上的略微修改。1855 年法规详细规定了煤矿应该遵守的 7 条通则。这些通则都是在煤矿主和开采工程师会议上通过，在特别委员会的报告中得以强化的。法规的另一条款规定，煤矿应该建立特别规则，而且应该得到国务大臣的认可并付诸实施。1855 年法规中规定的通则主要包括：足够的通风；矿井出口的保护；矿井中岩层的安全；指示矿井道路的明确标识；提升机有足够刹车装置的规定；正常的蒸汽压力计、水位表、安全阀。② 法规还列举了许多事故种类，要求采取措施来预防这些事故引起的危害。然而 1855 年法规没有对这类事故的重要来源（掘进面顶板坍塌、巷路）进行规定，这是因为各地煤矿情况各不相同，不可能制定有效的通用原则。

然而，1855 年法规除了发布通用法规、要求特殊规则外，法规还

---

① Sir Andrew Bryan, *The Evolution of Health and Safety in Mines*, London: Ashire Publishing Ltd., 1975, p.72.
② 1855 年煤矿法规，http://shropshiremines.org.uk/misc/shropmisc/rules.htm, 2010 - 3 - 15/2011 - 4 - 23.

包括：事故发生后的 24 小时内，须上报国务大臣和监察员；如果有必要，经国务大臣同意可以推迟调查。每一地区监察员须提交年度报告，副本交与议会。法规同样明确规定了监察员职责，违反法规将予以处罚。对于煤矿主的惩罚相对较小，只是涉及罚款——每天罚款 1 英镑，最高不超过 5 英镑，直到其服从法规。[①] 而对矿工的惩罚则比较严厉——违反特殊规则的矿工，罚款 2 英镑并判处监禁。这种不公正的条款是上议院在讨论中增加的，引起了矿工的强烈不满。

某种意义上，1855 年法规是煤矿主的法规，法规主要基于伦敦会议的决议。会议由尼古拉斯·伍德主持，煤矿主代表有 49 人，监察员有 6 人，而矿工代表仅有 4 人，因此这些决议只代表了数量上的胜利。[②] 人们对法规中关于矿工监禁的惩罚特别不满，因为对煤矿主的惩罚仅涉及罚款。监察员则反对事故发生后告知国务大臣。1855 年法规尽管不完善，但与以前的法规相比较而言，已取得很大进展。随着通则的引入和特别法规的加强，煤矿管理职责更加明确，煤矿主在法律上有责任保障煤矿安全。监察员权力扩大，但是没有剥夺煤矿主的权力。1855 年法规通过后不久，又任命了 6 名监察员，全国煤矿划分为 12 个地区。

为了制订适合各地煤矿实情的一套特别规定，召开了矿区煤矿主集体会议。一般一组煤矿采用一套规则——这些煤矿状况类似，都在一定的区域范围内。一些矿主喜欢单独制订适合自身的一套规则，希望在规则中引入劳动价格、工资支付或其他与煤矿相关的事宜，但这都是个案。总体上各地煤矿都认真执行了 1855 年法规，所有监察员和大部分视察员都同意遵守法规。煤矿主们只是在短时间内遵守了法规条款。1856 年监察员的报告表明：煤矿主经常逃避或无视法规。格森认为煤矿法规并没有让人们意识到违背法规的严重后果，矿工和煤矿管理者都应该接受相关安全教育。事实上，所有监察员和大部分煤矿

---

① Arnot, R. Page, *The Miners: Years of Struggle: A History of the Miners' Federation of Great Britain*, London: George Allen & Unwin, 1953, p.41.

② R. Nelson Boyd, *Coal Mines Inspection: Its History and Results*, London: W. H. Allen & Co., 1879, p.133.

主都认为有受过良好教育的管理者是必要的。为了弥补这种缺陷，许多人建议在当地建立矿业学校。这些方案很少能够成功，因为当时大部分采煤区都不具备开设矿工教育课程的基本设施和条件。

(三) 1860 年煤矿管理和监察法规

1856 年 7 月 15 日南威尔士希默（Cymmer）煤矿爆炸，致使 114 人丧生，调查揭露了煤矿管理者的无知。这起事故迫使下议院开始关注煤矿管理，议会认为有必要对煤矿进行一次彻底的调查研究。煤矿管理看起来很糟糕，忽视了普遍性的预防措施。从 1852 年麦克沃斯的报告可以看出，尽管他已警告当地矿主通风不良，不时地提出改进建议，希望为煤矿安全起草可以遵守的规则，然而这些必要的防护措施仍然被忽视了。事实上，调查表明，管理者很少进入煤矿内部，只是把煤矿管理具体事务交予监工负责。管理者严重不称职，以致陪审团认为煤矿主、管理者和监工因过失杀人。[1] 1856 年的煤矿事故导致 1 027 人死亡。1857 年 2 月 19 日约克郡伦德希尔（Lundhill）煤矿发生一起严重爆炸，大约有 189 人丧生。伦德希尔煤矿是一个大矿，引起了人们的重视。当时该煤矿已采取了每一项防护措施，也制定了安全规则，但由于管理松弛，工作面没有通风，矿工随意使用安全灯，规则被忽视。伍德、埃利奥特和伍德豪斯都认为：煤矿管理的松弛，致使采煤方式存在缺陷和危险。即使进行了细致的调查研究，对事故的起因也没有具体确定。因而陪审团遣责煤矿管理的松弛和缺陷时，减轻了对煤矿主的责备。尽管这是最严重的事故，但并不是 1857 年唯一的一起严重事故。

1857 年煤矿事故中，仅爆炸导致的死亡人数就有 377 人，当年共有 1 119 人死亡。煤矿监察法规的结果并不理想。1858 年煤矿事故死亡人数有 931 人，死于爆炸的人数为 215 人。1859 年死亡 905 人，95 人死于爆炸[2]。1859 年人们讨论最多的是如何制定法规。大家普遍认

---

[1] Sir Andrew Bryan, *The Evolution of Health and Safety in Mines*, London: Ashire Publishing Ltd., 1975, p.76.

[2] R. Nelson Boyd, *Coal Mines Inspection: Its History and Results*, London: W. H. Allen & Co., 1879, p.145.

为，法规需要完善。监察员齐集伦敦，商讨如何有效地改进法规的相关条款。1859年8月12日，阿依顿（Ayrton）在下院询问：监察法明年到期，政府是否打算调查矿工工作时间长的影响。政府的答复是：准备进行调查，但没有确定是否由一个委员会来进行。然而事实上，并没有任命皇家委员会，也没有议会调查。

1860年2月14日议员提出了煤矿监察议案一读。这之前媒体、公众会议和各种学会就现存法规的修改提出了许多建议。大家普遍认为：尽管煤矿监察法没有达到预期效果，但是某种程度上它还是有益的。对重大煤矿事故的调查表明监察是重要的。事实上，焦点不是监察制度而是监察范围的大小。矿工们要求继续增加监察员人数和扩大监察权限，他们认为：监察员的职权不应仅限于检查煤矿并做出改进建议，而且应该增大权力，参与到煤矿安全的决策中去。[1] 一些煤矿主反对进一步监察立法，特别是不赞成有关童工雇佣的条款。下议院议案的每项条款都经过矿工和煤矿主代表的讨论，伦敦协会也密切关注议案的进程。各党派对修正案最终达成共识，所有政党都认可该议案，上院也没有提出任何重大修改意见。然而议案在上议院二读时遭到了强烈反对。雷文斯沃斯（Ravensworth）对议案教育条款提出了一个修正案，内容如下："童工要么获得读写资格证，要么在雇佣以后每月上学12小时，这样12岁以下的童工只要会读写就可以被煤矿雇佣。"[2] 但是议案三读时被否决，议案再次返回下议院修改。1860年8月23日，议会重新讨论该议案，8月28日得到皇家授权，这就是1860年煤矿法规。尽管法规令矿工失望了，但这是进一步立法的一个阶段。有关煤矿开采的立法措施都是试验性的，以前两个法规的有效期都是5年。然而1860年《煤矿监察法案》充分支持了议会立法的长期性，因此，在某种程度上，1860年法规可以被认定是"永久性"的。1860年法规条

---

[1] Arnot, R. Page, *The Miners: Years of Struggle: A History of the Miners' Federation of Great Britain*, London: George Allen & Unwin, 1953, p.42.

[2] R. Nelson Boyd, *Coal Mines Inspection: Its History and Results*, London: W. H. Allen & Co., 1879, p.146.

款强化了煤矿管理,明确定义了矿主和矿工的职责。监察员人数翻了一倍,权力得以扩展,监察员有权直接关注和处理事故。

事实上自从 1842 年第一个监察法(阿什利勋爵法案)通过以来,监察制度已经逐步地得到了拓展。1842 年人们普遍认为设立煤矿监察是不可能实现的,但是随着重大事故的不断发生,1850 年法规就建立了煤矿监察。但监察员人数很少且权力有限。因此,煤矿事故并没有减少,议会针对煤矿事故展开调查以期制定监察法规。当时煤矿主认为:如果接受监察制度,他们管理煤矿的权力可能被剥夺,以至于影响自己的利益。[①] 基于这点考虑,1854 年煤矿主代表匆匆赶往伦敦,召开秘密会议以图影响新法规的制订,使法规符合他们的利益。在他们的影响下,最终议会通过了 1855 年法规,法规条款很少涉及煤矿管理。自 1855 年法规通过后的 4 年间,监察员记录煤矿爆炸和其他事故导致大量人员死亡,人们希望议会制定保证矿工安全的更全面的法规。如果说 1855 年法规是煤矿主主导的法规,那么 1860 年法规就是煤矿主对矿工的一次妥协。[②] 尽管法规包含了有关煤矿矿工安全的一些新法规,但矿工并没有满足现状,希望制订更完善的法规来指导管理者、加强监察员权力、明确定义煤矿主的职责。然而事故继续发生,不管是人为事故还是其他事故,都显示了议会法规的无效。

法规通过的 1860 年,有两起严重煤矿事故。第一起发生在 3 月 2 日英格兰北部 Burradon 煤矿,76 人丧生,事实上这起事故的调查结果再次指向煤矿管理的缺陷。另一起爆炸发生在 12 月 1 日蒙默思郡的里斯卡煤矿,142 人死亡。[③] 然而这些绝不是 1860 年发生的仅有的两次爆炸,这一年还有许多这样的矿难发生,在录的死亡人数达 363 人,而

[①] Arnot, R. Page, *The Miners: Years of Struggle: A History of the Miners' Federation of Great Britain*, London: George Allen & Unwin, 1953, p.40.

[②] Benson John, *British Coalminers in the Nineteenth Century: A Social History*, Dublin: Gilland Macmillan, 1980, p.157.

[③] Sir Andrew Bryan, *The Evolution of Health and Safety in Mines*, London: Ashire Publishing Ltd., 1975, p.78.

1859年仅有95人①。监察员在报告中对这些煤矿爆炸的原因做了某些解释。西区监察员布拉夫（Brough）认为爆炸是反常的气候引起的，空气状况无疑在很大程度上影响了煤矿空气。中部的一些监察员认为爆炸是煤炭产量增加导致的。一些人员建议收集煤矿中的空气，另一些人员则建议用管子向煤矿输送新鲜空气。许多人建议增加通风，发明一些新式的安全灯。但是所有的建议或多或少都缺乏可操作性，以往的经验表明，认真细心的管理才是预防煤矿事故的有效途径。为了达到这一目的，需要更好的煤矿管理者。人们进而建议，煤矿管理者必须经过合格的考试并获得资格证。尽管这个建议在1861年就倡导了，但直到1873年才得以真正实施。

三、煤矿事故治理的加强

英国政府对煤矿事故经过一段时间的治理后，煤矿主和议员都认为：政府对煤矿事故的治理已经十分完备，不需要继续对煤矿采取立法和监察措施。但此时煤矿事故还是时有发生，人们开始重新审视煤矿事故的治理措施，以图能够真正找到其中的不足，以突破这种久治不愈的困局。

（一）煤矿安全议案的多次提出

1862年诺森伯兰郡哈特利矿难导致204人死亡。当时该煤矿只有一个竖井和通风口，直接原因是抽水机发生故障无法正常运行。事故发生后，国务大臣向各区煤矿主发出通告，要求统计各自煤矿的雇佣人数、竖井的深度和平面图。在回复中，各地监察员建议政府：为了矿工安全，煤矿应设置两个出口。②这个意见得到达勒姆郡许多人士的支持。1860年法规增补了一条法令，规定煤矿必须有两个竖井和出口。关于煤矿安全，英国已经对煤矿实施了监察法规，许多开采人员认为

---

① R. Nelson Boyd, *Coal Mines Inspection: Its History and Results*, London: W. H. Allen & Co., 1879, p.149.

② John Sinclair, *Coal Mining Law*, London: Sir Isaac Pitman & Sons Ltd., 1958, p.85.

法规已经达到了安全的水准。实际上自从 1850 年以来，附加的法规和监察已经极大地减少了煤矿事故，这是毫无疑问的；虽然比较缓慢，但效果是比较明显的。每开采 100 万吨煤，煤矿死亡人数已经从 1851 年的 19.35 下降到了 1861 年的 10.95。1851—1860 年期间，致命死亡率已经从 1/245 下降到 1/300。[①]

1863 年没有发生重大煤矿事故，记录的煤矿死亡人数比 1862 年减少了 226 人，监察员在报告中积极肯定了法规的效果。1864 年也没有发生任何重大事故，监察员报告显示煤矿死亡人数比上一年减少了 40 人。煤矿管理已经稳步地改善，先进的机器设备广泛地应用于煤矿开采中。1865 年仍没有任何重大煤矿事故，尽管煤矿死亡人数比 1864 年多了 117 人。5 月 9 日阿依顿用万名矿工递交的联名请愿书呼吁下议院成立特别委员会调查煤矿法规的执行情况。下议院同意了该提议，任命了一个特别委员会调查煤矿法规和监察的执行情况，委员会的调查结果直到 1867 年才公布。委员会报告建议制定新法规，在那些使用安全灯的煤矿禁止使用炸药，除非特别法规规定的特殊炸药。

然而 1866 年发生了迄今为止最大的一系列煤矿事故。此次重大煤矿事故并不局限于一个地区，几乎所有采煤区都发生了重大事故，死亡人数达到了 1 484 人。[②] 斯塔福德郡托克希尔煤矿爆炸，91 人丧生。约克郡见证了所有采煤区中最严重的事故，事故发生在奥克斯煤矿，334 人丧生，27 名救援者在救援中因后续的爆炸全部丧生[③]。人们对奥克斯煤矿进行了彻底的调查，调查持续了 13 天。在政府特别指示下，煤矿监察员布莱克威尔和迪金森详细汇报了调查过

---

① R. Nelson Boyd, *Coal Mines Inspection: Its History and Results*, London: W. H. Allen & Co., 1879, p.153.
② R. Nelson Boyd, *Coal Mines Inspection: Its History and Results*, London: W. H. Allen & Co., 1879, p.167.
③ Sir Andrew Bryan, *The Evolution of Health and Safety in Mines*, London: Ashire Publishing Ltd., 1975, p.79.

程。从两份调查报告内容来看，爆炸原因可能是煤矿工作面高，废矿处于较低位置，成为瓦斯聚集地、废矿岩层的变位可能使得气压降低、岩石下落，进而使得气体进入工作面，一旦达到爆炸临界点，这样的灾难就降临了。① 事故发生后，矿工立即组织代表团去拜访国务大臣，要求国务大臣任命一个委员会来调查奥克斯和托克希尔煤矿爆炸的原因。但是除了政府对矿工利益的许诺，国务大臣并没有发表任何意见。

1867 年没有发生重大煤矿事故，监察员报告的死亡人数从 1866 年的 1 484 人下降到 1 190 人，死亡人数下降了 294 人。② 1868 年 2 月议会开会期间，下议院多次提到煤矿话题，4 月 28 日格林对煤矿安全提出了一些建议。5 月 26 日他又一次要求皇家委员会来调查煤矿事故起因，认为煤矿监察制度不足，并建议任命副监察员。但经过简短的讨论后，他的建议并没有引起关注。关于煤矿安全立法的议题被此次会议搁置，直到 1869 才被下议院和政府再次提及。从政府统计数据中可以得知，每年各类煤矿事故死亡人数不少于 1 000 人。这说明扩大和加强煤矿监察队伍是绝对必要的，政府应该采取措施来任命更多的监察员。此时矿工们都希望对煤矿监察进行立法。然而此时仅有个别地区的煤矿事故增加，全国统计的死亡数字比上一年减少了 179 人。为了满足煤炭需求量，矿井越来越深，许多先进的机械设备被引入煤矿来克服开采的困难。矿工们误以为利用机械设备开采煤炭可以减少煤矿的人员伤亡。

1869 年 4 月 15 日国务大臣布鲁斯（Bruce）在下院提出了煤矿安全议案。政府提出的议案在许多重要方面都和现存法规不同。议案内容包括：煤矿不得雇佣妇女，不得雇佣 12 岁以下的童工，16 岁的童工

---

① Benson John, *British Coalminers in the Nineteenth Century： A Social History*, Dublin： Gilland Macmillan, 1980, p.163.

② R. Nelson Boyd, *Coal Mines Inspection： Its History and Results*, London： W. H. Allen & Co., 1879, p.170.

工作时间为 12 小时。19 条通则代替了此前的 15 条。① 如果矿主和管理者忽视管理，将判以监禁，但不超过 3 个月。② 随着议案的公布，它成为全国煤矿主、开采工程师、矿工协会热议的话题。在国务大臣的主持下，召开了一次由矿工协会成员和监察员参加的会议，会议持续了 3 天，双方同意对议案条款作一些改动。矿工认为：童工每天工作时间应限制在 8 小时而不是 12 小时。在雇佣前所有 12 岁的童工都应获得读写合格证。每个煤矿管理者应具备资格证。任命煤矿副监察员，煤矿检查的频率应该是 3 个月一次。③ 但 5 月 19 日议案被迫撤回，国务大臣并不指望此次会议能通过一个满意的方案，因而推迟立法。与此同时，煤矿事故并没有减少，许多致命爆炸发生，矿工建议增加监察从而迫使煤矿主改善煤矿管理。监察员报告也不时提及煤矿监察需要改进。

（二）1872 年煤矿管理法规

1870 年煤矿监察员的报告显示事故死亡人数减少，与头一年相比减少了 125 人。④ 1871 年全国煤矿死亡人数是 1 075 人，比上一年多了 84 人。⑤ 1872 年 2 月 12 日议会召开煤矿立法会议。国务大臣在下议院提出了一项议案，议案内容包括：童工年龄限制为 10 岁，每天工作时间不超过 10 小时，10—13 岁童工上学时间限制为两周 2 小时。⑥ 每个煤矿必须登记并处于管理者的控制下，管理者须取得资格证。煤矿监察员对煤矿的日常检查和矿工对煤矿工作面的临时检查并行。1872 年

---

① Arnot, R. Page, *The Miners: Years of Struggle: A History of the Miners' Federation of Great Britain*, London: George Allen & Unwin, 1953, p.44.
② Sir Andrew Bryan, *The Evolution of Health and Safety in Mines*, London: Ashire Publishing Ltd., 1975, p.83.
③ R. Nelson Boyd, *Coal Mines Inspection: Its History and Results*, London: W. H. Allen & Co., 1879, p.172.
④ R. Nelson Boyd, *Coal Mines Inspection: Its History and Results*, London: W. H. Allen & Co., 1879, p.175.
⑤ Arnot, R. Page, *The Miners: Years of Struggle: A History of the Miners' Federation of Great Britain*, London: George Allen & Unwin, 1953, p.45.
⑥ Sir Andrew Bryan, *The Evolution of Health and Safety in Mines*, London: Ashire Publishing Ltd., 1975, p.86.

2月12日议案在议会一读，3月4日议案二读。① 为协调各方意见，3月在埃尔科的主持下各方代表会议召开，开采协会成员代表煤矿主出席，矿工组成代表团参会，还有2名政府监察员出席。代表们逐条讨论议案，对议案进行了全面的修订。议案在3月11日被重新审读，8月10日得到了皇家的首肯，这就是著名的1872年煤矿法规。

1872年煤矿法规确立了许多重要的原则。在关于废矿平面图的规定中，要求平面图线条之间至少是1英寸。法规第一次规定，3个月内的废矿图纸交给国务大臣保存，建立了针对煤矿管理者的检查制度。在每一个大型煤矿，管理者必须有从业资格证②，经调查不合格者将取消资格证。矿工有权要求监察员检查矿井，监察员必须对煤矿进行正规检查，特别是新开矿井的检查。法规还规定童工一天工作的最高时限是10个小时。法规对雇佣人员的职责做了某些规定。通用原则现在已经增加到了31条③，原则更加细化和全面，反映了政府和企业对于改进煤矿安全的迫切需求。法规新条款涉及：瓦斯煤矿中爆破炸药；提升机的正常看护；强制使用安全灯，未授权人员禁止携带安全灯；在可能有爆炸性气体的工作面，禁止携带可能导致火花的设备；等等④。

1873年没有任何重大煤矿事故发生，当年监察员报告涉及的主要问题是新法规执行中面临的困难。关于管理者的从业资格证，沃德尔（Waddell）认为：这一条款保证了管理者能够读写，但这样的情况并没有长期维持。1874年4月14日都肯菲尔德（Duckinfield）附近的阿斯特利深煤矿发生爆炸，54人丧生。事故调查揭露了制度的松弛、管理的无序和管理人员的频繁替换。陪审团遣责了煤矿管理，认为监察不足。这个结论在下议院引起了讨论，西德博特姆（Sidebottem）要

---

① R. Nelson Boyd, *Coal Mines Inspection: Its History and Results*, London: W. H. Allen & Co., 1879, p.183.
② John Sinclair, *Coal Mining Law*, London: Sir Isaac Pitman & Sons Ltd., 1958, p.85.
③ John Sinclair, *Coal Mining Law*, London: Sir Isaac Pitman & Sons Ltd., 1958, p.86.
④ Sir Andrew Bryan, *The Evolution of Health and Safety in Mines*, London: Ashire Publishing Ltd., 1975, p.67.

求成立一个皇家委员会来调查是否需要建立更完善的煤矿监察。但这个请求被拒绝，内政大臣许诺会关注这个问题。

监察员起诉矿主违反规定，一些案例揭露了管理者对煤矿安全的忽视甚至无视。有关炸药规定的条款经常被规避。炸药使用的重要性在 1875 年煤矿爆炸中得到了证明。1875 年 3 月 30 日邦克山（Bunker-hill）煤矿爆炸，导致 43 人死亡，这次爆炸是由炸药点燃引起的。邦克山煤矿爆炸引发了一系列调查，下议院讨论了煤矿炸药的使用，建议通过一项议案来禁止某些煤矿使用炸药。监察员也提及了这个话题，但彼此间意见分歧很大，没能统一认识并采取行动。1875 年年底又有两起严重事故发生，12 月巴恩斯利附近的斯维萨（Swaithe）主矿发生爆炸，导致 143 人死亡。另一起是在新港附近的新特雷德加煤矿爆炸，23 人死亡。① 调查发现煤矿内炸药过多，矿工可以随意带松散的火药进入煤矿。新特雷德加煤矿事故是由大量可燃气体引起的，气体在有缺陷的隔板间积聚，最终在有缺陷的安全灯中点燃。

四、19 世纪晚期煤矿事故治理的延伸

英国政府对煤矿事故大力治理以后，煤矿事故发生率和死亡率已经得到了明显的改观，但并不代表煤矿事故得到了根本的好转。前期煤矿事故的治理主要着眼于煤矿爆炸，其他种类的事故并没有引起重视，煤矿事故仍然令人担忧。面临新的困难，英国政府在煤矿事故治理的道路上继续踏步前行。

（一）1887 年煤矿法规

1877 年，苏格兰布兰太尔煤矿发生了一起严重爆炸，207 人死亡。煤矿工作面几乎没有任何安全措施。人们提出各种理由来解释灾难：煤矿是新开的，由于快速运行而很少排出气体，坏的和新的掘进面同时开采，安全灯或明火混用……尽管消防员没有报告或登记气体的存

---

① R. Nelson Boyd, *Coal Mines Inspection: Its History and Results*, London: W. H. Allen & Co., 1879, p.228.

在，但肯定是存在一些气体导致了煤矿事故的发生。这起事故进一步强调了对安全灯和明火混合工作面的谴责。

1878 年年初各地煤矿接连发生爆炸，人们被连续不断的矿难震惊。3 月 9 日煤矿事故不少于 4 起：克斯利（Kersley）煤矿死亡 43 人，Borwood 煤矿死亡 16 人，布鲁克（Unitybrook）煤矿死亡 35 人，切斯特顿煤矿 30 人丧生。短短一个月就因气体爆炸死亡 124 人。① 下议院就此再次提出煤矿安全话题，敦促政府就瓦斯矿火药的使用采取措施。要么提出议案禁止煤矿使用炸药，要么制定更严厉的法规。内政大臣反对修改议会法规，他认为法规运行良好。从统计数据来看，自煤矿监察制度实行以来，煤矿事故死亡人数逐渐下降。但是煤矿爆炸不断发生，特别是黑多克（Haydock）煤矿事故导致 195 人丧生，促使麦克唐纳在下议院提出一项议案，政府应该采取措施来加强 1872 年煤矿法规的实施，以期促进煤矿事故的下降。但议会讨论最终以该议案的撤出宣告结束。这个话题并没有终止，在会议结束前，麦克唐纳再次在下议院提及黑多克煤矿爆炸，这个不幸的煤矿已经有多起灾难了。1868 年因爆炸 26 人死亡，1869 年 59 人死亡，1878 年 6 月 7 日 195 人死亡。② 最近一次的煤矿爆炸调查表明：气体在废矿中积聚，煤矿需要通风。麦克唐纳也指出了巴恩斯利煤矿爆炸导致 143 人死亡，调查发现通则和特别规则被忽视。在布兰太尔煤矿中，209 人死亡，规则也被忽视，然而并没有相应的法规措施惩罚管理者。

灾难性的煤矿爆炸继续发生，连同其他原因导致的死亡事故高发，再一次引起了矿工、公众和议员的抗议。迫于公众压力，1879 年政府任命了一个皇家委员会来调查"空气压力的波动对煤矿瓦斯的影响；采用可靠的瓦斯指示器对煤矿空气进行系统检测；改进通风和照明的

---

① R. Nelson Boyd, *Coal Mines Inspection: Its History and Results*, London: W. H. Allen & Co., 1879, p.220.

② Sir Andrew Bryan, *The Evolution of Health and Safety in Mines*, London: Ashire Publishing Ltd., 1975, p.83.

方法；开采煤炭时炸药的使用；其他和煤矿开采有关的事项"。① 频繁的爆炸导致1886年通过了一个议会修正案，规定国务大臣有权对煤矿事故进行政府调查，任命的监察员也有权进行这类调查。皇家委员会于1881年提交了一份初步调查报告，1886年递交了最终调查报告。皇家委员会调查报告数据是基于1875—1885年国家煤矿监察员的年度报告总结而来的。报告显示这些年煤矿事故的总死亡人数为12 315人，其中瓦斯爆炸有1 903人，冒顶有5 021人，其他原因导致的大约4 391人。它们分别占到了总数的23.57%、40.77%、35.66%。然而，在一些年份中爆炸引起的死亡人数多，死亡率波动很大。尽管11年来平均死亡率为23.57%，但在1878年却高达41.6%，而1884年则低至6.9%。② 另一方面冒顶死亡（比爆炸死亡人数多）人数总体上波动很小。

1879年皇家委员会的调查报告促进了1887年煤矿法规的通过。1887年煤矿法规是对1872年法规和1886年修正法案不足的补充。③ 它完善了1872年法规的许多条款，详细规定了各类突发情况的应对措施。鉴于科学技术的发展、开采实践和管理经验的改善，1887年法规主要是完善已经建立的煤矿法规和监察原则。皇家委员会大量的实地调查为法规中一些重要条款的改变和补充提供了翔实的依据。委员会最详细的调查是比较了各类安全灯的性能。在皇家委员会的建议下，法规并没有规定煤矿使用限定的安全灯，而是要求只要是能防止气流的安全灯就可以使用。在1887年煤矿法中，规定了炸药的规范使用，煤矿童工的最低雇佣年龄提高到了12岁，通风人员的年龄提高到了22岁。法规同样规定了煤矿副管理员的二级资格证，要求煤矿管理者必须有5年的实践经验。法规加大了对煤矿工作平面图特别是废矿的管

---

① Report of Royal Commission "Accidents in Mines and Means for Their Prevention", London: H.M.S.O., 1881.

② Sir Andrew Bryan, *The Evolution of Health and Safety in Mines*, London: Ashire Publishing Ltd., 1975, p.69.

③ John Sinclair, *Coal Mining Law*, London: Sir Isaac Pitman & Sons Ltd., 1958, p.87.

理力度。①

（二）煤矿法规的充实与扩展

悲剧性的煤矿爆炸频繁发生，这些灾难并不能完全用瓦斯爆炸来解释，矿难调查中煤尘爆炸的因素开始引起专业人员的关注。早在1844年，法拉第就注意到了煤尘扩大了爆炸的范围。盖洛维（Gallaway）首先认识到煤尘在加剧爆炸方面发挥着重要作用，这一认识与当时瓦斯爆炸的主因理论是相冲突的。直到19世纪末期煤尘易爆性才得以确定。1891年政府任命皇家委员会调查煤矿中煤尘引起的爆炸，同年公布了第一份报告，1894年又公布了第二份报告。② 在这些报告内容的基础上，议会通过了1896年煤矿法。法规对预防爆炸、加强国务大臣对煤矿干预权力等事项做了规定。法规条款规定了国务大臣干预煤矿事务的新内容，包括：煤矿安全灯的使用和管理、炸药的使用、煤矿工作面工作人数、煤矿抽水、防护措施等。③ 法规的第六部分授权国务大臣禁止任何煤矿使用特殊炸药。在这一法规指导下，1896年第一次制定了煤矿中炸药使用的规定，要求所有煤矿只能使用政府清单中列举的炸药。1897年在沃尔维奇·阿森维斯（Woolwich Arsenwis）建立了炸药测试站，经过官方检测的炸药种类才能列入政府采购名单。④

1900年议会再次颁布新的煤矿法规，规定煤矿中雇佣童工的最低年龄是13岁。1902年议会设立了一个专门委员会调查煤矿中电力设备的使用及其可能带来的危险。专门委员会制定了煤矿中电力设备使用的第一个特别法准则，1905年特别法准则在所有煤矿实行。1903年议会又通过了一项议案，规定煤矿相关管理人员必须接受专业技术教育和定期培训。然而随着此时煤矿中电力设备的广泛使用，电力设备引

---

① 苏格兰采矿博物馆，http：//www.Scottishminingmuseum.com/friends/page21.html，2007 - 5 - 12 /2010 - 6 - 15.

② Report of Royal Commission "Explosions from Coal Dust in Mines", London：H. M. S. O., First Report（Cmd 6543），1891.

③ James Taylor, *British Coal Mining Explosives*, London：George Newness Limited, 1958, p.46.

④ James Taylor, *British Coal Mining Explosives*, London：George Newness Limited, 1958, p.46.

发的事故和故障增加,政府又成立了另一个专门委员会来调研1905年法规的执行情况,1906年该委员会制定了一个较为全面的煤矿法规。1906年煤矿安全法规注意事项范围进一步扩大,要求煤矿一旦发生事故,矿工必须通报给区监察员;确定煤矿危险注意事项,如来自旧工作面的透水事故;要求公布是否有人受伤或者丧生。

19世纪中后期英国政府针对煤矿安全多次采取立法和监察措施,尽管煤矿事故还是不断发生,但煤矿事故死亡率的下降还是显著的。事故和死亡记录表明,尽管煤炭产量从1850年的5 000万吨上升到1875年的130 000 000吨,矿工人数翻倍,煤矿深度极大扩展,然而死亡人数却没有增加,煤矿死亡率明显下降。英国政府对煤矿事故的立法和监察,体现了英国政府对煤矿政策已经由无为而治转为政府的积极干预。英国政府对待煤矿事故态度之所以发生如此大的转变,主要是基于以下几方面原因。

首先,随着工业革命的完成,采煤业成为英国工业部门的支柱行业。1850年英国的煤产量占全世界煤产量的2/3,丰富的煤炭资源为英国工业发展提供了源源不断的血液。在以煤炭作为蒸汽动力的19世纪中后期,煤炭在助推英国成为世界工业强国的道路上功不可没,所以采煤业的正常运行至关重要。煤矿事故的频繁发生给煤矿工人带来巨大的灾难,同时也给国家带来极大的经济损失,造成更大的社会负面影响,间接损失无法估量,有些事件已经影响到社会安定与政治稳定。因此,此时的煤矿安全已成为安全生产的重中之重,成为各项生产活动的重要前提。

其次,工人运动风起云涌,煤矿工人把煤矿安全作为一种寻求更好工作环境的途径。1832年和1867年两次英国议会改革,工人阶级获得选举权,政府必然要考虑他们的利益,否则在选举中将失去矿工的选票。19世纪中后期英国工人阶级争取经济、政治权利的斗争接连不断,煤矿工人利用工会组织,联合各地的矿工兄弟,有策略地跟政府和煤矿主展开各种形式的斗争,得到了英国各阶层民众的声援,迫使政府积极采取行动干预煤矿安全。

第三，自19世纪中期开始，恶劣的煤矿工作环境是英国工业革命以来所面临的严峻问题。但是，私人机构、社会组织以及地方政府都不能独立地、有效地解决煤矿安全问题，这些都需要国家的指导和监督。工业社会的到来要求国家承担起一定的公共责任，公共事务的管理不能仅仅依靠个人或者社会组织的力量。煤矿事故频繁发生，直接影响了政府的形象和决策，这种"自由放任"的思想逐渐改变。英国政府也开始努力整治煤矿事故，逐渐加强了对煤矿安全的立法监察。立法是国家解决煤矿安全的重要措施，完善的立法可以促进采煤业的健康发展。煤矿安全立法就是国家积极干预煤矿生产的表现，并且贯穿于19世纪中后期。

19世纪中后期英国政府对煤矿安全的立法和监察发展进程表明，英国政府在19世纪治理煤矿事故的态度发生了很大的转变，这在更深层次上反映了英国政府执政观念和行政职能的转变，从早期的自由放任转变为此时的适度干预。英国政府对煤矿事故的治理进程是曲折而艰难的，政府干预手段日益多样化，通过议会立法、社会调查等手段积极进行干预，使煤矿事故治理逐步步入正轨，极大地改善了英国煤矿工人的工作环境。在此过程中，英国政府也完成了自身角色的转换，由消极被动逐渐转变为积极主动地参与煤矿事故的治理。从19世纪中后期英国政府对煤矿事故的治理，我们可以看出：在工业化进程中，各种负面问题的出现是必然的，关键在于政府的态度和寻求解决的方法。英国政府对煤矿事故的治理因受时代发展水平与社会观念的约束，经历了一个漫长的转变过程。政府针对煤矿事故颁布了各类煤矿安全的法律法规，开始深入细致地分析煤矿事故频繁发生的原因，解决所带来的问题，不仅缓和了煤矿工人、矿主和政府三者间的矛盾，也凸显了政府担当社会公共事务的责任。但我们必须明白，煤矿事故问题的解决并非是一朝一夕所能完成的，它是一个循序渐进和持之以恒的过程，不可能一劳永逸。

第三节　20世纪英国政府对煤矿事故的综合治理

虽然英国政府不断地加强煤矿安全的标准，但煤矿事故还是时有发生。英国政府在经过20世纪上半期的技术性治理、20世纪后半期全面完善后，煤矿事故基本上得到了有效根治。从煤矿立法、监察、行政机构的设置来看，煤矿事故已经从以治理为主逐渐转为以预防为主，英国在采煤业已经探索出一套行之有效的煤矿事故防治体系，煤矿事故得到了明显的遏制。

一、20世纪早期治理的循序渐进

针对煤矿事故频发和死亡率居高不下的现状，英国政府利用立法和监察加强了对煤矿生产的干预，使得煤矿安全取得了明显的好转。1890年煤矿中每雇佣10万人死亡人数是206，1910年逐步下降为191.7，到1913年继续下降到173.6。[①] 国家立法和监察已经成为防治煤矿安全的两大手段，煤矿事故的防治机制开始逐步建立。

20世纪上半期是个动荡的年代，英国政府对煤矿事故的治理也只能是缝缝补补。这期间国务大臣可不过经议会单独立法，也就是英国历史上的"授权立法"时期。随着工业社会的不断发展，要求政府处理的问题不断增加，而且许多问题的解决需专业知识的支撑。为了摆脱困境，议会便常把立法权委任给行政部门。授权立法的出现有着多方面原因，主要是立法机关在现代社会面临的任务增加，而且在专门的政府管理领域中，有些立法活动要求立法者对存在于该特殊领域中的组织问题和技术问题完全熟悉，因此由一些专家来处理这些问题就比议会处理要恰当得多。[②]

[①] Arnot, R. Page, *The Miners: Years of Struggle: A History of the Miners' Federation of Great Britain*, London: George Allen & Unwin, 1953, p.23.

[②] 王名扬：《英国行政法》，中国政法大学出版社1987年版，第100页。

(一) 皇家委员会对煤矿的调查

虽然煤矿安全形势好转，但对煤矿安全法规的批评和讨论还在继续。1906 年议会任命了一个皇家委员会专门调查煤矿安全，该委员会从 1906 年一直存续到 1911 年。皇家委员会又下设了两个小组委员会，一个负责调查煤矿通风情况，另一个负责调查引发各种煤矿事故的原因。1909 年委员会关于"煤矿通风和安全灯""冒顶、井下运输和竖井引发事故"的调查报告公布。1911 年 2 月委员会提交了最终调查报告，报告包含了煤矿通风的处理建议。[①] 在煤矿安全调查中，皇家委员会特别注意煤矿中煤尘爆炸威胁、爆炸后相关的救援工作、自备呼吸机（包括压缩氧和液态气体形式）等的使用情况。1907 年皇家委员会递交了关于救援和呼吸机的报告，这份报告内容最终在 1910 年煤矿事故救援法得以体现。法规规定了救护队的组建和训练、救护设备的维护、煤矿首批救援人员的训练。1910 年议会又任命了一个专门委员会来调查煤矿事故后期救援工作的组织情况。1911 年专门委员会向议会做了汇报，委员会的建议被纳入了 1912 年法规中。1912 年法规要求所有煤矿：组织和保持一个或多个救援队；煤矿中配备轻便型呼吸机，或者可以从中心救援站获得设备；除非煤矿雇员少于 100 人，否则各煤矿必须持有安全灯和其他救援设备。[②] 中心救援站的设备也做了特殊规定：机动车随时处于备战状态，救援站必须备有急救箱。

关于煤矿巷道中煤尘引起的爆炸，1906 年皇家委员会认为：煤矿瓦斯的点燃能够引发煤矿大爆炸，因为气体爆炸导致空气中弥漫煤尘，煤尘再次引爆引发连环爆炸，从而扩大了爆炸的辐射范围。尘土或者水和煤尘的混合能阻止煤尘点燃。1920 年 7 月 30 日经各方协商后，国务大臣制定了普通规则：有序地把石粉或水放入煤矿巷道；消除巷道中的煤尘，要求巷道上的煤尘必须经常清理。1924 年制定的法规进一

---

① Report of Royal Commission "Safety and Health in Mines", London: H. M. S. O., 1907.
② 1911 年煤矿法, http://www.healeyhero.co.uk/rescue/rescue_hist/mines_act.htm, 2010 – 3 – 15/2011 – 4 – 26.

步强化了石粉使用的规定。此外,皇家委员会认识到:在煤尘或瓦斯煤矿中,必须对物品安全或者特许炸药做出规定,任何可能被点燃的物品必须远离有害气体;在煤尘被引燃前,必须采取措施防止巷道煤尘的积聚,这样可以降低煤尘点燃或煤矿爆炸的可能性。

1907年4月30日皇家委员会发布的调查报告认为:煤矿事故发生后政府必须周密部署和详细调查,这种调查必须立即开展。委员会在关注煤尘危险的同时,也希望能够找出有效的解决方法。委员会成员Gafors(加福斯)在对煤矿爆炸理论研究的基础上认为有必要进行大范围的实验研究。在英国开采协会的帮助下,很快开始了露天研究。在加福斯的指导下,在约克郡Altofts(阿尔托夫斯)煤矿进行了实验,这是早期英国第一个关于煤矿安全的工业研究。皇家委员会和政府都认识到了建立煤矿爆炸委员会来指导研究的重要性。委员会建议成立一个永久性调查机构,专门从事涉及爆炸的大规模实验研究。1910年Altofts研究所和设备都移交给了内政部,研究所被安排在坎伯兰郡沿海的Eskmeals(伊斯科米尔)附近继续从事研究,由惠勒(Wheeler)负责这项工作。1912年到1915年之间,委员会发布了7份报告,建议将石粉洒入煤矿巷道从而削弱煤尘引燃的可能性。该委员会的主要成果在1911年煤矿法条款中得到了体现。

(二)1911年煤矿法规

1911年颁布的煤矿法规是一个扩展版的法规,包含了1909年和1911年皇家委员会报告的最新成果,原有法规的条款被全面修订,大量过失的条款细节被修正。1911年煤矿法规含127部分,其中第二部分关于煤矿通风、安全灯、交通和运输巷道、支柱、机械、炸药、煤尘、工人疏散的安全。第四部分涉及事故,包括通知、审问、调查、援救和救护。第五部分涉及一般和特殊规则的制定。第七部分涉及监察员的任命、权力和职责。[1]

1911年煤矿法规中相当一部分法定规定并不内含在法规本身,而

---

[1] Daniel Burns, *The Elements of Coal Mining*, London: Edward Arnold, 1917, p.90-105.

是下设在法规的具体命令和通则中。这意味着法规的修订可以更好地适应新情况和新变化,特别是技术和安全方面的条款。在所有的重要改变中,1911年煤矿法规扩大了相关人员的检查职责,要求一线人员必须当好检查员和消防员。对工作地点和换班期间巷道检查的次数也有详细规定,规定了空气纯度的标准从而满足煤矿足够的通风。要求煤矿必须有足量的支柱,对煤尘引发的爆炸要加大防护力度。当使用机械设备对硅质岩进行钻孔时,要求采取措施来防止煤尘弥漫于空气中。同时规定了煤矿新工作面和平面图的比例范围,必须达到40英寸到1英里。在特定环境下,一些煤矿主须提供浴池。① 1911年煤矿法最重要的变化在于:法规授权国务大臣不仅可以修改煤矿安全的任何条款,而且可以制订一般法规来指导"煤矿管理人员或者雇佣人员、预防煤矿事故、矿工安全和健康、煤矿马匹的使用"。② 1911年煤矿法给予国务大臣的权力超过了1887年煤矿法中的规定。国务大臣有权变更和修正法规的任何部分,把法规和技术进步紧密联系在一起,使得法规的要求可以和不断变化的环境相适应。

虽然政府制定了新的煤矿法规来保障矿工安全,但当年仍有1818人丧生。其中,瓦斯和煤尘爆炸死亡501人,658人死于冒顶,286人死于运输事故,每类事故都比最近年度的死亡人数多。特别是1910年有两起重大煤矿事故,兰开夏郡赫尔顿(Hulton)煤矿煤尘爆炸,344人死亡;坎伯兰郡怀特黑文煤矿瓦斯爆炸,136人死亡。③

(三)调查委员会对煤矿安全的调查研究

20世纪早期政府开始对煤矿开采中自燃危害进行研究。1912年7月9日,约克郡凯德比煤矿两次爆炸导致88人丧生,都是因煤矿自燃而引发的。1913年1月国务大臣任命了一个专门委员会专题研究煤矿自燃问题,委员会于1914年公布了第一份调查报告,之后的研究被第

---

① http://www.Scottishminingmuseum.com/friends/page25.html, 2010-5-2/2011-3-23.
② John Sinclair, *Coal Mining Law*, London: Sir Isaac Pitman & Sons Ltd., 1958, p.89.
③ Arnot, R. Page, *The Miners: Years of Struggle: A History of the Miners' Federation of Great Britain*, London: George Allen & Unwin, 1953, p.29.

一次世界大战的爆发打断，最终的报告直到1921年才公布。[①] 内容涉及对煤矿自燃的科学解释、治理的有效措施以及如何预防类似事故的发生。委员会建议在1920年一般法规规定的第二部分中得到体现。

值得提及的是建立于1919年的矿工安全灯委员会。该委员会主要调查矿工安全灯和照明的改进办法，1921年调查范围扩大到安全灯的结构。随着矿工们普遍使用电力安全灯，而电力安全灯却不能感应有害气体的存在。1920—1924年间该委员会呈递了11份报告，每一份报告都涉及安全灯的某一方面。[②] 此外，委员会还研究了与安全灯设计和照明细节有关的重要课题，大部分研究是为了测试各种类型安全灯的性能。1924年委员会完成既定任务后就停止工作，此后安全灯的研究由矿山安全研究院和安全灯制造商负责。

第一次世界大战结束后，政府出台了1920年采煤法，法规规定采矿业的主管部门由内政部转为贸易部负责。贸易部受政务次官领导，也就是矿山大臣负责。内政部的矿山监察员和一些成员也同时移入贸易部。法规规定，与矿产利用和开采、矿工安全相关的权力也相应转交给贸易部的矿山局。从此，贸易部不仅负责采煤业的生产，而且负责矿工的安全。此外，该法规授权矿山大臣任命咨询委员会，专门负责对法规中权利与责任的建议和相关的指导工作。为了便于指导研究和资金分配，1921年矿山大臣设置了矿山安全研究委员会，大部分基金被用来建设研究实验室，涉及矿工健康的事宜由委员会资助的医疗研究委员会负责。安全研究委员会研究基地设在谢菲尔德，每年投入的研究经费大约为6万英镑，具体负责研究煤尘、瓦斯爆炸、煤矿自燃现象、煤矿照明和炸药。

20世纪20年代早期因煤矿旧工作面积水涌入再次引发瑞丁煤矿透水事故，1924年政府任命专门委员会调查煤矿因水或液体的积聚引发

---

① Reports of Committee on Spontaneous Combustion of Coal in Mines, London: H. M. S. O., First Report (Cmd. 7218), 1914.

② Report of Committee on Miners' Lamps, Memoranda Noes. 1 to 11. London Issued Between 1919 and 1924.

的危险及应对措施。1924年年底委员会提交了一份报告,强调矿山保存废旧煤矿平面图的重要性。1927年7月委员会递交最终调查报告,报告建议:"第一,改善废弃煤矿平面图的保存方式;第二,改进煤矿工作面和废矿平面图;第三,公开煤矿平面图信息;第四,加强1911年煤矿法第68条的防护措施,检查煤矿废弃工作面的积水和可疑积聚物。"① 然而,在专门委员会呈递最终报告前,矿山大臣在积水危险委员会的支持下已经采取了专门委员会的许多建议。1925年矿山大臣制定了全国废弃煤矿平面图计划,以便在接近危险区域时采取必要的防护措施。1928—1931年出版了5卷本的废弃煤矿平面图新目录。专门委员会认真考虑了加强1911年煤矿法第68条的可能性,考虑到各地区条件不同、产生的危险也各异,因而不可能制定一套规则来详细规定。

直到20世纪30年代中期,随着采煤的机械化和工作面的集中,采煤技术已经发生了很多革新,但煤矿并没有紧跟形势的发展。鉴于此,1935年政府任命了一个皇家委员会负责调查"现行煤矿法通则的执行情况、矿工安全的有效改善、煤矿行政管理安排、采煤方式等"。② 到1938年年底,皇家委员会认为应对现存法规进行修订和完善。例如,加强煤矿内部管理,制订煤矿工作环境的新标准,技术细节的修改应由通则或者具体命令负责,通则或命令应随着技术和实际情况的变动实时更新。③ 增加行政和专业技术人员,特别是机械工程师监察员。委员会建议应缩小监察区,监察员人数增加到24人,每名监察员负责一个区域,辅之以数量合适的办公助理和副监察员。区监察员应全权负责整个区域,由一个富有经验的高级监察员负责统管、指导、协调和监管各地区监察员。④

---

① Report of Departmental Committee on Water Danger, London: H. M. S. O., Final Report, 1924.

② Sir Andrew Bryan, *The Evolution of Health and Safety in Mines*, London: Ashire Publishing Ltd., 1975, p.83.

③ Report of Royal Commission"Safety in Coal Mines", London: H. M. S. O. (Cmd. 5890), 1938.

④ John Sinclair, *Coal Mining Law*, London: Sir Isaac Pitman & Sons Ltd., 1958, p.102.

第二次世界大战的爆发中断了政府起草新法案的打算。随着战争的结束，通过制订煤矿通则来完善一些重要的修正案。1947年皇家委员会的大多数建议（3个主要方面：照明、通风和支柱）事实上都付诸实施。1945年煤矿训练通则取代了1944年和1945年煤矿开采（训练和医疗检查）法的训练规定，践行了福斯特委员会的训练建议。这些通则建立了重要的煤矿原则：除非矿工有工作经验或经过培训合格，否则不能上岗工作。尽管这一时期在煤矿安全立法方面做了许多工作，国务大臣就煤矿安全具体细则颁布了一系列法规，但法规的有些细节却不为执行者认可。显然，政府关于煤矿安全的立法也执行多年，有必要对煤矿安全法规进行一次全面的梳理和审查。

（四）政府监察的加强

矿山安全法规的增加，很大程度上也扩大了国家监察员的职责范围。随着时间的推移，监察员数量不断增加。到1875年，全国分为12个主要采煤区，每一个采煤区由一名区监察员负责、一名副监察员协助。此外，还有两个铁矿开采区，每一个开采区由一名地区监察员负责，因此总共有26名监察员①。1887年煤矿法规的通过，进一步增加了监察员的责任，要求任命更多的监察员。然而就在此时，英国铁矿开采出现重大衰退，1891年一个铁矿开采区被一个采煤区兼并，1901年另一个铁矿区也取消了，因而煤矿监察区又恢复到了12个。1894年采石场法通过，采石场的监察超出矿山监察范围，再次提出增加人员的要求。到1906年政府任命皇家委员会调查煤矿安全，监察员人数已达38人，12个地区监察员和26个副监察员②，其中仅有3名人员负责监察铁矿和采石场。到20世纪初，任命的政府监察员不断增加，涉及范围不仅包括矿山和采石场，还涉及学校、工业和其他产业活动。

1906—1911年皇家委员会的调查推动了监察的完善。矿区监察重

---

① Sir Andrew Bryan, *The Evolution of Health and Safety in Mines*, London: Ashire Publishing Ltd., 1975, p.76.

② John Sinclair, *Coal Mining Law*, London: Sir Isaac Pitman & Sons Ltd., 1958, p.103.

新按照地理位置划分为六大区域,人员分为地区、初级和高级监察员3类。此外,政府还设立了另两类监察员:矿山副监察员负责巷道和工作面的监察,特殊监察员检查矿山马匹的使用。1914年监察总部又增设了一名副总监察员。随着监察的完善,监察机构的人数已达92人。监察总部包括一名总监察员、一名副总监察员、一名电力监察员,在地区包括6名分区监察员、13名高级和32名初级监察员、22名矿山副监察员、8名采石场副监察员和8名矿山马匹监察员,[①] 不过采石场和马匹监察员直到1917年才任命。然而,随后的经验表明,负责大分区的监察员大部分时间都在办公室工作,很少接触煤矿管理,很难获取分区矿山和采石场的第一手资料。

由于监察人数的增加和新矿山的开采,1924年监察分区的数量增加,从6个扩大到8个。约克郡和北米德兰分区划分成为约克郡分区和北米德兰分区,南威尔士分区划分为加的夫、新港分区和斯旺西分区。[②] 监察总部人员不仅人数增加,职级类别也陆续增多。1927年第一次任命了矿山医疗监察员S. W. 费西尔(Fisher),1930年任命了1名副电气监察员和特别职责(预防煤尘)监察员,1935年又任命了二级副总监察员。同时,增加了各煤矿分区的监察员人数,1924年任命了10个副监察员(9个煤矿的和一个采石场的),1930年任命了3名初级电气监察员。1938年任命了15名初级矿山监察员,还增设了1名铁矿和采石场的初级监察员,到1938年年底监察员人数达到了127名。[③]

1935—1938年调查矿山安全的皇家委员会再次检查了矿山监察的结构和运作机制,建议矿山监察部应进一步重组和加强。同时增设监察总部人员特别是主要监察员。为了克服大分区的弊端,委员会建议:每个监察区的监察员人数应增至24人,每一个监察区由一名区监察员

---

① Sir Andrew Bryan, *The Evolution of Health and Safety in Mines*, London:Ashire Publishing Ltd., 1975, p.78.

② Sir Andrew Bryan, *The Evolution of Health and Safety in Mines*, London:Ashire Publishing Ltd., 1975, p.78.

③ John Sinclair, *Coal Mining Law*, London:Sir Isaac Pitman & Sons Ltd., 1958, p.93.

负责监察,配备办公室、足够的办事员和数目合适的副监察员。同时,专家的调查研究应与区煤矿监察员协调配合。区监察员应服从大区监察员的指导和管理。每一大区监察员应与区监察员商议,组织监察的普通项目和特殊调查,共同完成大区的年度报告。

然而,第二次世界大战的爆发中断了这些建议的执行。二战后政府按照皇家委员会建议采取了相应的措施。成立了23个小监察区,每一监察区由一名区监察员负责,配备办公场所和工作人员。监察大区分为6个区域,每一个监察区有1名区监察员负责特殊职责,主要从事顶板支护、煤尘防治、矿山人员培训、瓦斯排放等事宜。① 政府还任命了特殊的大区监察员,如1941年特殊职责的监察员,1944年机械工程的监察员,1945年培训的主监察员,1943年副总医疗监察员,1943年特殊职责主监察员的助理。② 专家监察员必要时可与谢菲尔德、巴克斯顿实验室的科学人员合作,也可以与南肯辛顿的帝国理工学院合作,共同调查煤矿开采中遇到的各种问题。

二、国有化后的多方举措

二战后,英国工党政府将所有煤矿收归国有,组建了国家煤炭局,煤矿安全逐渐成为英国政府宏观调控的有机组成部分。在煤矿立法和监察持续的同时,政府进一步全面完善煤矿安全制度,从而促使煤矿安全从根本上得到好转。

(一)煤矿法规的健全

1946年12月英国下院通过了《煤炭工业国有化法》(*Coal Industry Nationalization Act 1946*),该法于1947年1月1日生效。该法规规定将全国煤矿收归国有,组建国家煤炭局。国家煤炭局和安全监察机构都是按专业化的方式运行。矿工安全监察员的培训由工会安全工程师与

---

① Sir Andrew Bryan, *The Evolution of Health and Safety in Mines*, London: Ashire Publishing Ltd., 1975, p.79.
② Sir Andrew Bryan, *The Evolution of Health and Safety in Mines*, London: Ashire Publishing Ltd., 1975, p.79.

国家煤炭局安全处和矿山安全监察机构共同组织①。同时，为了方便管理，政府又把全国煤矿划分为8个地区，并设立了大区和分区等分支机构，成立了区级部门管理各分区。煤矿的实际监管权由分区的总监察员负责，每个煤矿设有一名监察员。② 整个煤炭行业的管理大部分是在"专职制"体系下组织起来的。

《矿山和采石场法案》于1953年12月审读，1954年11月得到皇家许可，1957年1月1日正式生效。1954年《矿山和采石场法案》严格规范了矿山的安全管理事宜，包括矿井通道的设计形式、尺寸、工作面人数、易燃或有毒气体含量限定、安全监察员的设置和职责、煤矿管理者和矿主的安全职责等。③ 同时，法规也规定：管理者有责任预防井下采矿和运输中产生的粉尘；防止井下空气中粉尘对雇员身体的危害；防止井下或地面工作场所任何易燃物质燃烧产生的有害气体和物质；矿主和管理者有责任掌握煤矿的废弃巷道、采空区、含水层、天然洞穴、沙砾层、流沙层等情况，以便紧急状态下能够及时处理；有责任查明各种地表水与井下工作面间的地层厚度；矿井管理人员的责任是预防工作面的积水、瓦斯和煤尘涌出。④ 矿井工作面发现瓦斯涌出，监察员可通报管理者，提出抢险救灾的措施，同时矿井管理人员应当保护井下安全，任何人都不准进入事故地点（救灾人员除外），直到救灾工作结束。

1954年《矿山和采石场法案》实质上是对以前各项法规的一次修正和加强，是有关矿山安全的主要法规，这条法规适用于所有煤矿。总体上，1954年法规制定了采矿的大原则，要求工作的细节必须符合法规条款，并再次明确了煤矿矿主、代理者和管理者的责任。此外，

---

① 董维武：《英国采煤业职业健康与安全立法综述》，载《中国煤炭》2009年第1期。
② 1946年煤矿国有化法，http://www.legislation.gov.uk/ukpga/Geo6/9-10/59/contents，2010-1-12/2011-4-5.
③ 1954年矿山和采石场法，http://www.legislation.gov.uk/ukpga/Eliz2/2-3/70，2010-2-10/2011-3-25.
④ John Sinclair, *Coal Mining Law*, London: Sir Isaac Pitman & Sons Ltd., 1958, p.139.

1954年法规最重要的新条款就是规定了所有煤矿矿主的职责，要求他们制订必要的规则，尽可能采取措施保证煤矿管理都能按照法规要求进行，遵从其他类法规要求，同时授权矿主执行法规的法定责任。①1954年矿山和采石场法规也涉及矿工安全，规定任命矿工监察员，监察员须有至少5年的实践经验，有权获得煤矿信息、参与监察和调查事故。法规的第123款规定了监察员的任命、权力和职责，规定每个煤矿任命一组监察员，所有的人员任命都必须有矿工工会的认可，监察员的人数并没有限制。即使不是煤矿的雇员，也可以成为煤矿的监察员。② 1954年法规明显减少了国务大臣制订次级法规的权力，仅允许国务大臣制订特别规定的一些条款。与此同时，议会有权否决国务大臣制定的任何新法令，严格地限制国务大臣制订新法令和修改法令条款的权力。因此，非常有必要明确某些煤矿管理者的责任。1954年法规的创新之处在于规定了管理者必须制订运输规章来指导装载、煤矿通风和运输设备的运营。

　　议会关于采矿和矿山安全的另一个重要法规，是根据1966年10月21日南威尔士郡艾伯凡村（Aberfan）因废矿物导致的144人丧生的煤矿事故而制定的。事故原因是大约14万立方码的矿物滑落，而矿物本身存放在梅瑟河谷煤矿悬崖边的矿石堆，矿石堆坍塌涌入村庄，摧毁了一所小学。受害者中，有116名儿童（大部分年龄在7到10岁），还有学校的5名老师。③ 灾难发生后，国家煤炭局迅速组织人员调查，调查后人们意识到煤矿管理者缺乏废弃煤矿矿石堆方面的知识，矿石堆的设置没有合理的依据。尽管灾后做了很多预防措施，但仍发现潜在的危险，需要进一步排除。同时，根据1921年法院调查法，国务大

---

① 1954矿山和采石场法，http://www.legislation.gov.uk/ukpga/Eliz2/2-3/70，2010-2-10/2011-3-25。

② 1954年矿山和采石场法，http://www.legislation.gov.uk/ukpga/Geo6/9-10/59/contents，2010-1-12/2011-4-5。

③ Report of "Tribunal on Disaster at Abeifan on October 21st, 1966", London: H. M. S. O. (HL. 316; HC553), 1967.

臣任命了一个特别法庭对此次事故进行了长期、公开的调查。在特别法庭的报告和国家煤炭局调查结果的基础上，议员提出一项法案：要求废料的安全性必须改进。

1968年11月7日该法案在下议院二读，受到当时所有政党的赞同。1969年3月27日得到了皇家的同意，这就是1969年矿山和采石场法规。法规要求矿山、采石场的业主和管理者必须保证和煤矿事务相关的废石场安全。在1969年法规的基础上，1971年又出台了矿山和采石场条例和法则，二者都在1971年10月1日正式生效。按照1969年法规的要求，废石场不仅包括大量的固体垃圾，同样也包括沉淀池中的悬浮废物。[1] 艾伯凡灾难揭露的最令人吃惊的事实是：在采煤业的历史上，在艾伯凡灾难以前，煤矿废物的潜在问题和危险以及由此引发的死伤事件却并不为人所知。

此外，关于矿山安全的法规还有1971年4月8日生效的矿山管理法规。法规内容包含：第一，明确法规的涉及对象；第二，规定安全标准；第三，保存完善的平面图和煤矿日志记录；第四，遵守原则，要求条例能够把握细节；第五，制定的法规条款必须具有可操作性；第六，授予监察员必要的权力。该法规建立在经验和科学研究的基础上，利用大量条款明细确保工作环境的安全性。条款主要分为三大类：第一，常规条款。规定建筑物和设备的安全，物品供应和卫生环境的常态化。例如，通道高度、正规的设计、设备维护的规定。第二，特殊条款。用来预防特殊危害。例如，瓦斯煤矿电力设备的使用；冒顶威胁；工作面出口代替措施；支柱的规定、炸药的使用、竖井和煤矿危险机械的防护；空气中瓦斯的监控，钻孔防治透水；等等。第三，补救性条款。石粉障碍物（预防爆炸）、救援服务、控制危险情况设备的规定[2]。然而，这类措施的实施更多依靠矿山管理者和矿工的努力。

---

[1] 1969年矿山和采石场法规，http://www.opsi.gov.uk/RevisedStatutes/ Acts/ ukpga/ 1969/cukpga_ 19690010_ rn_ 1.

[2] Sir Andrew Bryan, *The Evolution of Health and Safety in Mines*, London: Ashire Publishing Ltd., 1975, p.85

矿山和采石场法规要求负责这些措施的人员，必须有能力实施或监督措施的执行；保存正常的记录；如果矿主、管理者和监察员没能正确履责，将会受到惩罚。法规要求矿工被雇佣前必须接受专业训练，并切实履行自己的职责；如果矿工没能按照管理者制定的条例工作，管理当局可以根据法规的条款对矿工实施刑事制裁。

（二）煤矿监察的改革

直到20世纪60年代监察局的规模才逐渐扩大，而此时煤矿数量却急剧减少。尽管1968年1月1日增设了一名特别职责的大区监察员，但监察员的总数却在减少，到1972年在职的监察员有131人。① 在艾伯凡灾难后，1969年监察局的结构发生重大变革，监察总局任命了4名土木工程监察员负责处理土质力学、煤矿表面的尘土和洗煤问题。国务大臣安排在职的矿山和采石场的所有监察员参加关于废弃场和堰湖的土木工程方面的短期课程，这些课程由7所大学和技术学院开设。

随着采煤业的不断萎缩，监察局被迫重组，监察区的地理界线发生了重大改变，也对监察员的数量、任命发生了重大影响。取消了由区监察员负责的大监察区，把大监察区分为自治监察区，每一个自治监察区由一名区监察员负责。从1969年开始有7个大监察区，到1970年年底就剩下4个，到1972年1月只剩下2个。因而，长期建立起来的矿山和采石场的国家区监察员就取消了，全国再次划分为监察区，每一个监察区由一名区监察员负责。

事实上，政府监察是行政控制中必不可少的一环，它们在国家各种事务中被广泛应用。在采煤业中，这是保证矿工安全法规的最低配置。政府监察员认为是他们在工业中发挥着重要作用。他们检查工作环境，采取措施督促人们遵守法规，对违反者督促整改。矿山监察员不仅把正常的监察职责与矿山管理者、矿工相联系，而且公布了很多年度报告，许多煤矿事故报告都经监察员提交给国务大臣。监察员起

---

① Sir Andrew Bryan, *The Evolution of Health and Safety in Mines*, London: Ashire Publishing Ltd., 1975, p.87.

到了监督和指导的职责,很大程度上是由于招聘的监察员能快速适应这一行业,因为他们的教育、训练、个人能力、实践经验、专业基础合格,使得他们能够保证煤矿监察的质量。矿山监察员的行动涉及的不仅仅是实现他们的职责。例如,他们中的大部分人员都在专业机构(比如开采工程师机构、采石场管理者协会、采石场学会、电气和机械开采工程师协会)① 中发挥了积极作用。通过发表文章、参与会议讨论或者成为协会会员,一些监察员在这些机构中担任着重要角色。此外,在煤矿救援队的比赛中,监察员常常是组织者、裁判或者奖品的颁发者。他们和当地的教育部门、研究机构、技术认证机构、学院的矿业研究人员保持着紧密联系,参与组织和指导新手、新学员的国家训练项目。高级矿山监察员在国家法规制订和监察制度改革方面的成绩是毋庸置疑的,他们在提高矿山安全标准方面扮演着重要的角色。

(三)专业性组织对煤矿安全的促进

除了议会立法和政府监察外,还有其他许多研究机构在预防事故方面发挥着重要作用,同时也助推了矿山和采石场安全标准的提高。1944年9月能源与动力部部长任命了一个关于采煤的技术咨询委员会调查煤矿工作面和煤炭开采技术②。委员会报告于1945年3月公布,报告建议采煤业重组,提出了许多技术性的建议措施。报告促进了煤矿平面图的诞生,带动了大量煤矿专业矿区平面图的发展,诞生了工程作业方面的长期平面图,形成了有关生产细节方面的工作计划。它激励机械化和远程控制,利用生产新技术和机器设备代替人工采掘,从而减少了矿井的雇佣人数。机械化作业使得煤矿开采更安全,进而减少了煤炭开采中潜在的威胁,从而减少了伤亡人数。

简单地说,报告建议的技术措施并不是在现存矿山所有权体制下完成的。大量私有的小煤矿反对国家煤炭资源的有效整合。1946年

---

① Sir Andrew Bryan, *The Evolution of Health and Safety in Mines*, London: Ashire Publishing Ltd., 1975, p.120.

② Report of Technical Advisory Committee on Coal Mining, London: H.M.S.O., 1945.

《煤矿国有化法》设立了国家煤炭局负责煤炭工业的运营。法规要求煤炭局制定政策来保证矿工的安全,同时尽可能地使政策贴近煤矿的实际情况。考虑到煤炭工业安全的重要性,同样也意识到涉及问题的多样性和急迫性,国家煤炭局组建了煤炭国有咨询委员会。委员会的工作主要是从事故发生或者安全建议方面调查煤矿具体安全问题。1961年以来,这些工作组已经提交了许多重要报告,报告内容包括:煤矿爆炸;运输巷道中煤尘防护;煤层中的瓦斯爆炸;运输巷道上的石灰粉障碍。这些报告被国家煤炭局发布和出版。煤炭业国有咨询委员会在煤矿行业安全中发挥着重要作用。

国家煤炭局还设立了科学部,并建有中央和地方实验室,同时也建立了工程研究和发展的中央工程局。这些机构都从事安全问题研究,并且和内阁的矿山研究所保持密切联系。这些机构的活动无疑加强了许多研究员、设计师和煤炭领域人员的紧密联系,从而使得对煤炭工业的具体问题有更深入研究,缩短了研究成果应用于实践的时间,更好地促进了煤矿开采和安全生产,还有其他一些研究机构的活动也致力于矿山安全工作。这些专业研究机构的一些社会活动,都和煤炭工业相关,例如开采工程师协会、开采协会、电气和机械工程师协会。这些机构的议会论文内容常提到提高矿山和采石场安全标准,而且论文被多次讨论并出版发行。和煤矿安全联系紧密的还有专题讨论会,这些会议多次召开,由一个或多个专业机构组织来讨论安全问题的不同方面。

(四)职业安全法规的建立

1970年5月29日就业和生产部任命了一个专题委员会负责对矿工安全进行全面的审查,其审查范围包括:考查雇工安全方面的条款是否需要纠正;煤矿法规的范围和性质;考虑是否需要采取措施保证雇工免受危害并提出建议。[①] 委员会由国家煤炭局主席罗伯斯(Robers)

---

① Sir Andrew Bryan, *The Evolution of Health and Safety in Mines*, London: Ashire Publishing Ltd., 1975, p.122.

负责。该委员会全面回顾了现有的职业安全立法,审核了雇工的安全标准。委员会证据涵盖了所有工业部门,有来自23个政府部门和政府其他资助机构、120个其他机构和44名个人的书面材料,也有来自10个政府部门、22个其他机构、4名个人提交的口头证供。① 1972年6月9日委员会报告及书面证据一起提交给政府。

  罗伯斯委员会第一次对所有工业领域的安全法规进行了全面审查。委员会认为新法规应是全面且具有灵活性,适应不断发展变化的工业状况,能够促进安全立法的适时修改,条款的执行应该一致。② 委员会建议:应该合并所有工业中的安全职责管理,建立一个独立的国家工业安全部门来负责工人安全事务,该部门应负责以下事务:第一,向大臣、政府部门、雇主、工会和其他利益方,就影响安全方面的事务提供建议。第二,法规监察和咨询服务的管理,工厂、矿山和采石场的安全监察都应合并,成为新部门中的一部分。第三,对正在实施的安全法规和其他条款进行回顾,包括规划安全标准、宣传这些法规和条款。为了保持这些法律法规能得以不断改进,成立的国家工业安全部门应在咨询委员会和技术学会的帮助下,从事具体的安全工作。第四,保证相关实验室和研究设备的通用,统一安全方面的研究教育和训练。③

  1973年5月21日政府宣布通过立法来执行罗伯斯报告的主要建议。一个月后,公布了一个咨询文件《安全健康法案》,开始具体讨论立法条款应如何贯彻建议。政府打算在立法法案起草前对所有建议的细节进行充分商讨。然而,关于采煤业,授予监察员的特权并没有新规定。1974年7月31日法案得到皇家的认可,这就是1974年《职业

---

 ① Sir Andrew Bryan, *The Evolution of Health and Safety in Mines*, London: Ashire Publishing Ltd., 1975, p.123.
 ② *Report of Committee on Safety and Health of Persons at Work*, London: H. M. S. O. (Cmd. 5034), 1972.
 ③ *Report of committee "Health and Safety of Persons at Work"*, Vol.2, p.273, London: H. M. S. O., 1972.

健康和安全法》。法规的执行分为三个阶段。第一阶段于1974年10月1日完成，任命了委员会，授予其法律权力。第二阶段在1975年1月1日开始实施，设立行政部门，能源部长关于开采行业的安全职责由委员会来承担。① 根据1974年法规，监察员可作为行政人员行使法规授予的权力。现存的大部分矿山和采石场立法依然继续有效，直到被新法规下的安全规章替代。矿山中矿主和管理者的法定职责依然存在。第三阶段于1975年4月1日开始，1974年法规条款的其余部分生效，但由于先前煤矿法规的高标准和广泛适用性，这些改变对煤炭工业的影响较小。

1974年职业健康和安全法极大地提高和加强了全国矿工的安全标准。然而，必须指出的是，在采煤业中，有关安全的安排和活动本身就运行良好。在矿山和采石场法规下，一个高标准的新法规规定了新的安全条款。正如康士比·史密斯（Gonsby Smith）在上院的二读讨论中所说："立法和额外增加监察员并不能达到我们的预期目标。只要我们尽一切努力来使计划付诸实施，就可以完成法规的预设目标。"② 然而，无论将来怎么改变，国家法规和矿山监察都将继续对矿工起到重要作用。

根据1974年颁布的《职业健康与安全法》，相继成立了健康与安全执行委员会（HSE）和健康与安全委员会（HSC）。健康与安全委员会由负责环境、运输事务的部长联合任命，委员会成员包括：3名国家工会联合会代表、3名企业代表、2名地方政府代表和2名科技界代表。③ 委员会的主要任务是：为政府提供安全政策建议、信息和技术咨询；制定并修改安全法律、法规的实施细则；受政府委托，对重大事故进行调查和分析。健康与安全执行委员会是向健康与安全委员会提供安全咨询、协助安全委员会落实与实施安全法规的机构。委员会成

---

① Sir Andrew Bryan, *The Evolution of Health and Safety in Mines*, London：Ashire Publishing Ltd., 1975, p.137 – 138.

② Sir Andrew Bryan, *The Evolution of Health and Safety in Mines*, London：Ashire Publishing Ltd., 1975, p.138 – 139.

③ 窦永山、王万生：《英国的煤矿安全监察体制》，载《当代矿工》2002年第4期。

员的任职不因政府更迭而变动,具有一定的稳定性。该委员会包括安全监察员、政策法规咨询人员、技术工艺人员等方面的专业人员。委员会的主要职能是审批安全法规,由议会审批颁布;贯彻、落实安全法令并强制企业执行;对危险行业审批并颁发许可证;对企业重大危险区域进行安全评估;从事事故调查;等等。

健康与安全执行委员会下设6个安全监察工作部,其中矿山安全部的工作是依法对矿山进行监察。安全监察员由采矿、机械和电气专家组成,其中采矿专业人员占到50%。[1] 根据《职业健康与安全法》的规定,煤矿安全监察员主要职责与权力为:有权直接进入矿业生产单位进行安全检查;有权对煤矿安全生产总体设计及重大更改项目进行审批;在生产技术发展的过程中,有权修改相关安全规定;煤矿事故发生后,进入事故现场进行勘查,根据调查提出调查意见;有权对不安全的作业场所提出整改意见;当安全监察员在执行检查受阻或其人身安全受到威胁时,可向当地警方说明情况,要求警方协助。

对矿井的安全监察一般有两种安排方式。一种是按照年度计划执行,另一种是根据矿井生产过程中的情况随机抽查。[2] 安全监察员对矿井检查的具体程序是:先与矿方管理者交谈,听取汇报,了解矿井最近的有关情况;然后下井实地察看,检查内容和路线均由安监员根据自己所掌握的情况而独立决定,充分行使监察权。[3] 煤矿安全监察员对矿井问题的处理方式分为两种。对一般性问题,安监员指出后,由煤矿管理者安排整改。对存在重大事故隐患的作业场所,安监员可令其停止作业,限期整改。如果矿方不按要求整改,安监员可提出公诉,由法院判罚2万英镑以下处罚。

《职业健康与安全法》规定,煤矿安全生产主要由矿主负责,根据矿井安全状况设立相应的安全管理机构,配备安全检查与管理人员,

---

[1] 窦永山、王万生:《英国的煤矿安全监察体制》,载《当代矿工》2002年第4期。
[2] 宋国明:《英国矿山安全监管与保障体系》,载《资源与人居环境》2009年第9期。
[3] 王婷:《煤矿矿难治理法律问题研究》,硕士学位论文,湖南大学,2007年,第17页。

切实加强安全管理和检查。煤矿安全管理机构和人员配置要报健康与安全执行委员会批准,并由煤矿安全监察员监督。同时,煤矿企业必须建立职工代表参与安全管理的制度,职工代表可对井下工作场所检查,做好书面记录(定期归档以作事故分析时参考),将问题及时反馈给煤矿管理者并督促其解决。职工代表有权参与事故调查和处理的全过程。安全检查部门的人员配置包括开采工作面与掘进工作面,每个工作面每班设1名安全检查员和1名安检员。整个煤矿分为采煤、掘进、机械、电气等部分,各设1名高级安全检查员负责各部分的安全检查与管理。

总体而言,20世纪英国政府对潜在的煤矿安全问题和新出现的隐患进行了新一轮的排查和治理。不仅成立了各种技术型委员会对煤矿安全进行整治,而且出现了专业的煤矿事故研究机构,对煤矿中出现的各种事故进行实验。二战后,煤矿收归国家所有,英国政府成立国家煤炭局统管煤矿,煤矿局下设许多专业性的监察机构和研究中心,对煤矿安全的防治出现了更加细致的分工。随着英国防治煤矿事故措施的不断完善,英国煤矿安全保障体系已经建立。

历史上英国作为一个煤矿生产大国,煤矿事故多发,但经过长期的治理,英国已经在煤矿安全的防治方面取得了令人瞩目的成就。英国是目前世界上煤矿事故率最低的国家之一,近些年来煤炭工业已创造连续多年零死亡事故的纪录。虽然现在英国煤矿数量明显减少,但英国治理煤矿事故频发的经验和教训值得我们学习和借鉴。

第一,制定严格的法律法规。随着工业革命的开展,煤炭资源需求大幅增加,伤亡事故频发,煤矿事故引发社会各界的广泛关注,政府逐步介入并干预煤矿事故,利用议会立法来加强煤矿安全。从1850年第一个煤矿安全法规颁布到1974年专门的职业健康与安全法的制定,英国关于煤矿安全的法规不断完善和健全。总体而言,英国政府在制定和颁布煤矿安全法规过程中呈现出如下特点:首先,法规的适应范围统一。不管大矿还是小矿,都要贯彻执行这些法规。其次,人和责任规定的明确。从矿主、煤矿管理者、安全监察员以及井下所有工作人员都有明确的职责划分,如果发生事故,煤矿管理者及有关人员都要受到惩罚。再次，法规明确规定必须对矿工进行安全和法规教育，使所有人员知道他们面临的危险和法规规定，从而能够自觉地贯彻执行安全条款。最后，重视执法监督检查工作，技术规程和标准上升到法律层次。

第二，完善的监察制度。1850年煤矿监察法规任命了第一个煤矿监察员，到1974年职业健康与安全法建立了全国性的安全委员会和安全执行局，英国的煤矿监察体系已经趋于完善。英国煤矿监察体系具有以下特征：首先，从中央到地方形成了一套完整的监察体系，这个体系由三个层次组成。一是安全执行局直接领导的监察机构体系；二是中央政府有关各部组成的职业安全监察体系；三是各郡领导的地方监察体系。其次，三个层次的职业安全监察管理机构密切联系、共同配合。国家和各郡的监察机构是协调一致的，步调和措施也是统一的。安全执行局定期发布指导性的备忘录，在业务上指导各郡监察员；召开安全执行局和各郡监察机构联席会议；一般监察员和高级监察员直接存在着联系。最后，突出重点。全国设立了10个专业性的职业安全监察机构，在煤炭行业设有专门的监察机构，以便进行专门性的监督管理。

第三，煤炭工业职业管理机构的建立。在英国煤矿事故的调查和煤矿安全法规的制定过程中，皇家委员会扮演了一个相当重要的角色。皇家委员会的调查结果通常是以大量报告和政策性建议的形式出现的。这些报告具有很大的影响力，政府一般会把委员会的一些建议或者所有建议制定成法律。二战后在英国矿业的安全监管工作中，国家煤炭局起着重要作用。国家煤炭局向采矿经营者颁发煤炭勘探和开采许可证，监督煤炭生产企业按营业范围经营，并对矿山和露天采场实施年度监察，提供24小时地面危害报告服务。国家煤炭局通过执行相关法律法规、建立和完善保障机制以实现煤矿职业安全状况的持续好转。具体措施包括：制定安全目标并加以实施；为矿工提供安全培训、安全信息和安全指导；对承包商定期开展安全审核工作，以查明是否违反相关法律规定，并通过程序确保采矿作业的可行性，必要时适时修订程序；对基础设施建设施工进行严格审查，最大限度地减少对职工和公众的伤害。

第四，良好的事故调查和立法机制。英国煤矿事故的调查已经形成了一套完整的运行机制。首先，煤矿开采安全法规的制定都建立在皇家委员会调查建议的基础上。皇家委员会委员一般都是职业监察员，有权力调查重大事故。委员会的报告包含预防事故再发的许多建议，这些建议经常成为政府制定立法的基础或蓝本。其次，当某种类型的煤矿事故成为煤炭工业的普遍现象时，政府会设立专门委员会进行专题调查，委员会成员包括采煤业各方利益代表，大家共同解决问题并参与法规的制定。再次，煤矿开采技术的发展可能导致新的机械设备的引入，进而产生新的威胁，从而需要政府不断调整和补充法规条款来适应科学技术的发展。复次，制定煤矿法规的一个主要参考就是参照一些大型煤矿的管理经验和事故治理经验，政府出台法规迫使落伍者学习先进经验。最后，重特大煤矿事故直接推进了政府法规的制定与完善。

第五，矿工工会的有力监督。在煤矿事故高发的态势下，煤矿工人逐渐认识到自身的安全利益，团结起来要求矿主改善自己的工作条件。矿工们成立工会，积极地参与到改善矿工工作环境的斗争中来，逐渐在推动煤矿安全立法上发挥重要作用。二战后，英国工党政府对煤矿实施国有化，国有化政策使矿工工会会员的数量有了质的飞跃。在国有化企业管理机构的人员分配上，至少有一位工会官员进入相应的工业管理委员会，使矿工在煤矿事务的决策方面拥有一定的发言权。矿工工会参与相关煤矿法规的制定和决策，并成为监督煤矿安全措施落实的排头兵，更好地监督政府和煤矿主采取切实有效的措施来保障煤矿安全。

英国政府对煤矿事故的治理过程经历了从初期的治理为主、预防为辅逐渐转变为预防与治理相结合。经过一个多世纪的治理，英国煤矿事故和死亡率都得到了大幅下降。煤炭业是一个高危行业，煤矿事故问题不可能在短时间内完全解决。煤矿事故的治理是一个长时段的过程，短时间的好转并不意味着一劳永逸，需要我们持之以恒地关注。

第五章　英国煤矿遗址的保护与再利用

二战以来世界能源格局发生了根本性变化，石油取代煤炭成为世界主要能源。曾经支撑英国近代工业发展的支柱产业煤炭工业开始衰落。许多矿区因煤矿关闭而遭废弃，我们称之为"煤矿遗址"。这些废弃遗址占用大量土地，而且对矿区人民生命财产造成严重威胁，顺利解决煤矿遗址问题成为实现区域经济复兴的关键所在。煤矿遗址问题的解决主要是通过两种方式来实现的，即保护和再利用。英国在这方面积累了许多成功经验，值得我们学习。因此，本章拟从英国煤矿遗址现状、产生原因、分布等方面入手，探讨英国煤矿遗址认识的变迁和相关法律体系的形成，结合案例分析英国煤矿遗址保护和修复改造的常用模式，总结其成功经验，进而在此基础分析我国煤矿遗址修复改造工程中存在的主要问题并提出解决之法。

第一节　英国煤矿遗址概述

煤炭在英国近代工业发展历史中占有极其重要的地位。正是煤炭成就了近代工业革命，促使英国称雄世界百年有余。但由于各种原因，数目庞大的煤矿被迫关闭，不仅无法在经济发展中彰显魅力，反而成为地区经济发展的累赘。这些被迫关闭的煤矿数量庞大，占地面积广，对以煤矿为主要支柱的地方经济影响尤甚。煤矿区若想摆脱废弃煤矿带来的经济困境，实现地区经济的转型，那么对废弃煤矿场地的治理和改造必然是当地政府需要面对的重要课题。

一、英国煤矿遗址形成的主要原因及地区分布

（一）英国煤矿遗址形成的主要原因

英国煤炭工业的发展经历了上百年的跌宕起伏，许多煤矿陆续停

产关闭。昔日繁华、忙碌的矿区景象已成为历史,代之而起的是孤零零的煤矿建筑、矿井及其废弃机器设备。据统计,从20世纪80年代早期开始,英国经历了前所未有的煤矿关闭浪潮,近180座煤矿关闭,直接造成20万名矿工失业[1]。若要从1947年开始算起,情况更加严重,相继关闭的煤矿有900多座,其中包括较小的浅层露天煤矿和深井煤矿。这些因煤矿开采而关闭的矿区土地未经保护、治理和修复,逐渐成为无人问津的废弃地。造成英国煤矿遗址产生的原因是多方面的,有历史问题,也有现实的经济、政治因素裹挟其中。归结起来主要有以下四方面原因。

第一,煤炭资源濒临枯竭,开采成本陡增。

英国煤炭开采历史非常久远,最早的记录是在罗马帝国时期,但煤炭作为一种能源真正大规模使用则是在18世纪。煤炭支撑了英国工业革命,甚至可以称为近代西方社会发展的动力源泉。工业革命的发展极大地推动了英国采煤业的发展。煤炭开采不再局限于局部范围,采煤量也与日俱增。到1913年达到峰值2.87亿吨,其中1/3煤炭主要用于出口[2]。煤炭在英国经济中占有重要地位,满足了国内人民生活和工业发展的需求。但由于英国各区域煤矿地质和开采条件不尽相同,长期过度的开采造成许多煤矿煤炭储量迅速下降乃至枯竭,原有的煤矿开采地和矿场也随之废弃。再者许多煤矿开采得益于廉价的开采成本,但随着开采深度和难度的增加,煤矿开采需要的技术和资金投入陡增。在商业化利润的驱使下,许多煤矿主在权衡利弊后,相继放弃继续开采,原有煤矿变成了废弃地。

第二,新能源的出现挤压了煤矿的生存空间,煤炭需求量急剧减少。

如果说第一次工业革命是建立在煤炭和钢铁基础之上的,那么第

---

[1] Heike Doering, "The New Face of Mining: Cultural Tourism and Identity in the Coalfield Areas". Nottingham: *Developing Cultural Tourism Conference*, 2003.

[2] 邓俊秉:《英国矿工罢工和工业前景》,载《西欧研究》1985年第5期。

二次工业革命就是以石油和电力为基础的。19世纪末20世纪初,第二次工业革命极大地推动了生产力的发展,促进了世界政治和经济格局的改变,石油和电力便是这一变革的助推力。石油的提炼和使用效率都优于煤炭,从而使它在与煤炭的竞争中处于优势,逐渐取代煤炭成为能源领域的龙头。石油的广泛使用不仅表现在工业生产、交通运输等大型工业,而且深入普通百姓生活的方方面面。进入20世纪中后期,天然气、核能、太阳能等新能源的出现,进一步抢占了煤炭的市场份额,加速了煤炭工业的衰落。即使煤炭在此时英国经济中仍占有重要地位,但与18和19世纪蒸蒸日上的地位无法相提并论。此时煤炭价格的下跌也迫使一些小型且竞争力弱的煤矿主主动减产甚至关闭煤矿。

第三,国外廉价煤炭的竞争取代了英国传统的海外市场。

19世纪的英国被称为"世界工厂",煤炭业是英国赖以生存和发展的支柱型产业,煤炭产量和出口量都居于世界首位。但随后波兰、德国等国煤炭工业崛起,再加上英国煤矿分布分散、开采规模小且成本高,影响了煤炭工业的机械化,使得原有的海外市场份额逐渐被这些国家瓜分[①]。即便如此,1983年之前英国仍是煤炭净出口国。但此后随着大量煤矿的关闭,英国煤炭产量大幅减少。到20世纪90年代,国外廉价煤炭迅速涌入英国市场,英国煤矿进口量大增。2000年英国煤炭进口量首次超过出口量。这时英国煤炭无论在数量上还是质量上都处于劣势,这无疑进一步加剧了英国煤炭在国际市场的衰退,严重影响了英国现有煤炭工业的生存空间,迫使大批煤矿关闭。

第四,环境和能源保护意识的增强助推煤矿的关闭。

煤炭不仅是一种能源,而且也是一个国家的战略资源。煤炭的不可再生性使得人们必须合理规划并有序地开发利用。20世纪40年代末

---

① Stephen Hughes, *The International Collieries Study*. occasional paper for the world heritage convention, 2002.

期英国国有化运动①中,煤炭工业被收归国有,由许多大型国有公司集中管理经营。煤炭国有化政策的实施增强了煤炭企业抵御市场风险的力量,同时也充分发挥了国家对战略资源的规划优势。即在煤炭工业衰退趋势下,对煤矿保护性关闭而不至于使其崩溃,为煤矿后续开发利用奠定基础。20世纪后半期随着环境保护意识逐渐增强,国家为了兼顾环境保护和商业利益,逐渐淘汰一些污染严重、竞争力弱小的煤矿。国家层面的能源意识推动了公众意识的发展,公众环境保护意识的增强又进一步促进了国家意识的发展。两者相互促进,助推部分煤矿主动关闭,进而形成新的煤矿遗址。

此外,其他诸如战争、洪水、塌陷、泥石流等原因也造成了煤矿的关闭,从而导致新煤矿遗址的形成。如二战期间,德国轰炸英国本土造成许多煤矿塌陷,修复难度又很大,只能长期地"暂时性"关闭。塌陷、泥石流等自然灾害也可能对煤矿造成严重破坏,进而导致关闭。露天煤矿多位于山中,气候条件对煤矿环境影响非常大,有些煤矿场在暴雨后很可能被滑落的山石淹没,难以修复直接导致关闭。

(二)英国煤矿遗址的分布

工业革命以来煤炭一直是英国的能源基础。1981年全世界大约1/3的电力都是以煤炭作为能源;欧盟20%的能源来自煤炭,电力生产的40%能源由煤炭提供。英国作为世界上第一个完成工业革命的国家,煤炭在其中发挥了至关重要的作用。直到今日,煤炭在英国社会经济中仍占有重要地位。

英国煤矿分布基本与其地形相关。英国东南部平原居多,西北部山地居多,盆地主要分布在东部、西部的中间地带、约克郡、兰开夏郡和苏格兰的东北部。英国煤炭遍布英格兰、苏格兰、威尔士,在北爱尔兰也有相当数量的褐煤,形成了南部、中部和北部3个煤矿区。南部以南威尔士煤田为最,储量和产量约占全国的1/4,主要分布在其北部和南部盆地。中部煤田最大,储量和产量约占全国的1/2,主要分

---

① 王俊豪:《英国政府管制体制改革研究》,上海三联书店1998年版,第57页。

布在斯特莱斯克莱德地区、中央地带、洛锡安区和法夫地区的奔宁山两侧，其东侧的东密德兰和约克夏煤矿是英国最大的煤矿。北部有英格兰东北部煤田和苏格兰中部煤田，产量约占全国的1/4①。英国煤炭具有煤质好、煤层厚、埋藏浅、距海较近等优势，使英国一度成为世界上最大的煤炭出口国。19世纪中后期英国原煤产量约占世界的1/2至2/3。第一次世界大战以后，英国采煤业不断衰退、产量逐渐减少，煤炭在国民经济中所占比重也不断下降。与此同时，关闭或废弃的煤矿数量却在不断攀升，形成大量废弃的煤矿遗址，严重影响了矿区经济的发展。

煤矿遗址是煤矿关闭或废弃的直接产物，因此煤矿遗址的分布也基本和煤炭的分布是一致的。英国废弃煤矿遗址数量大，占地面积广，对地区经济发展影响深远。据统计，20世纪70年代中期英国政府宣布：本国有"废弃"土地7.1万公顷（指受到工业及其他方面破坏且不经处理就无法使用的土地）。但在采矿区和其他工业区的废弃地附近还存在"忽略"土地（即将来可能有用途，而现在尚未认识到的受损的凌乱土地），据估计至少有26.8万公顷。因此英国的废地总面积达33.9万公顷……②而其中仅煤矿和钢铁工业造成的废弃地就多达4万公顷③，足见英国废弃工业遗址问题的严重性，对废弃遗址修复也极为必要和迫切。

二、英国煤矿遗址观念的变迁与相关法律的出台

第二次世界大战后，随着"逆工业化"的进行，煤矿区逐渐成为无人问津的废弃地，许多矿场建筑也随之废弃。煤矿的废弃造成当地社会经济下滑、人民生活水平下降、失业率和社会犯罪率增加等严重

---

① Klapper, *Remediation of Abandoned Surface Coal Mining Sites: ANATO - Project*, Berlin; New York: Springer, 2002, p.32 - 33.
② [英] A. D. Bradshaw:《西欧废地的管理和恢复》，载《生态学报》1990年第1期。
③ I. G. Richards, J. P. Palmer, P. A. Barratt, *The Reclamation of Former Coal Mines and Steelworks*, Amsterdam: Elsevier, 1993, p.12.

问题。煤矿区在人民心目中的那种美好、神秘、光辉的形象开始变得消极和颓废。这些问题的存在使得人们对煤矿区的开发和投资望而却步。如何有效地将废弃煤矿区转废为宝成为矿区政府思考的重要课题，工业遗产或许是解决该问题的一道良药。

但人们对工业遗产的认识和研究却并非一蹴而就。20世纪六七十年代，随着后工业革命时代的到来，工业革命起源国英国及西方主要的工业发达国家美国、德国、加拿大等国的学术界开始成立工业考古组织，研究和保护工业遗产。1978年国际工业遗产保护委员会（The International Committee for the Conservation of the Industrial Heritage，简称TICCIH）在瑞典成立，这无疑是工业遗产保护走向全球化合作的标志。[①] 直到这时，国际工业遗产研究才真正走上专业化和合作化发展的道路。英国作为国际工业遗产保护委员会的重要成员，对煤矿工业遗产或煤矿遗址的认识也在不断发展，不同历史时期呈现出不同的特点。具体来说，英国对类似煤矿遗址废弃地的认识经历了两个阶段，其中1980年是一个重要的分界线，现将这两个时期的时代特点分析如下。

（一）国有化运动与安全保障为主的法律体系

20世纪40年代末50年代初，英国开展了轰轰烈烈的国有化运动，主要对象是基础产业，涉及采煤业、电力、钢铁、航空等诸多领域。1945—1951年间英国政府颁布的八项国有化法令中，煤矿业就位列其中[②]。1947年政府颁布煤矿国有化法案，将一批分散的小型私有企业纳入大型国有企业旗下，由国家直接管理，通过整合形成极具竞争力的大型企业，创设了良好的煤矿生存空间。据统计，大约有800个私有煤矿被收归国有。与此同时，国家成立煤炭委员会负责管理、勘探、开采、加工、销售等事务。通过国有化运动，解决了英国多而分散的小型煤矿竞争不强的现状，充分发挥各煤矿和各地区技术、资金、人力等资源的互补优势，迅速提升了采煤业的竞争力，采煤业在产量、

[①] 聂武钢、孟佳：《工业遗产与法律保护》，人民法院出版社2009年版，第5页。
[②] 毛锐：《撒切尔政府私有化政策研究》，中国社会科学出版社2005年版，第12页。

销量、效益方面都有所提高。

随着采煤业国有化的开展,国家开始承担起煤矿的管理、技术指导和煤矿工人救助等职责,具体表现为:努力实现采煤业的现代化,注重对年轻人的培训,对雇工工伤和疾病给予补偿,每周5天工作制(带薪休假)、对超过55岁的工人给予足够的补偿金,同时制定新的安全法案保证工人安全。20世纪60年代保守党重新掌权后,并未废除工党政府时期的国有化法案。英国当代著名传记作家肯尼斯·哈里斯(Kenneth Harris)指出,艾德礼政府后的30年内,英国政治的主要参数始终是工党政府留下的,这一政策一直到撒切尔时代方告结束。这足以说明英国国家政策的延续性。与此同时,许多缺乏竞争力的小型煤矿被淘汰,成为煤矿遗址,且数目庞大,废弃煤矿遗址问题开始引起人们的关注。各地废弃煤矿遗址安全问题时有发生,给人们生产生活造成严重威胁,导致人们对煤矿遗址问题的关注度不断提高,关注范围持续扩展。

煤矿国有化运动开展以来,国有企业和国家成为采煤业发展的最大受益者,因此有义务采取相应的保护措施,以确保人们生命财产不会因废弃遗址问题而受到威胁。这一时期政府颁布了一系列安全法案以保证煤矿区人民的生命财产安全。

公共部门是遗址保护和治理的中枢,组织和协调各方利益。1960—1970年政府主要关注的是煤矿废弃堆和废弃地,强调遗址修复改造过程中公共部门、煤矿主、管理者和代理人的责任①,力图保障矿区人民的生命财产安全,但真正促使国家高度关注煤矿遗址安全问题的是1966年艾伯凡煤矿灾难。这一灾难唤醒了英国国民的安全意识,直接推动了1969年煤矿法规②的出台。虽然1954年煤矿法规对此已有所措施,但只是在第2部分"管理和控制"中略有提及。1954年煤矿法规只是强调公共机构、煤矿管理者及承包人在消除煤矿遗址安全隐

---

① I. G. Richards, J. P. Palmer, P. A. Barratt, *The Reclamation of Former Coal Mines and Steelworks*, Amsterdam: Elsevier, 1993, p.24.

②《1969年煤矿法案》(Mines and Quarries (Tips) Act, 1969),国家档案公共信息部:http://www.opsi.gov.uk/Revised Statutes/Acts/ukpga/1969/cukpga_19690010_en_1.

患上应负的责任,并未将责任和煤矿遗址改造和修复相联系。1969年煤矿法规是第一个针对废弃煤矿遗址及废弃物而制定的政府法规。该法规强化了1954年煤矿法规中有关煤矿遗址安全责任的条款,明文规定了废弃地的治理,同时以法律的形式明确了废弃煤矿遗址治理的保护责任,对煤矿遗址保护的简要原则也作了阐述。1969年煤矿法规主要是最大限度地保证矿区人民的生命财产安全。此法规开篇即写道:本法规主要针对煤矿废弃堆,目的是防止这些无用的废弃堆对大众的安全造成威胁。法规注重公共责任的同时更强调保护遗址并治理存在安全隐患的废弃物。如法规第2项第14款规定:如果无用的废弃堆不稳定且可能对公众造成威胁,当地政府必须责令煤矿所有者限期进行治理。对废弃物堆而言,治理就是要确保废弃堆的安全稳固。法案中并未明确涉及废弃遗址同矿区复兴二者之间的内在联系,人们对煤矿遗址的认识还比较模糊。

  1971年煤矿法规[1]关注点仍然是保障矿区居民的生命安全,但该法规已将工业复兴和房屋建设作为废弃地遗址保护的内容。与1969年煤矿法规相比较而言,政府已经认识到废弃地保护和资源利用二者的关系,开始将煤矿遗址地区的社会经济复兴和废弃遗址资源的利用二者统一起来,通过复兴工业和建造新的住宅区来吸引居民和投资。《1974年控制污染法规》[2] 主要也是保障公众人身健康安全,法规将改善煤矿遗址地区的社会经济和改变其在人们心目中的印象结合起来,以废弃物处理、水污染、噪音污染、大气污染和公众健康为主要关注点。从环境保护的角度出发,治理污染、改善土地质量、设置公众设施,同时注重对废弃物的循环利用。法规规定废弃物处理是为了修复并尽可能使其为人所用,逐步改善人们对本地区的消极印象,将工程学、建筑学、园林设计、生态学等方面的专业知识融汇于煤矿遗址,

---

  [1]《1971年煤矿法案》(Mines and Quarries (Tips) Regulations Act, 1971),国家档案公共信息部: http://www.opsi.gov.uk/Revised Statutes/Acts/ukpga/1971/cukpga_19710016_en_1.
  [2]《1974年控制污染法案》(Control of Pollution Act, 1974),国家档案公共信息部: http://www.opsi.gov.uk/Revised Statutes/Acts/ukpga/1974/cukpga_19740040_en_1.

同时对煤矿遗址的保护逐渐向保障人身安全和利用遗址有用资源二者并重的方向发展。

由此看来,这一时期英国煤矿遗址相关法案的出台和当时政治大环境息息相关。战后工党政府同工人组织间的相互扶持,煤炭工业国有化运动的开展,共同促成了政府对煤矿区人民生存现状的关注和相关安全保障法律的出台。

(二) 私有化运动与以修复改造为主的法律体系

随着产业结构升级以及国际形势的变化,特别是 20 世纪 70 年代资本主义世界石油危机的爆发,资本主义世界经济大衰退。此时煤矿国有化运动的弊端也不断凸显,具体表现为:煤矿管理严重官僚化,生产竞争力不足,效率低下。即使获得国家的大额补贴,也难以真正维持正常的煤炭生产,反而给国家造成沉重的财政负担。据统计,英国每生产一吨煤,政府就要补贴 1 英镑。这一时期国际石油危机助推煤炭价格上扬,而国家煤炭局无法对此做出迅速回应,导致内部矛盾重重。随着英国北海油田的开发,煤炭在能源市场上的份额进一步萎缩,国家需对煤炭工业补贴才能维持其正常运营。显然这种情况难以为继,加之国家煤炭局难以适应不断变化的新形势,导致煤矿工业国有化在 20 世纪后期最终走向终结。

20 世纪 70 年代后期,为摆脱工业国有化造成的诸多问题,保守党政府对煤矿进行了大刀阔斧的改革。关闭一些没有发展前景且竞争力弱的小型煤矿,同时转移煤矿管理权和生产销售权,国家陆续退出煤矿生产领域,交由具有竞争意识和商业精神的私营企业经营。1987 年国家煤炭委员会改组为英国煤炭公司(British Coal Corporation),这是英国煤矿私有化进程的体现。煤矿私有化意味着私营企业承担起相应的职责。废弃地管理报告《煤炭局对废弃地的管理实务守则》明确了煤矿管理者对煤矿的责任和义务,以及废弃矿区保护责任等[1]。煤矿遗址问题也属于煤矿相关问题之一,对它的改造治理也需要私人企业承

---

[1] The Coal Authority, *Code of Practice for the Management of Disuse Tips*, 2005.

担主要责任，同时也需要国家对此进行指导。随着公众环境能源保护意识的觉醒，许多志愿者和志愿组织开始投入煤矿遗址的修复改造工程，也承担了部分责任，使得煤矿遗址修复改造的职责更加多元化，遗址修复的资金来源更加广泛，从而保证了修复改造资金的充足。

故此，20世纪80年代以来英国政府转变了煤矿遗址的传统政策，不再一味地强调安全责任，而是将煤矿遗址的保护和修复改造放在首要位置。煤矿遗址不再只是废弃地、无用地，开始成为可资利用的资源，成为地方经济复兴的关键因素之一。人们对废弃地遗址的关注点也从早期的公共责任和安全转向整体性环境保护和遗址保护及修复改造。早期废弃地的责任主要在公共部门，但随着污染物处理等相关法律制度的实行，私人部门、企业、志愿者和民间团体相继介入，参与了废弃遗址的保护和修复改造活动。这些变化在诸多相关法律法规中得以体现，如《1980年废弃地法规》《1982年废弃地法规》《1988年城乡规划管理法规》《1990年环境保护法规》《1990年城乡规划法规》《1991年水资源法规》等，这些法规都是废弃煤矿遗址进行整体性环境保护的一个缩影。例如，《1988年城乡规划管理法规》[①] 将城市复兴和政府控制、防治污染等内容结合起来。从城乡规划的角度，将整体废弃遗址纳入规划，不再是单纯的点式保护模式，而开始向线面式保护模式发展。煤矿遗址的复兴要多点开花，达到共同复兴。同时也开始关注周边环境对煤矿遗址复兴的重要影响。《1982年废弃地法规》关注对象主要是废弃、闲置或不用的土地，希望提高这些土地的利用率进而实现新价值。同时，政府利用财政手段鼓励社会各界参与这些废弃无用地修复改造计划的实施。例如，如果以工业园区的形式修复改造废弃地，可获得100%政府资金支持。以建立国家公园或风景区为目标改造利用废弃地，也能获得大约75%的资金支持。同时也可将煤

---

① 《1988年城乡规划管理法案（对环境影响的评估）》（The Town and Country Planning (Assessment of Environmental Effects) Regulations 1988），国家档案公共信息部：http：//www.opsi. gov. uk/si/si1988/Uksi_ 19881199_ en_ 1. htm.

矿废弃地改造成公共休憩空间①。

由此可见，英国政府对废弃地包括煤矿废弃地的认识正在不断深化，对其修复改造的模式也在不断多元化。政府在保证公众安全的基础上，开始强调经济发展、公众身心健康与废弃地改造间的共同发展，并以财政支持的方式引导对废弃地的修复改造。

总之，煤矿遗址的属性是遗址，属于废弃地的一部分，它被视为有开发价值的废弃地。英国对煤矿废弃遗址认识的不断深化，并没有背离保障人民生命财产安全的初衷，相反它是通过不同的保护形式，加强保障的力度和可持续性。改造形式也从某一工业的复兴，逐渐向整体复兴转变，这是英国废弃遗址保护认识上的一大升华。

第二节 煤矿遗址的保护和修复改造

一、煤矿遗址保护和修复改造的必要性和迫切性

大量煤矿的关闭，不仅困扰区域经济的正常发展，而且也严重影响了当地人民正常的生产生活。煤矿遗址的修复改造不仅可实现地方经济复苏，还能解决一揽子社会问题。这些现实需求是煤矿遗址修复改造工程得以持续的重要因素。

（一）消除安全隐患的需要

大量煤矿关闭成为废弃煤矿地，逐渐演变为煤矿遗址。煤矿遗址中的矿井、地面建筑、运输通道、排水渠以及废弃物长期无人照管，成为荒草丛生之地。煤矿的特殊性使其极易成为安全隐患，因此政府相关法律法规都有所涉及，如《煤炭局：废弃地管理的执业守则》就对废弃矿井和废弃堆的相关管理人责任有所规定②。但直接促成政府从

---

① 《1982年废弃地法案》（Derelict Land Act, 1982），国家档案公共信息部：http://www.opsi.gov.uk/Revised Statutes/Acts/ukpga/1982/cukpga_ 19820042_ en_ 1.

② The Coal Authority, *Code of Practice for the Management of Disuse Tips*, 2005.

法律层面上关注煤矿废弃地,并给予保护和治理修复的是1966年艾伯凡煤矿惨剧。1966年10月21日煤矿滑坡将附近学校和民房吞没,直接导致了144人死亡[1],其中包括许多学生,这场灾难引发了公众对工业废弃遗址地的关注。艾伯凡灾难发生后,政府开始着手对废弃物进行清理。到1993年政府共投入了2.5亿英镑用于此项工作,后来又陆续投入了10亿英镑作为后续发展补助金[2]。威尔士作为英国最大的产煤区之一,煤矿数量很多,因此许多煤矿废弃地也集中于此。当地煤矿主要分布在山地和山谷,废弃物随意堆放于山顶或山坡上,许多城镇或乡村位于山谷中间平地,一遇暴雨很容易发生山体滑坡,严重威胁山谷中居民的生存和发展。此外,煤矿中含有大量酸性物质,地表水和地下水污染也容易对人们造成威胁,所以煤矿遗址的保护和修复改造工程是解除当地安全隐患、保障群众生命财产安全的重要举措。

(二) 解决社会问题的需要

煤矿关闭对一个地区尤其是矿区会产生严重的负面影响。矿区经济支柱的坍塌,直接或间接地造成了许多当地社会问题的产生。第一,导致大量矿工失业。煤矿这种相对封闭的环境,使得矿区和外界的联系较少,矿工所从事的职业单一而枯燥,除了对其身心造成损伤外,也对其自身潜力和技能的开发产生限制。煤矿的关闭对他们的影响是致命的,矿工因煤矿关闭很可能成为无业游民。有些矿工家庭世代采煤,煤矿是其唯一的经济来源,关闭煤矿意味着失去谋生的手段和渠道,他们只能长期处于失业状态,靠政府救济生存。第二,滋生一系列社会、经济和生态问题。煤矿作为矿区主要的经济支柱,是当地社会赖以运行的根基。关闭煤矿容易导致矿区经济严重下滑乃至崩溃,相关产业链也会一蹶不振。关闭煤矿也是滋生其他诸多社会问题的温床,许多工人因生计问题铤而走险,从事一些非法勾当,如走私、抢

---

[1] I. G. Richards, J. P. Palmer, P. A. Barratt, *The Reclamation of Former Coal Mines and Steelworks*, Amsterdam: Elsevier, 1993, p.27.

[2] I. G. Richards, J. P. Palmer, P. A. Barratt, *The Reclamation of Former Coal Mines and Steelworks*, Amsterdam: Elsevier, 1993, p.28.

劫、偷盗、贩毒等。矿场建筑和矿井都可能成为犯罪分子经常光顾的场所，因此，人们将煤矿区称为"颓废之地"或"堕落之地"。煤矿区的衰退也会造成严重的生态环境问题。

因此，对当地社会而言，煤矿遗址的修复和改造势在必行，解决煤矿区诸多社会问题的关键是对煤矿遗址进行合理有效的修复和改造，使煤矿遗址再次成为当地社会发展的新支柱，带动当地经济的发展。同时，随着世界范围内环境保护意识的兴起，遗产保护运动的发展，人们开始关注曾经辉煌的煤矿区，随之对煤矿遗址的保护运动开始兴起。煤矿遗址修复性保护逐渐步入人们视野，成为政府和公众关注的焦点。

二、煤矿遗址保护和修复改造的基本条件

英国煤炭工业遗产的保护和再利用工作开展较早。最早涉及"工业遗产"一词的是1952年美国学者斯坦曼（D. B. Steinman）所撰的《布鲁克林的重建》一文。在工业遗产概念出现前，工业遗产研究通常以工业考古称之，英国学者克里斯（Michael. Rix）于1955年在其一篇名为《工业考古学》的文章中正式提出"工业考古学"的概念[①]，呼吁社会各界保存和保护英国工业革命遗产，促使政府制订相关的政策法规对其进行保护，社会各界相继成立了许多类似的遗址调查、遗产普查、遗产保护相关的官方或民间机构，建立了许多专项修复基金，以保障工业遗产保护和修复改造工程的顺利实施。总体而言，英国工业遗产的保护、修复和再利用主要由官方、民间团体、志愿者和个人等多方协力实施。

（一）煤矿遗址保护与修复改造的相关机构

工业考古和工业遗产的界定、保护、改造和再利用最初都是民间团体完成的。如1968年成立的伦敦工业考古学会，记录了伦敦工业历史遗存并建立相关数据库，为地方政府保护与维护具有历史价值的工

---

① 聂武钢、孟佳：《工业遗产与法律保护》，人民法院出版社2009年版，第75页。

业建筑和遗迹提供了参考依据。莱斯特大学考古研究学院设立了工业考古学办公室。1972年工业考古记录志愿组织成立，该组织主要以电影与录像形式记录往日与今日工业，并于1982年建立了全球第一家网站"工业考古记录"，即"工业考古与工业历史网圈"。除了相关遗址鉴定和保护组织的建立外，民间人士也曾设立诸多遗址基金来促进工业遗产的保护和再利用。例如，英国国家信托（National Trust）、苏格兰国家信托组织和市民信托（Civil Trust）都是英国当时参与名胜古迹保护工作的非政府机构，自发筹措资金对工业遗产进行开发和保护工作，对工业遗产的资助就是其重要的一项内容①。

因煤矿遗址问题涵盖范围多，涉及土地、建筑、环境、遗产、工业文化等方面。因此，除了民间团体主动参与外，政府各部门也积极介入煤矿遗址的管理和保护。涉及废弃矿井、横坑、运输通道等问题时，国家煤炭委员会或国家煤炭局在调查统计的基础上出台相应的整治计划。例如，1969年发布的《废旧矿井、废弃堆治理》调查报告、1982年公布的《煤矿工业废水的技术性管理》和《无用煤矿井和横坑的治理》调查报告、国家煤炭局《关于无用废弃堆的实践方法》调查报告，这些都是政府介入煤矿遗址管理的体现。煤矿废弃地的调查研究主要是通过政府各部门开展的。英格兰是由"英国环境部（The Department of the Environment）负责，苏格兰废弃地调查则由苏格兰部（The Scottish Office）实施，威尔士部（The Welsh Office）负责本地区的废弃地调查任务。英国环境部、苏格兰部和威尔士部都会定期调查当地的废弃地情况，记录废弃地点和废弃类型，提出对废弃地再利用的建议，也会提供财政援助帮助复兴废弃工业遗址"②。

煤矿遗址同时也是"煤炭工业遗产"的一部分，而工业遗产是一种特殊的文化遗产。英格兰负责保护工业遗产的部门是英国遗产保护

---

① 朱晓明：《当代英国建筑遗产保护》，同济大学出版社2007年版，第180页。
② I. G. Richards, J. P. Palmer, P. A. Barratt, *The Reclamation of Former Coal Mines and Steelworks*, Amsterdam: Elsevier, 1993, p.21.

机构（British Heritage），该机构的上级部门是文化、媒体和体育部（DCMS），而苏格兰地区工业遗产的保护则由苏格兰历史建筑文物保护机构承担，威尔士地区是由威尔士历史纪念文物保护机构负责。[1] 此外，煤矿遗址问题涉及土地规划或土地修复问题时，则由农业部、规划部等部门介入。例如，1975年苏格兰地区土地管理部门（Land Engineering Division）负责回收、修复有重要意义的废弃地，以便再利用。煤矿遗址修复改造工作被分解为具体的任务，由政府诸多部门参与从而保证修复改造工程的顺利开展。

（二）煤矿遗址保护和修复改造的资金来源

要保证煤矿遗址修复改造工程的顺利实施，稳定的资金供应是必需的。英国废弃煤矿遗址保护和修复改造的资金来源主要有以下几方面。首先，政府财政资助。政府鼓励民间团体和个人对废弃地进行保护和再利用，并以财政援助的形式支持废弃工业遗址区的复兴。如艾伯凡煤矿惨案后，政府直接投入了2.5亿英镑经费专门开展废弃遗址的清理工作，后续又投入大量保障金。政府财政资金是煤矿遗址修复改造工程开展的主要保障。其次，欧洲区域发展基金（European Regional Development Fund，简称ERDF）。这是专门针对欧洲经济复兴的专项资金。英国煤矿遗址复兴只要符合条件，也可以利用这笔资金来开展煤矿遗址保护和修复改造。这一资金来源也较为稳定，但金额相对较少。当然，还有民间团体和个人的捐款和馈赠。这些捐款或馈赠主要通过设立民间或半官方的信托基金来资助煤矿遗址改造工程，其中较为著名的有：国家遗产纪念基金（The National Heritage Memorial Fund）、遗产彩票基金（NHMF & Heritage Lottery Fund）、遗产更新基金（Regeneration Through Heritage）、SITA环境信托基金等，以此来保障遗址保护和修复改造工程的顺利实施[2]。

废弃地修复改造的公共资金一般是由政府部门或机构管理和运作

---

[1] 聂武钢、孟佳：《工业遗产与法律保护》，人民法院出版社2009年版，第90页。
[2] 朱晓明：《当代英国建筑遗产保护》，同济大学出版社2007年版，第180页。

的。英国各地公共资金是通过英格兰和北爱尔兰的环境部（The Development of the Enviroment）、威尔士开发局（The Welsh Development Agency）或是1991年成立的苏格兰企业（Scottish Enterprise）等地区委员会来参与管理和运作[①]。同时，政府通过招租的形式吸引一些私营企业参与煤矿遗址改造工程，从而减轻资金压力，同样也可以利用私营企业的先进管理经验，为煤矿遗址改造工程服务。

三、煤矿遗址保护和修复改造模式

英国煤炭工业遗产保护和再利用工作最初只是工业考古学的发展、文物遗址普查统计，逐渐发展为工业遗产的鉴定、保护和初级回收利用，最后演变为改造后再利用的成熟模式。目前英国工业遗产的保护和再利用研究已日臻完善。煤矿遗址是采煤业遗产中的重要组成部分，因而煤矿遗址保护和修复改造模式研究已取得大量成果。煤矿遗址保护和修复改造模式多种多样，各有利弊，总结起来主要有如下三大类。

（一）自然主义保护模式或原生态保护模式[②]

所谓自然主义保护模式是指极力模仿自然地形，特别是将煤矿遗址的保护和再利用形式定位在农业、林业和牧业开发，或是不加改造的自然状态下，对煤矿区、矿场建筑、机械、废弃矿井等只做简单修复。在保障安全的前提下，通过这种方式保证地区环境和经济以一种平缓方式复兴。这种方式的优势是投入成本低、安全保证性强。对因煤矿关闭造成的经济衰退、人民生活水平严重下滑，无力投资保护废弃遗址区来说，无疑是个不错的选择。但弊端也很明显，就是周期长且回报慢，要想通过此种方式迅速改善区域经济状况不太现实。所以一般情况下，这种改造方式是一种保守方式，或者可以说是在资金、

---

① I. G. Richards, J. P. Palmer, P. A. Barratt, *The Reclamation of Former Coal Mines and Steelworks*, Amsterdam: Elsevier, 1993, p.568.

② I. G. Richards, J. P. Palmer, P. A. Barratt, *The Reclamation of Former Coal Mines and Steelworks*, Amsterdam: Elsevier, 1993, p.431.

技术、资源不足的情况下采取的模式。

1994年统计数据显示，1988—1994年期间英格兰58.5%的回收废弃地被用作农业用地①。农业保证了矿区人民的正常生产生活，国家农业政策的倾斜也起到了催化作用。农业作为国家之根本，能得到大量补助，农业用地易于管理且收获颇丰，这也是废弃地被作为农业用地的重要原因。但由于土壤、灌溉等条件的限制，很多废弃地难以采用此种方式，所以这种形式的局限性很突出。废弃遗址地作为林业用地、牧草地的利用方式与农业用地如出一辙，投入修复改造的成本低，对前期投入资金的要求低，易于操作，但回报周期长。林牧业改造有其特殊的一面。由于煤矿区较为封闭，污染物极有可能对周边环境产生严重危害，水体污染很可能通过地下径流、地表径流进入河道和水井，水体中的有害物质也可能对人体产生危害，而森林、草地可以有效控制水体径流，保持土壤和控制有害灰尘的飘散，在居民区和废弃裸露的遗址区形成了一道"安全防护层"。同时，林木种子和草种的选择也可能产生良好的经济效益。自然主义保护模式的另一重要方式是自然保护地的建设。这种方式可称为"原生态保护模式"，即对废弃遗址稍加改造，甚至不加改造，利用废弃遗址上所产生的林木、灌木、杂草地等形成特有的自然风景，将其划归出来，建成自然保护地、野生动植物繁衍休憩之地②。

总的来看，自然主义保护模式主要体现的是环境保护意识，而对经济效益考虑不足。但对于那些自然条件不足，地处偏远，环境恶劣、又无力投资改造的地区来说，无疑是个不错的选择。

（二）人文主义改造模式

人文主义改造模式是相对于自然主义改造模式而言的，即主要是将废弃遗址上有利用潜力的元素，如建筑物、竖井、横坑、排水渠道、

---

① M. H. Wong, J. W. C. Wong, A. J. M, Baker, *Remediation and Management of Degradedlands*, Boca Raton, Florida: Lewis Publishers, 1999, p.52.

② I. G. Richards, J. P. Palmer, P. A. Barratt, *The Reclamation of Former Coal Mines and Steelworks*, Amsterdam: Elsevier, 1993, p.431.

运输通道、机械、提炼池、图片文献等以某种方式加以整合,形成独特的风景地貌,吸引投资,增加就业,从而带动整个煤矿遗址区的复兴模式。人文主义改造模式主要有以下几种方式。

第一,主题博物馆模式。所谓主题博物馆,"在科学家、考古学家和历史学家的眼中,它是一座坟墓,其中有着像用防腐剂保存下来的尸体一样的展览品。它不是活物,在普通人眼中,它们早已经死了……"① 这种模式就是以博物馆的形式对煤矿遗址进行保护性展示。主题博物馆可分为狭义博物馆和广义博物馆。狭义博物馆就是将煤矿遗址上的一些重要的、有遗产价值的手工艺品、机械、图片或其他重要物品保存下来,建立主题博物馆供人们参观欣赏,它用一种静止的方式向游客们展示煤矿区发展的历史,从而带给人们一种直观的视觉体验。例如,依托铁桥峡谷建立的铁桥峡谷博物馆。铁桥峡谷位于英国中部奔宁山区的南部。从16世纪晚期始,采煤业就是当地的支柱产业,19世纪下半叶始渐现颓势,二战时当地矿场陆续关闭。英国政府于20世纪60年代开始对其改造,20世纪80年代在此开创工业遗产旅游。1986年11月该地被联合国教科文组织列入世界自然和文化遗产名录,这是世界上第一个因工业而闻名的世界遗产。目前当地已建成占地10平方千米、囊括7个博物馆和工业纪念地、285个保护性工业建筑的旅游胜地,每年平均接纳30万人次游览。

广义博物馆的范围将不再局限于一座特定博物馆的图片、机械、文献等物件的展示,而将博物馆的范围扩展到整个地区,在价值鉴定的基础上,对整个遗址进行初步修复,同时将煤矿区的生产工序纳入博物馆序列,分类划分的基本上形成多层次、多视角的展示单元。尽量保持原始的工作情形、实物或是生产技艺,给游客直观的视觉体验。也可开展井下实物展览,利用原有运输通道,让游客真正体验井下作业的实景,展示煤矿工作的各个环节。这样的真实感是普通的实物展

---

① Judith Alfrey, Tim Putnam, *The Industrial Heritage: Managing Resources and Uses*, London, New York: Routledge, 1992, p.28.

览、资料展示或是影像资料所无法比拟的。游客在矿区直接体验了矿井生产场景，同时也促进了消费。通常游客要进入一个深约30英尺的地下矿坑直接体验矿井作业①。显然这样的展览方式对投资方和管理方的要求更高，不仅需要大量的资金投入，同时需要先进技术设备的支撑，保证废弃矿井的安全。同时博物馆也要兼顾商业性和公益性。既保障公众的使用权，同时也能通过吸引游客和投资，积累资本，带动矿区复兴。

第二，购物休闲旅游相关的开发模式。第三次科技革命的兴起带动了英国等资本主义国家的产业升级。以服务业、餐饮业、信息产业为代表的第三产业异军突起，在整个世界经济体系中的比重越来越大，进一步导致工业的衰退，加速了"逆工业化"过程②。二战后英国制造业总产值大幅下滑，生产规模不断缩小。1966—1985年期间，英国从事制造业的人数由1 156万下降到779万。大批煤矿关闭，煤矿就业人数骤降。以威尔士地区为例，1921年该地煤矿就业人数高达27.1万，70年代下降到6万，80年代下降到2.5万，到1992年当地只剩下400人。③随着科技革命兴起，人们空余时间增多，旅游、休闲和运动成为人们的必然选择。而许多工业遗产地将开发本地旅游资源作为主要手段，吸引投资实现地区复兴。即利用工业遗产资源的修复和再利用，使其转化为有潜在和现实利用价值的商品，再加以整合，形成更大的旅游圈，故也可将此称为"工业遗产旅游"④。休闲、旅游、购物作为主题博物馆旅游的一种补充，带动地区经济复苏。废弃遗址经过初步规划、治理和改造，在原有土地上建立起许多大型购物商场或是一些公益性的休闲游乐设施。探索公园是1985年Snibston煤矿关闭后

---

① Heike Doering, "The New Face of Mining: Cultural Tourism and Identity in the Coalfield Areas". Nottingham: *Developing Cultural Tourism Conference*, 2003.
② 张谷：《经济开放与产业转型中的"英国病"》，载《山西大学学报（哲社版）》1997年第1期。
③ 郭文康：《英国工业旅游研究》，硕士学位论文，山东师范大学，2007年，第19—20页。
④ 刘会远、李蕾蕾：《德国工业旅游与工业遗产保护》，商务印书馆2007年版，第4—8页。

建成的一个煤矿遗址公园①。该公园在保证商业性的同时,也兼顾了公益性。在煤矿废弃遗址的保护和再利用过程中,一方面充分利用煤矿区遗址资源,另一方面也让普通居民感受到了经济转型和复苏带来的实惠。这也是保证当地可持续发展的关键。

从对煤矿遗址废弃地的认识、保护和再利用角度来看,主题博物馆展览和休闲、购物类项目同属第三产业。但煤矿遗址博物馆更是人们对重要工业遗址的一种情感体现,对废弃遗址区的整体复兴考虑不足。休闲、购物等项目形式对地区经济的开发更为深入,它将传统煤矿遗址资源和现代服务业有机地结合起来。传统与现代的融合是对地区复兴更为全面的考虑,更是地区经济整体复兴和成功转型的重要组成部分。

第三,作为住房建设之用。随着"逆工业化"的发展,原先以传统工业为主要支柱的能源型城市开始出现严重的经济衰退,城市投资环境趋于恶化。经济衰退直接导致失业率和犯罪率上升,人民生活水平严重下滑,人口大量流失,对城市经济的发展极为不利。交通的快速发展进一步加剧了这一情况,许多人宁愿选择环境更好、住房条件更佳的郊区作为居住地。英国城市人口的增加和可用地的锐减之间的矛盾日益严峻,为此大量煤矿废弃地被纳入可开发土地之列。

煤矿遗址用于住房建设开发可带来多重功效。首先满足了当地原住居民的住房需求,其次可将其作为吸引投资开发遗址的重要途径,利用外部资金促进本地经济转型和复苏。同时,大量外来人口的输入能转变煤矿遗址区人口外流的趋势,给当地发展带来新的契机,促使本地服务业和休闲娱乐产业的良性循环,促进当地第三产业的发展,从而带动本地经济的整体复兴。当然由于许多煤矿工业遗址实际上都位于交通相对落后的山区,所以这种模式有很大的局限性,但对那些接近城市,并通过初步遗址修复,使得本地自然环境和经济条件都有明显改善的地区来说,这种方式可行性强。

---

① Heike Doering, "The New Face of Mining: Cultural Tourism and Identity in the Coalfield Areas", Nottingham: *Developing Cultural Tourism Conference*, 2003.

第四，工业博览和商务旅游开发模式。许多废弃煤矿遗址上的建筑物十分完整，只需要稍加修缮就能成为仓库、厂房和办公场所。这些建筑物被一些企业、组织、团体或是私人租购，并将其改造为办公场所、仓库、厂房等。这样既节约了成本，保证了利益最大化，也避免了城市环境的进一步恶化。同时许多保存完整的煤矿遗址建筑因其内部空间、外部环境等条件适宜，再加上初步的修复改善，即可作为工业品、艺术品、绘画作品展览的上佳选地。这种模式基于营利目的，比如在原有的工业中心区设立购物中心，配置咖啡馆、酒吧、健身房及儿童娱乐场所等，成为集购物、娱乐、休闲于一体的综合开发区①。在满足商业需求的同时，也方便了当地群众的日常生活。这种模式和其他开发模式相互兼容，开展工业遗产旅游，吸引游客和投资，增加当地的就业机会，为遗址建筑的保护和再利用创造了良好的外部环境。在条件许可的情况下，此种模式的开发利用也是对煤矿工业遗址旅游的一种补充和延伸，并可与招商活动、商务交流和交易、旅游等融合起来，创造更大的商业前景②。

第五，公共休憩空间模式。煤矿遗址工程最终要实现两方面转变。一方面，改善当地硬件环境，即通过以上方法来改善经济发展的条件和前景，努力增加就业机会，促进经济复苏，提高人民生活水平。另一方面，实现当地软环境的改变，即改变人们对煤矿遗址是"环境恶化、经济滑坡、犯罪丛生的颓废之地"等的主观偏见，同时也是提高人们生活质量的问题。

所谓公共休憩空间，就是以大众的使用权为基础，创造一些有利于大众身心健康的公益性休闲娱乐空间，类似工业遗址主题公园、休闲会所、教育实习基地、游乐场等。以北斯坦福德郡最著名的煤矿遗址——Chattley Whitfield 煤矿综合体为例，该煤矿 19 世纪中期开始运作，历经 120 余年，到 1977 年才停止运营。该煤矿遗址中矿场建筑、

---

① 聂武钢、孟佳：《工业遗产与法律保护》，人民法院出版社 2009 年版，第 88 页。
② 聂武钢、孟佳：《工业遗产与法律保护》，人民法院出版社 2009 年版，第 89 页。

机器设备、开采加工设备也十分完整。它占地接近 100 万平方英尺，包括 19 世纪 80 年代的通风房、1914—1915 年的头房、20 世纪 20 年代的锅炉房等。总体上，这个煤矿遗址包含 16 组既定的建筑物，且从历史价值上看也十分珍贵①。Chattley Whitfield 煤矿停产后，人们通过整修和改造，把它作为英国煤炭制品、工程学等遗产的天然收藏地，建立了 Chattley Whitfield 煤矿博物馆。但由于地处偏远，交通不便，游客不多，收入收支不抵，而市政委员会又无力进行补助，最终 1993 年这个花费昂贵的煤矿遗址被迫关闭。基于 Chattley Whitfield 矿场有很高的历史价值，市政委员会于 1995 年重新对该煤矿遗址进行战略性评估，同时积极吸引欧洲委员会和其他资金的注入，保障项目的开发。同时会同诸多民间团体和商业组织发挥多方优势，对整个煤矿遗址进行了全面的规划，制定了详尽并具有可操作性的再发展计划，将煤矿遗址区定位为"遗产、休闲胜地和以实践参观为核心的生存训练中心"。Chattley Whitfield 煤矿综合区的复兴，从侧面说明地区经济的复兴是可以通过在煤矿遗址上建立公共休憩空间这种公益方式来实现的，这是值得我们认真思考的一个方向②。

（三）综合开发模式

事实上任何一种开发模式都无法独立承担带动煤矿遗址区经济和社会复苏的重任。社会是一个庞大的有机体，它的复苏需要支柱性产业的带动，这样才能为地区经济的发展提供助力，这将是地区发展的关键，但经济发展同样还需大量辅助性产业的协同。例如，采煤业带动了交通业、建筑业、餐饮业、服务业、医疗、教育等行业的发展，同样这些产业的发展保证了采煤业的正常运转。因此废弃煤矿区的复兴必须是支柱性产业和辅助性产业的共同发展。煤矿遗址的修复改造和再利用，需要诸多政府部门的协作，如煤矿局、遗产机构、农业部、

---

① Heike Doering, "The New Face of Mining: Cultural Tourism and Identity in the Coalfield Areas", Nottingham: *Developing Cultural Tourism Conference*, 2003.

② Heike Doering, "The New Face of Mining: Cultural Tourism and Identity in the Coalfield Areas", Nottingham: *Developing Cultural Tourism Conference*, 2003.

规划部门等。同时也需要工业考古学会、遗产保护协会等民间团体和志愿组织或个人的参与。志愿组织在遗址保护和改造中发挥着重要作用。工业遗产并非主要由政府创造,公共机构、志愿者团体参与公共事务管理、藏品收集、遗址保护、重要刊物出版等具体工作,在遗址修复工作中扮演着重要角色。[1] 格拉斯哥人民宫观念的扩展主要得益于邀请公众参与收藏品的制造或设计过程,志愿者组织不仅在收藏品制造,同时也在这些展览准则的判定中扮演关键角色。[2] 从技术层面看,各时间段对煤矿遗址的认识是不同的,对其保护和再利用的对象、侧重点也有所不同,这需要不同的专业技术知识。

从煤矿遗址区经济的整体复苏来看,很难将其划分为自然主义方式或人文主义方式。任何一种可行的改造方式都需要其他类型方式作为补充。例如,按照休憩空间模式建立煤矿工业遗产公园,一方面要将原有的煤矿遗址资源作为参观游览对象,另一方面也需引入公园建设,如植被、绿化、河流等一般元素。这就需要将草地、林地建设和煤矿区建筑的保护和再利用充分结合起来,组成人与自然共栖的和谐氛围。林地利用模式也可以和休闲遗产公园建设结合,改善地区环境的同时也可以实现生态人居价值和商业价值。煤矿坑既可改造为休闲游玩的游泳池,也可改造为湖泊,用以调节地表和地下水径流,改善局域小环境[3]。草地发展牧业的同时也能改善当地植被和局部环境,成为生态旅游业、公众休闲的有机组成部分。建筑业的发展也可和自然环境利用方式有机结合,创造自然的生态人居环境。

Brynbach(布莱恩巴彻)公园遗址保护和修复工程就是综合开发模式的典型范例。Brynbach 位于格温特郡(Gwent)西北角的布莱奈格

---

[1] Judith Alfrey, Tim Putnam, *The Industrial Heritage: Managing Resources and Uses*, London, New York: Routledge, 1992, p.127.

[2] Judith Alfrey, Tim Putnam, *The Industrial Heritage: Managing Resources and Uses*, London, New York: Routledge, 1992, p.112.

[3] Robert Lee Aston, *The legal, Engineering, Environmental and Social Perspectives of Surface Mining Law and Reclamation in Landfilling: Getting Maximum Yield from Surface Mines*, River Edge, N.J.: Imperial College Press, 1999, p.237.

温特日（Blaenau Gwent）自治镇。布莱奈格温特日位于南威尔士煤矿区东北，这里遍布18和19世纪的老工业遗址，Brynbach水库曾为本地工业提供用水，但此时水库却被许多小型煤矿废弃堆围绕，环境污染问题异常严峻。1972年人们计划将水库改造成休闲湖泊。1978年制定Brynbach遗址修复和再利用的总体规划，该规划涉及范围更广，扩展至周边的修复区。按照规划，原本计划将600公顷草林地改造为大众休闲和娱乐之地，构建以湖泊为中心的休闲娱乐项目，以期改善废弃地和无用地的风景风貌，增设休闲娱乐和公共设施，增加煤矿遗址区的吸引力，促进本地区工业遗产旅游业的发展。[1] 随着工程的实施，到1978年水库改造为20公顷的湖泊，湖水最深处为6米，平均深度为2米，有效地调节了各支流的水量，实现矿区"旱涝有保障"。为保持煤矿遗址区的生态环境平衡，布设了许多树木和草地，加固了山坡以防止山体滑坡和塌陷。工程期间威尔士开发局、格温特郡委员会、林业委员会、多个民间组织参与改造。Brynbach遗址正是因其重视运动和休闲服务设施而备受关注[2]。Brynbach修复计划之所以被认为是南威尔士最成功的煤矿工业遗址修复典范之一，原因不仅在于它有明晰的修复计划、可操作性和行之有效的修复实践，更在于其后续管理的科学性和实效性。到20世纪90年代，这一地区的风景地貌极大改善。取得这样的成就，除了参与修复工程的组织机构和个人外，郡委员会森林办公室的有效管理也功不可没。遗址修复完成后，初期工业旅游发展形势并不乐观，公园中游客很少且多为当地人。到1990年，旅游形势已大为改观，游客人数超过20万人次。湖泊区也增设了如帆板、钓鱼、独木舟等其他公共设施，可见Brynbach遗址开发带动了当地经济的整体复兴。

从Brynbach煤矿遗址改造的成功案例可以看出，遗址的修复保护必须要对遗址的类型性质以及遗址规划进行评估鉴定，从而制定相应

---

[1] I. G. Richards, J. P. Palmer, P. A. Barratt, *The Reclamation of Former Coal Mines and Steelworks*, Amsterdam: Elsevier, 1993, p.593.

[2] I. G. Richards, J. P. Palmer, P. A. Barratt, *The Reclamation of Former Coal Mines and Steelworks*, Amsterdam: Elsevier, 1993, p.593.

的整体规划。保证充足稳定的资金支持,是计划得以成功的重要保障。同时,还应该加强政府机构与民间机构间的协调与合作,解决改造修复再利用的技术问题,保证计划实施的可持续性,通过案例加深人们对遗址修复和再利用价值的认识。

四、煤矿遗址保护和修复改造原则

目前英国煤矿遗址的保护和再利用已较为普遍。煤矿遗址保护利用的实施过程中逐渐形成了一些普遍遵循的原则和规范。虽然这些原则受法律、传统习俗、习惯等不同因素的影响,但基本上都遵循最基本的改造原则。随着人们对废弃地认识的不断深入,对废弃遗址保护和修复的认识也是不断深化。不同历史时期对煤矿废弃地保护和治理方式也在不断变化,其所遵循的主要原则也在陆续完善。根据对英国煤矿废弃遗址的历史考察,可将英国煤矿遗址保护和修复改造过程的基本原则归结如下。

（一）多模式并举和可持续发展

煤矿遗址的改造方式多种多样,有些是为了改造生态环境,有些主要基于经济发展的考虑,也有考虑对遗址的保护、改造和再利用。例如,从自然方式和人文方式融合角度来看,煤矿遗址改造和再利用的模式确实是多种多样的。具体选择哪种开发和再利用模式,还是要依据当地的环境和条件来决定。但从实施操作上看,单一措施无法独立承担复兴当地经济、社会和文化的重任。许多煤矿遗址的修复都是多种模式并举,以带动社会经济的全面发展。例如,威尔士地区的煤矿遗址改造方式就是多模式并举。到1991年,威尔士地区修复遗址中有130个遗址被用作工业再发展,70个遗址被用于房屋建设,50个遗址用于运动场地（娱乐之用）,新建或改造成50多条道路,原有煤矿遗址基础上新建12个乡村公园（郡公园）等[1]。也有将煤矿排水池改

---

[1] I. G. Richards, J. P. Palmer, P. A. Barratt, *The Reclamation of Former Coal Mines and Steelworks*, Amsterdam: Elsevier, 1993, p.28.

造为游泳池，甚至改造成溜冰场或室内旱冰场。许多建筑内饰保留比较完整的遗址，被改造为老年人活动中心或青少年教育活动基地。这种多模式并举的模式促进了煤矿遗址区的经济转型，带动了相对封闭的煤矿遗址整体向良性发展的趋势，缩短了煤矿遗址区域同其他地区的差距，有利于改善人们对煤矿遗址的主观偏见，吸引游客参观和投资，同时这种举措也给未改造的煤矿遗址区提供了参考。单一产业为支柱的区域经济若忽视其相关配套产业的发展，其经济基础是不稳定的。所以煤矿遗址改造和再利用的多模式并举的方式是对这些旧有经验教训的吸收和消化，是顺应地区经济发展的要求，更是第三产业大发展的时代需求。

煤矿遗址的多种改造方式体现了人与自然的可持续发展。煤矿遗址的修复和改造就是可持续发展模式的应用，它与竭泽而渔的发展模式截然相反。在煤矿遗址的保护、改造和再利用过程中，一些煤矿的关闭实际上并非煤炭资源枯竭造成的，而是战略能源的保护或是环境保护的结果。但归根结底是保证有限资源的可持续性，保证子孙后代拥有可利用的资源，这是人类对自然环境的一种妥协，更是对人类未来的一种保护。可持续发展在煤矿遗址修复和改造的"自然主义模式"中体现得更明显。在存在安全隐患的山坡和山顶上种植草木，或建立自然保护区等行为，短期来看是保证人类安全和生产生活之用，实际上通过努力改善环境，有利于人与自然的共融与和谐共处。休闲娱乐和公共休憩空间等模式的应用同样也是可持续发展模式的应用。有学者曾将上述两种煤矿遗址改造方式归为"工业遗产旅游"的范畴。此种模式在对煤矿遗址重要建筑物、场所、机械、实物、图画等有价值煤矿遗迹进行保护的基础上，增加植被、改善环境，增加人民休闲娱乐的活动场所。发展工业遗产旅游正是顺应时代发展的需求，在人与自然的和谐发展中实现"双赢"。

（二）安全至上

艾伯凡煤矿惨剧发生后，安全成为英国煤矿遗址治理和修复的首要原则。该惨剧让人们真正意识到煤矿废弃遗址安全问题的重要性和治理的迫切性。煤矿废弃堆缺乏管理,对周边的居民环境造成严重威胁。遗址的治理从本质上说就是消除周边居民生命财产威胁,在此基础上加强废弃遗址的再利用。无论是政府还是民间团体对废弃遗址修复的基本出发点都是基于安全。国家煤炭局对废弃煤矿修复的相关表述中提到:英国煤矿修复遵循稳定性、安全性等原则的法规是《1969年煤矿法规》[1]。该法规第一部分涉及已经关闭或正在运营的煤矿,第二部分涉及煤矿无用废弃堆的相关情况,其中就包括稳定性和安全隐患问题。1971年煤矿法规[2]详细阐述了废弃堆修复和维护的相关要求,一再强调废弃堆安全管理的重要性。法规规定对煤矿废弃堆要进行日常危险性评估。国家煤炭局还对危险性评估的具体目标、周期、主旨、评估者的资格、具体内容、影响因素等作了详细规定,可见国家机构认识到了煤矿废弃遗址安全的重要性。

煤矿遗址灾难使得民众对废弃遗址安全性的需求也更加强烈。民众积极设立遗址修复基金,成立修复遗址组织来加强安全。例如,国家信托就是三位大慈善家于1885年建立的慈善机构。1907年议会特别法授权其作为唯一的私人机构,从事建筑与优美环境的保护工作。该机构通过遗产、捐赠、会员费、税收等方式获取资金,政府和地方当局不直接资助国家信托的工作,但它可以优先得到彩票基金的支持。国家信托的工作重点不是单纯的保护,而是以保护来促进地区的可持续发展[3]。所有工作的前提便是保证遗址的稳定和安全,保障地方民众的生命财产安全。

(三)保证公众参与

公众参与性,包括权利和义务两个方面。义务是指公众有义务参与废弃遗址的保护和修复改造计划。权利是指公众有权享受煤矿遗址修复改造的直接或间接成果。煤矿遗址有其独特性,主要表现在煤矿开采加

---

[1] The Coal Authority, *Code of Practice for the Management of Disuse Tips*, 2005.
[2] The Coal Authority, *Code of Practice for the Management of Disuse Tips*, 2005.
[3] 朱晓明:《当代英国建筑遗产保护》,同济大学出版社2007年版,第180—181页。

工过程的特殊性和煤矿遗址分布的特殊性，这也造成煤矿遗址成为废弃地之后的相对封闭性，修复改造困难较大。煤矿遗址的修复保护工作是一项复杂艰难的工程，需要投入大量的人力、资金和技术。专家团队在煤矿遗址修复和治理过程中起着重要作用，但这种理论研究还需实践的检验和补充，当地矿工的实践经验是煤矿遗址修复工程中必不可缺的宝贵资料。通过与矿工的交流能更好地了解当地实情，便于煤矿遗址的评估和鉴定，也能更好制订相应的治理修复计划，达到最佳效果。

此外，志愿组织和个人通过捐赠收藏品、资金或参与煤矿遗址修复计划等方式参与其中，发挥着重要作用。尤其在那些技术和资金都很短缺的地区，志愿组织的作用尤为重要。例如，国家信托中公众参与度就非常高。如果没有43万名志愿者义务奉献260万小时，创造了180种不同的服务途径，国家信托几乎无法正常运转。[1] 该机构目前拥有340万会员，公信力不断攀升。国家政策和民众的全力支持，加之国家信托富有成效的工作业绩，使煤矿遗址修复效益显著。2004年国家信托收入和基金总量均名列各类慈善机构前五，创造了世界上极负盛名的百年遗产保护品牌。也正是大众的普遍参与，才为遗址修复计划提供了最坚实的群众基础和认同。

公众在承担煤矿遗址修复改造工作的同时，也应该享受煤矿遗址改造带来的实惠。通过改造和再利用，煤矿遗址可改造发展为大众休闲场所，如运动场、游乐场、购物中心、会展中心等。同时也带来蓬勃发展的工业遗产旅游，为当地失业人口提供了充分的就业机会，改善了区域经济形势，有利于社会的稳定。例如，威尔士煤矿区10%劳动力在当地工业遗产旅游业或相关产业中就业。从1981年开始，劳动力就业人数从原来的5.7万增加到8万。英格兰东北地区也有10万名劳动力在文化、旅游、运动和休闲产业中就业。[2] 与此同时，工业旅游

---

[1] 朱晓明：《当代英国建筑遗产保护》，同济大学出版社2007年版，第181页。
[2] Heike Doering, "The New Face of Mining: Cultural Tourism and Identity in the Coalfield Areas", Nottingham: *Developing Cultural Tourism Conference*, 2003.

的成功范例——夏郡的铁桥峡谷博物馆和东北地区的 Beamish 博物馆每年分别接纳 18 万和 25 万名游客[①]。与此同时,许多休闲娱乐设施的服务对象是广大民众,因为民众的支持是整个地区复兴的关键,所以必须保障民众拥有享受休闲娱乐设施和服务的权利,这样才能真正调动民众参与煤矿遗址修复管理改造的积极性,保证煤矿遗址的修复、改造和再利用过程的可持续性。

(四) 兼顾公益性和商业性

保证公众承担煤矿遗址保护、修复和再利用或后续管理责任的同时,也应享有煤矿遗址修复改造下经济复苏带来的好处,这在很大程度上体现了"以民为本"和公益性。煤矿遗址修复改造主要通过两种方式实现。一种是由政府部门和相关专业组织合作实施,主要体现政府意志。另一种是由政府以竞标的形式吸引公益或商业性组织参与,以便在政府资金和技术不足的情况下,利用这些组织在技术、管理等方面的优势,保证煤矿遗址修复改造和再利用工程的顺利实施。位于格拉斯哥的 Hallside 煤炭和钢铁工业遗址,1978 年企业关闭时工厂建筑物也被拆毁,遗址也归苏格兰开发局所有(也就是后来的苏格兰企业)[②]。Hallside 遗址和斯特拉斯克莱德绿地相邻,而斯特拉斯克莱德绿地主要是由废弃无用、被掠夺式开发和无人管理的土地组成。1991 年斯特拉斯克莱德地区委员会、苏格兰国家遗址组织和苏格兰国家企业联合成立斯特拉斯克莱德绿地公司,通过租用的方式获得了 Hallside 遗址,对该地进行了相应的保护和修复改造工程,创造了这些土地的新价值,保护和加强了当地的风景和生态建设。

同样,政府部门也可以通过竞标或低价出售的形式,将一些煤矿遗址资源出售给慈善企业或基金。例如,英国法律规定:如果要将土地以低于市场价卖给国家信托机构,国家信托决不能再次将土地抵押

[①] Heike Doering, "The New Face of Mining: Cultural Tourism and Identity in the Coalfield Areas", Nottingham: *Developing Cultural Tourism Conference*, 2003.

[②] I. G. Richards, J. P. Palmer, P. A. Barratt, *The Reclamation of Former Coal Mines and Steelworks*, Amsterdam: Elsevier, 1993, p. 578.

和买卖。国家信托创业之初的首份财产就是1.8公顷的悬崖高地，如今英国25万公顷的美丽乡村、近1 000公里逶迤的海岸线和200多处动人的历史建筑和风景园林作为天赐福源提供给国家信托丰饶的物产和优美的旅游环境，便于形成生产、旅游、再就业的地方经济振兴线索。[①] 这保证了慈善组织在进行遗址保护和修复改造时的优势，也奠定了煤矿遗址修复后公益性的基石。煤矿遗址修复和改造的根本目的主要是保证地区生态环境和人民生活的安定，其次才是经济利益的获取和其他方面的考虑。

煤矿遗址修复和改造的另一个重要出发点是改善煤矿遗址的生存环境，促进煤矿区域经济的复苏，从而带动遗址区的可持续发展。外部资本是煤矿遗址再开发的重要条件，而资金主要来源于欧盟相关组织的资金支持、国家和地方的财政支撑、民间组织和个人的捐赠以及商业性组织的投资等。商业组织和个人投资也是煤矿遗址改造的重要资金来源，它在改造过程中起着重要作用。商业性资金在为遗址改造和管理做出重要贡献的同时，也必须保证能从修复改造中获得实际的收益。许多商业性组织通过招租或竞标形式成为煤矿遗址改造利用和后续经营的主体。在获取经济效益的同时，必须考虑与当地的政治经济形势相吻合，这是商业性企业的生存基础，更是遗址改造修复和再利用本身的需要。遗址改造兼顾公益性和商业性，便于调动广大群众的积极性，使其积极投身于遗址改造和管理工作，保证全民的参与性。这也能吸引许多志愿组织和个人投身其中，为改变煤矿遗址"落后颓废"的面貌提供助力。通过兼顾商业性，吸引一些有资金和技术优势的商业性组织加入，便于加快遗址修复改造和再利用，也利于提高遗址改造利用和管理的有效性，加快煤矿遗址区经济结构的转型和经济的全面复苏，以求达到地区经济高速和稳定的良性发展。

（五）坚持地域特性和身份认同

改造区域废弃煤矿及其相关产业时要始终坚持地域特性。Snibston Discovery（斯尼布斯坦发现）公园的成功案例强调的就是坚持地域特

---

① 朱晓明：《当代英国建筑遗产保护》，同济大学出版社2007年版，第181页。

性的重要性,要想将某个地区建成国家级的旅游胜地,独特的"地域特性"(locality)也是重点开发的资源之一[1]。不能因盲目追求经济发展和对废旧煤矿遗址的改造而丧失了自己的特色。实践证明,独特的地区特征、地域文化、地方风俗习惯都是煤矿遗址得以成功修复改造的重要保障,更是煤矿工业遗产旅游、煤矿主题博物馆得以发展和兴盛的重要原因。许多业已改造成功的煤矿遗址旅游地和主题博物馆都是坚持地域特性的成功典范。例如,南威尔士朗达山谷因煤矿开发而形成了独特的景区[2]。1990年朗达山谷内煤矿的陆续关闭,引发了许多经济和社会问题。最终人们以煤矿遗址改造为思路,明确了对煤矿遗址发展前景的定位,迅速确定了以建筑业、服务业和娱乐业为主拉动地区经济发展的工业遗产旅游模式。这些计划的制定、实施和管理是在对煤矿遗址区地域特性、地域文化和风俗及国内外大环境认真评估后制定的。

  针对煤炭遗址修复改造方式存在着两种截然相对的观点[3]。一种观点认为,煤矿工业遗产是人类工业文明的产物,是无可复制的遗产,应该加以全部保护,修复和改造应该是在原有基础上进行的"修修补补",不应该破坏遗址区原有的面貌。显然这种观点更多关注环境保护,对地区经济复兴的关注不够。另一种观点则主张对无用的废弃煤矿遗址进行大范围的修复、改造和再利用,开发遗址区的潜力,寻求遗址的新发展。这种观点更多地是从经济发展的角度着眼,但对文化遗产保护的关注度不够,有时候会出现经济发展是以煤矿遗产的损失和破坏为代价的情况。因此,这种观点也是有缺陷的。

---

[1] Heike Doering, "The New Face of Mining: Cultural Tourism and Identity in the Coalfield Areas", Nottingham: *Developing Cultural Tourism Conference*, 2003.

[2] Judith Alfrey, Tim Putnam, *The Industrial Heritage: Managing Resources and Uses*, London, New York: Routledge, 1992, p.13.

[3] Rick Ball, *Cutting Edge* 1997: *Industrial Heritage, Tourism and Industrial Buildings: Charting the Difficult Path from Redundancy to Heritage Attraction*, Rics Research, 1997, https://www.csu.edu/cerc/researchreports/documents/Industrial Heritage Tourism Old Industrial Buildings 1997.pdf

本文倾向于将两种观点综合起来。煤矿遗址的修复改造工程，不能将原有遗址全部拆除，更不能一味保护，不加以开发，不考虑经济效益。也就是说煤矿遗址的修复改造工程，既要保证遗址实物、历史的保存和遗址文化的传承，同时也要处理历史与现实、经济发展与文化传承间的关系等。对遗址的保护，保留遗址文化和地域特性，如独特的煤矿遗址风景、矿场建筑、煤矿工业居住区等，在此基础上形成的独特文化，无疑是工业遗产旅游、休闲娱乐或煤矿博物馆的文化基础。而遗址改造和再利用则是在此基础上的再开发，是保护这些文化和遗址的重要途径。它们之间或可称为"再利用为表，遗址保护为里的表里关系"，所以煤矿遗址区的改造与其说是保护、改造或修复，毋宁说是在遗址保护基础上的一种再创造。

每个煤矿遗址改造计划开发的制定者、实施者或是管理者，都要坚持这种地域特性。"全部推倒重来"代价太高，牺牲太大。只有在坚持地域特性的基础上才能在瞬息万变的时代发展中找准自身定位，明确自身前进的方向。地区特性更是一种凝聚力，是一种身份的认同。对那些以煤炭开采为主要支柱的地区，成功的遗址保护是经济复兴的重要途径，更是当地群众赖以骄傲的资本，这就更需要通过坚持地域特性，汇集最大的精神和物质力量，创造更好的明天。

总之，英国煤矿遗址改造正是坚持了这些基本原则，才得以顺利开展。这些原则既是实践的指导，也是长远的规划。这些原则既保证了经济的发展复兴，同时也坚持了自身的特色，探索出了一条适合自身发展的复兴之路。

第三节　英国煤矿遗址的改造经验及对我国的启示

一、英国煤矿遗址保护和修复改造的成功经验

从 20 世纪 60 年代开始，英国便开始对煤矿遗址问题进行有益的探索和研究。直到 20 世纪 80 年代铁桥峡谷博物馆的建立，英国废弃

煤矿遗址问题的研究和实践才真正走上了法制化、正规化和专业化的轨道。随着研究和实践的不断深入，英国积累了大量的成功经验，值得我们学习。但由于各国文化、风俗习惯、社会背景、国民性格等方面的差异，许多经验不一定适合我国国情。所以在实践中，就需要我们有选择地加以利用，寻找到一条适合我国国情的煤矿遗址修复改造之路。现将英国煤矿遗址修复改造过程中一些成功经验概括如下。

（一）实践活动要与法律保障同步

有效的法律保障是英国煤矿遗址修复改造运动得以发展和延续的重要前提。煤矿遗址改造的时代特征也能从相关法律中得以体现。任何法规都不能脱离现实，但在一定程度上可以高于现实。英国煤矿遗址的改造和修复工程始终是在法律法规的保障下开展的。英国各级政府都是在考察煤矿遗址发展和限制条件的基础上，制订相应的法律或规章制度。例如，国家煤炭局、环境部、威尔士部、苏格兰部等部门制定的相关规章制度。《1969年煤矿法》《1971年矿坑管理法》《1982年废弃地法规》等法规都在煤矿遗址所在地、建筑物、植被所有权、使用权，修复改造责任人的相关权利义务、改造方式、管理方式、煤矿遗址区居民权益的保障等方面作了详细的规定。为推动这些法律的实施，英国成立了专门的执行和监督机构。对煤矿遗址改造和修复计划的制定人员、顾问团体、资金、技术等进行了前期准备和后期管理，保证了遗址改造和修复工程顺利有效的开展并取得实效。例如，威尔士煤矿遗址改造和修复都是由一个小型专家团队管理的[①]，他们帮助威尔士政府制定相应的政策计划，保证了相关法律制定的科学性和有效性。

在实践活动中，法律保障的另一个层面就是政府机构的直接参与和指导。煤矿国有化时期，国家作为煤矿的主人，有义务对煤矿遗址的安全和修复改造承担责任。煤矿私有化后，由承包商对煤矿进行日常的生产和管理。废弃煤矿遗址的修复改造是一项艰巨的工程，需要

---

① I. G. Richards, J. P. Palmer, P. A. Barratt, *The Reclamation of Former Coal Mines and Steelworks*, Amsterdam: Elsevier, 1993, p.28.

大量人力、物力、资金、技术的支持。私营煤矿主无力单独承揽这些工程，因此还需要政府从中参与以期保证煤矿遗址修复改造工程的顺利实施。

（二）保证工程的专业性和科学性及相关组织间的协调

英国煤矿遗址的改造工程是一项复杂艰苦的任务。从对煤矿遗址的认识到产业运作都需要专业知识和经验。煤矿遗址的地质条件影响非常大，要保证工程的顺利实施，必须考虑各方面的潜在因素，如地质的稳定性、地下水情况、山体情况和周边环境等[①]。在对废弃遗址认识和修复改造的不同阶段，对专业知识的需求也在不断变化。煤矿遗址保护工程需要工程学和建筑学的相关知识，随着修复改造和再利用改造的开展，修复改造也需要风景美化、城市规划、生态建设、生态保护、土壤分析等方面的知识。例如，威尔士就设立了一个小型的专家顾问团队负责计划制订、协调等方面的工作，进而保证工程实施的专业性和科学性[②]。在工程的实施中，前期煤矿遗址保障性修复工程需要统一的机构或团体领导，负责整体计划的实施，保证内部资源的分配协调与管理，保障修复改造资金的充足或技术人员的调配。同时也需要专家团队的参与，保证工程实施的专业性和科学性以及工程实施的有效性。在具体的实施步骤上，对煤矿遗址的评估、初步规划、再利用、后期管理等实践流程，都需要煤矿遗址修复改造工程有较高的组织性，以确保工程顺利有序地实施。

保障和鼓励公众的参与是英国煤矿遗址修复改造工程的重要原则之一。要遵循这一原则，既要保证政府部门的参与，同时也要吸引慈善组织、志愿组织、个人和商业性企业的加入。在工程实践中，多部门工作需合理分工。如在保证安全和生态环境上，需要环境部门的介

---

① A. Almasmoum, S. P. Bentley, H. J. Siddle, "An Historical Review of Landslide Research in the South Wales Coalfield", *Geotechnical and Geological Engineering*, Vol. 14, No. 1 (March, 1996), pp. 21–40.

② L. I. D. Llewellyn, "The South Wales Coalfield: Site Investigation, Design and Planning of a New Colliery Dirt Tip", *Minerals and Environment*, Vol. 2, No. 3 (Sep., 1980), pp. 101.

入；煤矿废弃堆的修复则需要国家煤矿局的组织；土地规划则需要土地管理规划部门介入；如住房建设等后期的利用也需要住房建设部的规划指导；等等。政府需要在保证其对工程全局性掌控的基础上，适当利用民间志愿团体或个人所收集的资料、技术等优势，允许其负责一些工程的实施，从而使得民间团体和政府部门能够有效合作，共同促进工程的顺利实施。政府主要通过招标方式、利用商业组织在某些工程元素处理上的优势，实现互补和共赢。政府负责煤矿遗址宏观计划的制订和煤矿遗址的评估，而中标企业则作为具体的践行者，通过协议共同促进煤矿遗址修复改造工程的实施。在商业性工程的实施过程中，既要为当地居民提供充分的就业机会，同时也要兼顾利益的获得。志愿组织的介入一定程度上是对现有格局的冲击。许多志愿者开始替代正常雇工的工作，在煤矿遗址修复改造过程中承担一定任务，从而可能在商业性和公益性之间产生重叠。这样就难免出现重复性和资源浪费的现象，所以需要合理分工，在保障充分就业的前提下充分发挥志愿组织的顾问作用，并利用其在技术、资金、管理等方面优势，促进遗址修复改造工程正常运行。

（三）充足稳定的资金保障和完善的后备人才培养

充足的资金是煤矿遗址工程得以顺利实施的重要保障。政府资金稳定性和可靠性较高，能保证煤矿遗址修复改造工程的顺利实施和持续进行，防止许多煤矿遗址修复改造工程因资金不足而搁置。这也是"公益性原则"的重要保障。除此之外，民间团体或个人资金捐赠也是其资金来源的重要组成部分，但这种资金来源不稳定。即使如此，它们对煤矿遗址修复改造工程的作用仍不可忽视，但某种程度上遗产基金的设立弥补了民间捐赠资金的不稳定。商业企业的投资取决于当地商业价值的大小，这需要当地创造良好的投资环境来吸引外部投资。一般情况下，煤矿遗址改造和再利用项目的后期经营管理都是以商业性投资为主，这样便于增加就业机会，带动地区经济复苏。所以说，如果没有充足、稳定的资金保证，煤矿遗址的修复很难成功。同时，修复改造资金来源的多样化也是工程得以不间断实施的重要保障。

此外，煤矿遗址保护和修复改造工程的顺利实施，也需要大量的后备专业人才支撑。英国后备专业人才的培养主要是通过教育和专业培训来实现的。从煤矿遗址问题受到普遍关注以来，具有针对性的相关教育课程便随之发展，以此有针对性地加强后备专业人才的培养。许多学校和教育机构都开设了煤矿工业遗产的相关课程。例如，英国铁桥学院开设了关于遗产管理和工业考古学的研究生课程；莱斯特大学开设了工业考古学和工业遗址方面的研究生课程，还授予相应的研究生学位文凭；牛津大学也开设了关于工业建筑的介绍性课程[①]等。有些地区将经过初步改造的煤矿遗址作为青少年的教育实习基地，通过实地熏陶，加深学生对煤矿遗址及修复改造实践的认识，并通过某些具体实例来展示其修复改造的光明前景。同时，在煤矿遗址实地教育中贯穿爱国主义教育，使学生认识到煤炭工业在历史上的重要地位，激发他们的民族自豪感。也可结合现状使学生对煤矿遗址可持续发展的必要性和可行性有一些初步认识。此外，还有一些成功经验，例如煤矿遗址修复改造工程的持续性、延续性、整体性、综合性及相关政策的稳定性等，也是煤矿遗址修复改造工程得以顺利实施的成功保障。

二、英国煤矿遗址保护和修复改造对我国的启示

我国是一个煤炭大国，煤炭工业是我国工业发展的重要部门，煤炭产量和规模与日俱增。煤炭在为我国经济发展带来巨大效益的同时，也造成了土地污染、大气污染、水资源污染、环境恶化等一系列问题，其中对土地的浪费尤其严重。我国煤矿开采造成废弃煤矿地数量庞大，主要分布在东北、山西、陕西、内蒙古等地。据《2007年中国地质环境公报》统计，截至2007年，全国矿业开发占用和损坏可用地面积为165.8万公顷，其中尾矿堆放90.9万公顷，露天采坑52.2万公顷，

---

① 国家工业遗产保护协会网站：http://www.mnactec.cat/ticcih/university.htm.

采矿塌陷 20.3 万公顷。① 另据统计，到 2005 年年底，全国采煤区累计塌陷面积超过了 70 万公顷，其中耕地占 30%，并且以每年 2 万公顷的速度增长。② 采煤区塌陷和土地破坏的势头并没有得到有效遏制，严重破坏了土地资源和生态环境的可持续发展，这也是导致我国耕地面积锐减和环境恶化的主要原因之一。此外，它还影响煤矿区社会经济的可持续发展，成为区域经济发展的瓶颈。诸如矿井、横坑、废弃矿场建筑等也严重威胁着矿区人民的生命财产安全，因此对煤矿遗址的修复改造刻不容缓。

（一）我国煤矿遗址及其保护和修复改造的现状

在中国近代史上，煤炭工业占有重要地位，煤矿工业遗产众多。中国近代矿业就是从机器采煤业开始的。1875 年 5 月清政府同意李鸿章等人分别在直隶和台湾试办煤矿，后来台湾基隆煤矿成效显著，年产量达到 5.4 万吨。1877 年李鸿章派人筹建开平矿务局，并于 1879 年开始使用机器开采，其产量逐年增加，到 1889 年已达 24.7 万吨，极大地增加了同外国煤矿竞争的资本，鼓舞了民族工业的士气。而唐山开滦煤矿的开发同样意义深远。这里诞生了中国第一条标准轨距铁路、第一台蒸汽机车、第一座成功的机械化矿井、第一件卫生陶瓷、第一桶机制水泥和近代最早的股份制企业——开滦煤矿。

再如，洋务派代表人物张之洞创办的汉冶萍煤铁厂矿有限公司是中国第一个采用新式机械进行大规模生产的煤钢联合企业。这一煤钢企业自 1890 年创建，经抗日战争、解放战争洗礼，直至 1949 年新中国成立后收归国有。目前湖北省黄石市西塞山区和黄石港区保存有汉冶萍煤铁厂矿旧址。再有就是河南省的泽煤盛矿厂，它是近代河南省最早、规模较大的煤矿企业，也是河南省第一个外资煤矿企业，现在还保存着泽煤盛矿厂的井架、英福公司医院旧址和总办事处旧址等多处

---

① 赵明富、赵长胜、曹晓晨：《煤矿区景观重建与土地复垦研究现状分析》，载《安徽农业科学》2008 年第 23 期。

② 张立海、刘海青、张业成：《采煤区土地复垦产业化管理建议》，载《中国矿业》2007 年第 6 期。

遗址。此外还有东北的新一煤矿竖井、河南焦作的豫庆公司煤矿旧址，它们都是我国煤矿工业发展的见证，有着特殊的历史价值，对其进行保护和修复改造意义深远。

但与英国相比较而言，我国煤矿遗址的研究和修复改造实践起步较晚且发展缓慢。但随着全球经济一体化和国际交流的日益频繁，我国煤炭工业遗产的保护也开始提上日程。近年来工业遗产发展的步伐不断加快，不仅工业遗产保护和修复改造理论有了长足发展，而且在具体实践中也获得了许多成功。2006年4月中国国家文物局在江苏无锡举办了首届中国工业遗产保护论坛，通过了旨在保护工业遗产的《无锡建议》。其中针对工业遗产保护提出：开展工业遗产资源普查，做好评估和认定工作；编制工业遗产保护专项规划；借鉴汲取国外工业遗产保护与利用的经验教训等多方面建议①。这是对我国工业遗产保护和修复改造现状的阶段性总结，标志着我国工业遗产保护开始走上正轨。2006年5月国家文物局正式下发了《关于加强工业遗产保护的通知》②，要求将工业遗产保护纳入城市规划的范畴，并在编制文物保护规划时关注工业遗产保护。这种特殊形式的保护管理，完善了现有的工业遗产保护管理体系。在国家文物局和相关机构的主持下，制订工业遗产保护的相关法律章程，同时我国也积极参加工业遗产保护的国际交流。

在煤矿遗址和其他工业遗产的修复改造实践上，我国各地也取得了不少成就。例如，将唐山煤矿塌陷区改造为唐山南湖公园、抚顺露天煤矿开发区遗址改造为抚顺森林公园等。此外，一些非煤矿的工业遗址也获得治理，如将广州中山粤中造船厂改造为崎江公园，南京金陵制造局遗址改造为中国军事历史博物馆，首都钢铁厂区开发为首都钢铁公园，北京手表厂改造为双安商场，天津玻璃厂遗址建设为天津

---

① 无锡市文化遗产局编：《中国工业遗产保护论坛文集》，凤凰出版社2007年版，第2页。
② 《中国城市发展报告》编辑委员会编：《中国城市发展报告2006》，中国城市出版社2007年版，第460页。

水晶城住宅小区，等等。改造形式也与国际主流趋同，例如，抚顺露天煤矿区的改造、唐山煤矿塌陷区的改造以工业旅游和休闲娱乐为主；南京金陵机器制造局遗址改造以博物馆和文化展览为主；北京手表厂的改造工程则以大型购物娱乐为主；而天津玻璃厂的建设改造工程则是以房地产开发为主；等等。从中可以看出，近年来我国在工业遗产的修复改造中开展了大量的实地研究。

但这些实践并不足以解决现阶段我国面临的煤矿遗址问题。我国土地资源紧缺问题非常突出，所以现阶段我国煤矿遗址问题主要还是如何对废弃地进行回收再利用。因此煤矿废弃上的"土地复垦"更是重中之重。按照我国1988年出台的《土地复垦规定》，所谓"土地复垦"，就是指对生产建设过程中，因挖损、塌陷、压占等造成破坏的土地，采取整治措施，使其恢复到可供利用状态的活动。[1]对煤矿区而言，土地复垦即是对煤矿生产过程中因各种原因而破坏的土地，采取一定措施使其恢复到可利用状态。因此土地复垦也被列入环境保护、资源开发的范畴。同时，我国也在努力完善有关土地复垦的法律法规，其中《土地复垦规定》是我国第一部详细完整的有关煤矿区复垦的法规，其后陆续颁布实施的《环境保护法》《煤炭法》《矿产资源法》等法律都对土地复垦有所涉及。至此，我国有关土地复垦的法律体系开始逐渐完善，从而为煤矿遗址区土地复垦工作的开展提供了法律保障。

从特点上看，由于我国近代工业兴起于鸦片战争后的半殖民地社会，也使得现存的许多工业遗产带有明显的时代印记。现存的大量煤矿遗址，如汉冶萍煤铁厂矿遗址、开滦煤矿遗址等都能体现其时代特性，同时兼具历史价值和文化价值。因此，对这些煤矿遗址的保护和修复改造，既可以满足现代社会的发展需求，同时又能保护重要的历史资源、保证工业文明和文化的传承。这无疑增加了煤矿遗址区"土地复垦"和遗址修复改造的难度。

---

[1]《中华人民共和国土地复垦规定》来自于国务院令第19号，1989年1月1日实施。

（二）我国煤矿遗址保护和修复改造中存在的主要问题

近年来，我国无论是在参与国际交流，还是在保护实践上，都取了丰硕的成果，但与英美等发达国家相比，发展的广度和深度都有所不及。以工业遗产旅游研究为例，李林和魏卫在《国内外工业遗产旅游研究评述》一文中对国内外研究差异原因进行了总结：国外工业遗产旅游研究分布较广，在遗产研究、考古研究、工业旅游、文化研究等领域都有所涉及，而我国研究则主要集中在工业旅游方面，其他领域极少涉及，范围狭窄；国外研究侧重于工业遗产的保护、管理和利用及旅游开发等方面，而目前我国对工业遗产旅游的研究还以介绍西方经验为主，其他方面突出成果较少。[①] 1986年11月英国铁桥峡谷遗址成为世界上第一个因工业而闻名的世界遗产和煤矿工业遗产，而直到2006年4月我国在第六批全国重点保护单位中才出现了首个煤矿遗址——汉冶萍煤铁厂矿旧址，足见我国煤矿遗址研究和实践成果少且步伐缓慢。

这些差距让我们认识到目前我国煤矿遗址保护和改造任务之艰巨，路途之遥远，同时也说明我国煤矿遗址开发潜力之巨大、前途之光明。当然由于各国国情不同，我国煤矿遗址保护所面临的困境除各种客观原因外，环境保护意识淡薄、社会责任感缺失、没有有效的制度保障和执行力、经济发展胜过一切等主观因素也是煤矿遗址保护和修复改造的最大障碍。

首先，环境保护意识的淡漠和社会责任感的缺失。煤矿遗址修复改造工程是一项复杂而艰巨的任务，不仅需要投入大量人力、物力、技术、资金，同时还需环境保护和可持续发展的意识。长期以来，随着经济的飞速发展，人们缺乏对煤矿遗址地的关注。求多、求大的粗放式经营模式也是煤矿遗址大量产生而得不到关注的重要原因。从普通民众到官员学者都没能对此问题给予足够的重视，对待煤矿遗址治

---

① 李林、魏卫：《国内外工业遗产旅游研究述评》，载《华南理工大学学报（社会科学版）》2005年第4期。

理和保护问题显得过于急功近利，只顾眼前利益，而忽视了长远发展。这种竭泽而渔的发展方式，并不能解决经济发展、社会进步的根本要求，反而成为社会经济发展的"拦路虎"。为此，国家文物局《关于加强工业遗产保护的通知》中就明确指出我国现阶段工业遗产保护中存在的主要问题：一是重视不够，工业遗产列入各级文物保护单位的比例较低；二是家底不清，对工业遗产的数量、分布和保护状况心中无数；三是界定不明，对工业遗产缺乏深入系统的研究，保护理念和经验严重匮乏；四是认识不足，认为工业污染严重且技术落后，应退出历史舞台；五是措施不力，详远而略近的观念偏差，使不少工业遗产首当其冲成为城市建设的牺牲品。① 究其根本，主要是对工业遗产及其保护缺乏一个清醒的认知。

我国基本能源构成仍以煤炭为主，短期内这种局面很难改变。煤矿众多且开采成本低廉，并以低价销售到国外，为我国赚取了大量外汇，同时也保证了国内工业的能源需求。随着中国经济飞跃式发展，这种"开采—出口"的模式已成为我国经济可持续发展的障碍，许多煤矿因恶性竞争、价格更低、煤炭储量急剧下降，国家战略能源储备底线遭到严重冲击。许多地区的煤矿开采主体鱼龙混杂，既有国有煤矿公司，也有集体所有制企业、私人企业、合资企业以及许多私人开采户。许多煤矿在被唯利是图的煤矿主采空后，被无情地抛弃。这些数量巨大、未加治理的煤矿遗址成了煤矿区特有的景观。煤矿遗址上的废弃堆、矿井和横坑等对当地人民的生产生活造成了严重威胁，亟待治理。

其次，缺乏有效的制度保障。煤矿遗址是煤炭工业遗产的基础。随着经济的快速发展，煤矿工业也得以发展壮大。煤矿遗址不断产生，既有汉冶萍煤矿遗址这样的早期遗址，也有近年来才产生的新遗址。但不同煤矿遗址面临的问题同样严峻。由于煤矿遗址的修复改造并不

---

① 路琼：《国家文物局下发关于加强工业遗产保护的通知》，载《中国文物报》2006年5月26日，第1版。

像经济发展需求那样迫切,对煤矿遗址往往缺乏常规化、专业化和科学化的治理和改造。

  煤矿遗址修复改造是一项非常复杂的工程。以"土地复垦"为例,煤矿区的土地复垦是一项涉及面广、综合性强的系统工程,涉及地质学、地球化学、矿床学、矿物学、采矿工程、选矿工程、工程地质、环境科学、景观生态学、农学等多个学科,为了使复垦区达到经济、社会和生态效益的统一,必须按照因地制宜的原则制定切实可行的复垦规划[①]。由此可见,煤矿遗址修复工程不仅需要一个强有力的部门作为中枢机构,如英国煤炭国有化后的国家煤炭局、威尔士发展办公室,同时也需许多专业机构和专业人士的紧密协作。但实际上,现阶段我国涉及煤矿遗址的法律法规还较少,对煤矿遗址的关注和研究也还停留在介绍国外经验的层面。因此,政策法规的制定没能很好地与煤矿遗址的现实结合,国家相关部门很难在煤矿遗址修复和改造过程中起到主导作用。我国许多地区都存在大量私有煤矿,国家难以进行有效监管。这些煤矿主不想也无力对煤矿遗址进行修复改造,更遑论煤矿遗址区的复兴。

  最后,对"经济发展为主导"的论断和理解存在偏差。长期以来我们都忽视了经济发展和环境保护的协调发展。经济迅速发展,财富的急速增长使人们忽视了对煤矿遗留问题——煤矿遗址的关注。经济的发展在改变我国贫穷面貌的同时,也在以一种自戕的方式,掠夺着未来生存的本钱,以满足本代人的发展。国家文物局局长单霁翔在《关于新型遗产:工业遗产的保护》中写道:随着城市化步伐的逐步加快,在工业遗址的拆与保、遗弃与利用间存在着激烈的碰撞。这种碰撞不仅存在于某个地区,而且普遍存在于具有工业遗产资源的所有城市。[②]

---

 ① 韦朝阳、张立成、赵桂久:《试论我国煤矿区生态环境现状及综合整治战略》,载《中国人口·资源与环境》1995 年第 4 期。
 ② 单霁翔:《关注新型文化遗产:工业遗产的保护》,载《北京规划建设》2007 年第 2 期。

以陕北煤矿遗址区为例，煤炭和石油资源的开发给当地带来了巨大的经济效益，个别县区因能源的开采一跃成为西部地区少有的全国百强县，如神木县、靖边县等，人民生活水平普遍提高，社会保障制度也因经济形势的好转而得到改善。如神木县实行的全民免费医疗，这也说明良好有效的社会保障制度是建立在强大的经济基础之上的。这些地区的发展是对"经济发展为主线"的有力佐证，但也应该看到，这些经济利益的获取是以牺牲环境为代价换来的。煤矿过度开采造成表层土壤的破坏，而开采后未加治理修复的遗址也造成表层水土流失。煤炭大省山西的情况也类似，地表塌陷，地形地貌遭到破坏，煤矿遗址地无人处理，对当地人民的生命财产造成了极大的威胁。由此可以看出，我国煤矿遗址区土地修复和遗址改造的必要性和迫切性。

煤矿遗址修复改造工程很难在短期内产生明显的经济效益，这也是其难以有效开展的主要原因之一。煤炭毕竟是一种不可再生能源，如何处理煤矿开采后遗留下来的煤矿遗址也是摆在我们面前的重要问题之一。从长远看，煤矿遗址问题关乎着社会经济的可持续发展。此问题的前提是对煤矿遗址价值的再挖掘，同时也需以法律形式保障煤矿遗址修复改造工程的正常进行，处理好短期投入和长期效益之间的关系。

（三）我国煤矿遗址保护和修复改造的应对之策

大量废弃的煤矿遗址，既是一个环境问题，也是经济发展问题。从环境角度来讲，对煤矿遗址的治理和修复可以保证当地居民的生命财产安全。从经济角度而言，煤矿遗址的修复和改造对实现煤矿废弃遗址区转型和区域经济复苏也是大有裨益。但由于各国国情不同，煤炭勘探、开采、运输、加工过程的差异，煤矿遗址修复改造过程遇到的问题也参差不齐。我国许多煤矿都是特大型煤矿，产量动辄上百万吨，过度开采很容易造成煤矿枯竭，自然环境难以恢复。同时，一些矿场建筑和煤矿机器设备的老化也容易引发矿难。鉴于此，结合英国煤矿遗址修复和改造过程中的经验教训，我认为我国煤矿遗址修复改造工程应从以下几方面着手。

第一，在公民意识层面上，激发煤矿遗址保护、修复和改造的思想意识。解放思想，转变思想，将暂时废弃或是即将废弃的煤矿遗址看成是一种潜在的发展资源，从多方面综合考虑眼前和长远利益。煤炭是煤矿区最主要的经济支柱，也是地区经济的重要组成部分。许多煤矿区地处偏远，交通不便，开发难度较大，要实现地区经济的再发展确实不易。但若将煤矿遗址作为关注对象，对其进行价值的再发现，辅之以正确的态度、充足的资金、完善的技术保障，对其进行深入的修复和改造，并利用现有资源，结合地区特性，因地制宜，制订相应的修复改造计划，以特殊的文化风貌、独特的工业遗址旅游，亦或主题博物馆、自然保护区等不同形式，也能创造新的经济增长点。李蕾蕾在其《中国工业旅游发展评析：从西方的视角看中国》一文中写道：中国这种密集、短暂、超强的城市化和工业化，使其具有巨大的工业遗产潜能。随着工业遗产保护意识的不断增强，中国工业遗产旅游的潜力会不断增强。① 关键是如何发掘煤矿工业遗产的潜在价值，化腐朽为神奇，实现经济的再发展。

国家文物局《关于加强工业遗产保护的通知》②就曾说道：充分认识工业遗产的价值及其保护意义，清醒认识开展工业遗产保护的重要性和紧迫性，注重研究解决工业遗产保护面临的问题和矛盾，处理好工业遗产和经济建设的关系。结合工业遗产保护和保存情况，利用多种渠道，采取多种形式，开展保护工业遗产的宣传教育，提高公众对工业遗产的认识，使工业遗产保护的理念和意识深入人心，充分调动社会各界保护工业遗产的积极性，营造良好的社会保护氛围，推动我国工业遗产保护工作的顺利开展。从这一点来说，加强公众对煤矿遗址的认识才是遗址保护修复和改造工程得以实施的首要条件，也是环境保护、可持续发展的首要保障。

---

① 李蕾蕾：《中国工业旅游发展评析：从西方的视角看中国》，载《人文地理杂志》2003年第6期。

② 路琼：《国家文物局下发关于加强工业遗产保护的通知》，载《中国文物报》2006年5月26日，第1版。

第二，在制度层面上，制订并严格执行煤矿遗址保护、修复和改造相关的法律法规。我国的工业遗产保护和修复改造工程起步晚，但随着我国积极参与国际交流合作，对废弃遗址问题的认识也在逐渐提高，陆续制定了一系列关于废弃遗址保护和改造的法律法规，不断加强对这些法律法规的执行与监管。2005年12月9日上海召开2005中国城市遗址保护论坛，随后国务院下发《关于加强文化遗产保护的通知》，成立了由国务委员陈至立任组长、15个部委组成的文化遗产保护领导小组。2006年4月18日通过了旨在保护工业遗产的《无锡建议》，2006年5月12日国家文物局下发了《关于加强工业遗产保护的通知》。2006年6月10日全国首家以城市保护为宗旨的非公募基金——上海阮仪三城市遗产保护基金会成立，这些举措足见国家对工业遗产保护的决心。

我国煤矿遗址修复改造要结合国情和煤矿遗址实情来制订相关的法律法规。将工业遗产保护纳入当地经济、社会发展规划和城乡建设规划，制订切实可行的工业遗产保护工作计划，有步骤地开展工业遗产保护调查、评估、认定、保护与利用等各项工作。[1] 同时，为激励广大民众和企业投身遗址改造工程的积极性，政府需通过资金援助和税收激励支持工业遗产改造，将工业遗产保护纳入各级政府的财政预算，确保改造资金的落实。除国家拨款支持外，还可通过相关激励手段对煤矿遗址修复改造予以鼓励，同时出台有利于社会捐助和赞助的政策措施，通过多种渠道筹集资金，促进工业遗产保护事业的发展。[2] 对于破坏和威胁遗址的恶劣行为，政府相关管理部门应立即加以干预并制止。能否严格执行相关法律法规是对煤矿遗址修复改造的最大考验。

第三，保持煤矿遗址修复改造工程的科学化和专业化，培养相关的后备人才发挥集体优势，利用一切可用资源，保证煤矿遗址修复工程的资金、技术、资料等条件的到位和落实。煤矿遗址修复是一项复

---

[1] 单霁翔：《关注新型文化遗产：工业遗产的保护》，载《北京规划建设》2007年第2期。
[2] 单霁翔：《关注新型文化遗产：工业遗产的保护》，载《北京规划建设》2007年第2期。

杂的工程，属于交叉性学科。它所涉及的范围包括遗址土地、遗址建筑、遗址机械、公共设施、遗址周边环境等多个专业领域。因此，修复改造时需要主导机构组织和协调，有效地将修复改造工程中所必需的人力、物力集中，最大限度地保证煤矿遗址修复工程的顺利实施。我国小型煤矿众多，客观上也需要各级政府及其部门充当这样的主导角色，以"政府主导，发挥社会团体、开发商的积极作用"[①]。从另一角度来看，以国家力量为主导更易于将不同专业学科领域的专家、先进技术、设备投入改造，更易于煤矿遗址修复改造工作的开展。

煤矿遗址的修复改造是一项长期性的艰巨工程。因此要注意相关后备人才的培养。英国在各大学开展工业遗产保护的相关课程，设立研究机构来保障其后备人才的培养，实现其工业遗产保护工程的可持续发展。我国在高等院校也相继设立了研究所。例如，2007年6月10日西安城市遗产保护研究中心在西安建筑科技大学挂牌成立，2008年7月28日全国首届工业遗产与社会发展研究会在哈尔滨市召开，一些高校和研究机构也开展了工业遗产有关的课程培训。在建立后备人才机制的同时，也需加强全社会尤其是中小学生工业遗产保护意识的培养，在小学、中学传播关于工业历史和保护工业遗产的知识，一方面可以提高中小学生遗址保护和改造的意识，另一方面也能够为日后煤矿遗址保护和修复改造培养潜在的后备军，保证我国煤矿遗址改造工程的可持续性发展。

英国煤矿遗址问题伴随煤矿开采而出现，二战后之所以成为全国关注的重要问题有其特殊性。英国煤矿遗址问题的产生和战后独特的政治经济环境有关，同时也和战后英国煤炭工业的衰退紧密相连。1946年工党上台执政后，英国开展了轰轰烈烈的国有化运动。煤炭工业经历了大规模的合并改组，对其实行了国有化。在国家的主导下，许多设备技术落后、无竞争力的煤矿被迫关闭。加之石油的大规模应

[①]《中国城市发展报告》编辑委员会编：《中国城市发展报告2006》，中国城市出版社2007年版，第460页。

用、天然气和核能等新能源的开发、国际煤炭的强力竞争等多重压力，英国煤炭工业的衰落已成为不争的事实。煤矿关闭使当地经济急剧下滑，产生了许多煤矿废弃地。同时，从可持续发展和能源保护的角度讲，国家也需对一些生产效率低下、竞争力弱的煤矿进行整改甚至关闭。因此，英国煤矿遗址问题的出现是英国社会发展的必然结果。然而，煤矿遗址真正受到人们关注，还是因其对当地民众的生产和生活构成了严重威胁。这种威胁既包括安全因素，也包括失业、经济滑坡、犯罪率上升等社会因素，严重影响着矿区的良性发展。因此，英国煤矿遗址的修复改造势在必行。

我国也是煤炭大国，同样面临着煤炭遗址改造的严峻问题。随着经济全球化的发展，我国逐渐与国际接轨，许多学者开始关注资源节约和环境保护问题，尤其在煤炭等不可再生资源的研究和保护方面，取得了许多进展。但与英国相比，我国的资源保护之路才刚起步，英国的成功经验对我们来说具有很大的借鉴与参考价值。我们在汲取英国及其他发达国家成功经验的同时，也应该将我国的具体国情与实际相联系。比如，我国国民环保意识较弱，资源节约意识淡薄，相关法律法规体系保障欠缺，没有充足的资金支持，这些实际困难严重阻碍了煤炭遗址问题的解决。因此，我国应当在充分考虑国情的基础上，结合他国成功经验，具体规划适合我国发展的特色能源开发与保护之路。我国不仅是一个煤炭和资源大国，同时也是人口大国，我们应该更加重视能源的有效利用和节约问题。英国是在煤炭遗址问题出现以后才开始治理的，我国应该在煤炭工业有效利用的同时，适时启动环境保护和治理工程。煤矿遗址问题是一个小问题，但从可持续发展角度讲，又是"功在当今，利在后代"的大事情。

参 考 文 献

一、中文专著

[1] 常现联，冯拥军主编.煤矿安全［M］.北京：煤炭工业出版社，2009.

[2] 范明训.通风［M］.北京：煤炭工业出版社，1999.

[3] 胡康大.英国的政治制度［M］.北京：社会科学文献出版社，1993.

[4] 蒋孟引主编.英国史［M］.北京：中国社会科学出版社，1988.

[5] 刘会远，李蕾蕾.德国工业旅游与工业遗产保护［M］.北京：商务印书馆，2007.

[6] 刘成.理想与现实：英国工党与公有制［M］.南京：江苏人民出版社，2003.

[7] 刘成，何涛.对抗与合作：20世纪的英国工会与国家［M］.南京：南京大学出版社，2011.

[8] 梁新成主编.采煤生产技术［M］.北京：煤炭工业出版社，2013.

[9] 罗志如，厉以宁.厉以宁经济史文集：二十世纪的英国经济——"英国病"研究［M］.北京：商务印书馆，2015.

[10] 李华锋.英国工党与工会关系研究［M］.北京：人民出版社，2009.

[11] 李英伟.国有煤炭资源管理体制改革研究［M］.成都：西南交通大学出版社，2016.

[12] 毛锐.撒切尔政府私有化政策研究［M］.北京：中国社会科

学出版社，2005.

［13］聂武钢，孟佳.工业遗产与法律保护［M］.北京：人民法院出版社，2009.

［14］钱乘旦主编.英国通史：第四卷［M］.南京：江苏人民出版社，2016.

［15］钱乘旦.工业革命与英国工人阶级［M］.南京：南京出版社，1992.

［16］沈汉.资本主义史［M］.北京：人民出版社，2009.

［17］王觉非，等编.欧洲历史大辞典：上卷［M］.上海：上海辞书出版社，2007.

［18］王钰.世界经济通史：中卷［M］.北京：高等教育出版社，2005.

［19］王章辉.英国经济史［M］.北京：中国社会科学出版社，2013.

［20］俞金尧，等编.世界历史：城市发展和经济变革：第7册［M］.南昌：江西人民出版社，2012.

［21］赵秀荣.1500—1700年英国商业与商人研究［M］.北京：社会科学文献出版社，2004.

［22］袁伟昊编著.煤矿安全现代管理［M］.北京：煤炭工业出版社，2013.

［23］中国矿业学院主编.采煤学［M］.北京：煤炭工业出版社，1979.

［24］朱晓明编.当代英国建筑遗产保护［M］.上海：同济大学出版社，2007.

二、中文论文

［1］窦永山，王万生.英国的煤矿安全监察体制［J］.当代矿工，2002（4）.

［2］董维武.英国采煤业职业健康与安全立法综述［J］.中国煤炭，

2009（2）.

［3］董维武.英国煤炭开采技术和安全生产现状［J］.中国煤炭，2008（1）.

［4］冯立.关于工业遗产研究和保护的若干问题［J］.哈尔滨工业大学学报（社会科学版），2008（2）.

［5］李林，魏卫.国内外工业遗产旅游述评［J］.华南理工大学学报（社会科学版），2005（4）.

［6］李孝亭.英国煤炭井工开采业发展状况［J］.中国煤炭，2000（8）.

［7］刘晓.19世纪后期英国煤矿矿难与应对［J］.经济社会史评论，2016.

［8］马瑞映，任晓刚.能源与近代荷兰经济发展的关系［J］.史学理论研究，2010（2）.

［9］倪学德.论战后初期英国工党政府的国有化改革［J］.华东师范大学学报（哲学社会科学版），2006（3）.

［10］潘东军.论工业遗产的保护与利用［J］.山西建筑，2008（14）.

［11］潘荣成.近代早期英国能源转型及其启示［J］.理论月刊，2016（2）.

［12］裴广强.工业革命史煤炭问题研究中的三个维度［J］.史学理论研究，2015（2）.

［13］阙维民.国际工业遗产的保护与管理［J］.北京大学学报（自然科学版），2007（4）.

［14］宋国明.英国矿山安全监管与保障体系［J］.资源与人居环境，2009（9）.

［15］孙继静，苏丽.19世纪英国煤炭立法初探［J］.衡阳师范学院学报，2013（2）.

［16］孙海鹏.试析近代早期英国的燃料危机及其应对策略［J］.理论月刊，2016（7）.

[17] 舒小昀.工业革命：从生物能源向矿物能源的转变［J］.史学月刊，2009（11）.

[18] 单霁翔.关注新型文化遗产：工业遗产的保护［J］.北京规划建设，2007（2）.

[19] 王军.影响煤炭开采的因素［J］.煤炭技术，2009（28）.

[20] 叶瀛舟，厉双燕.国内外工业遗产保护与再利用经验及其借鉴［J］.上海城市规划，2007（3）.

[21] 俞金尧.近代早期英国经济增长与煤的使用：西方学者研究经济史的新视角［J］.科学文化评论，2006（4）.

[22] 张亚东，朱家俊.工业革命时期英国煤炭工业技术的革新研究［J］.湖南科技大学学报（社会科学版），2016（4）.

三、中文译著

［1］阿萨·勃格里斯.英国社会史［M］.陈叔平，等译.北京：中国人民大学出版社，1991.

［2］保尔·芒图.十八世纪产业革命：英国近代大工业初期的概况［M］.杨人楩，等译.北京：商务印书馆，2012.

［3］巴巴拉·弗里兹.煤的历史［M］.时娜，译.北京：中信出版社，2017.

［4］C.W.克劳利.新编剑桥世界近代史：第9卷［M］.中国社会科学院世界历史研究所组，译.北京：中国社会科学出版社，1999.

［5］查尔斯·辛格等编.技术史：第4卷，工业革命约1750年至约1850年［M］.辛元欧，主译.上海：上海科技教育出版社，2004.

［6］费尔南·布罗代尔.15至18世纪的物质文明、经济和资本主义：第三卷［M］.施康强，等译.北京：三联书店出版社，2002.

［7］H.J.哈巴库克，M.M.波斯坦主编.剑桥欧洲经济史［M］.王春法，张伟，等译.北京：经济科学出版社，2002.

［8］哈孟德夫妇.近代工业的兴起［M］.韦国栋，译.北京：商务印书馆，1959.

[9] 卡洛.M.奇波拉主编.欧洲经济史[M].吴良健,等译.北京:商务印书馆,1989.

[10] J.S.布朗伯利编.新编剑桥世界近代史:第6卷[M].中国社会科学院世界历史研究所组,译.北京:中国社会科学出版社,2008.

[11] J.O.林赛编.新编剑桥世界近代史:第7卷[M].中国社会科学院世界历史研究所组,译.北京:中国社会科学出版社,1999.

[12] 克拉潘.现代英国经济史[M].姚曾廙,译,北京:商务印书馆,1986.

[13] 肯尼斯·摩根.牛津英国通史[M].王觉非,等译[M].北京:商务印书馆,1993.

[14] 罗杰·奥斯本.钢铁、蒸汽与资本工业革命的起源[M].曹磊,译,北京:电子工业出版社,2016.

[15] 罗伊斯顿·派克编.被遗忘的苦难:英国工业革命的人文实录[M].蔡师雄,等译.福州:福建人民出版社,1983.

[16] 罗伯特·艾伦.近代英国工业革命揭秘[M].毛立坤,译.杭州:浙江大学出版社,2012.

[17] 里格利.延续偶然与变迁英国工业革命的特质[M].侯琳琳,译,杭州:浙江大学出版社,2013.

[18] 穆莱.1926年英国总罢工[M].顾学稼,译.北京:生活·读书·新知三联书店,1956.

[19] 诺拉斯.英国产业革命史论[M].张格伟,译.上海:上海社会科学院出版社,2016.

[20] W.H.考特.简明英国经济史:1750—1939[M].方廷钰,等译.北京:商务印书馆,1992.

[21] 约·阿·兰·马里欧特.现代英国:1885—1945[M].姚曾廙,译.北京:商务印书馆,1973.

[22] 霍利迪.简明英国史[M].洪永珊,译.南昌:江西人民出版社,1985.

四、英文专著

[1] Alan Campbell. The Scottish Miners, 1874 – 1939 [M]. Aldershot: Ashgate Publishing Ltd. , 2000.

[2] Alan Everitt. The Pattern of Rural Dissent: The Nineteenth Century [M]. Leicester: Leicester University Press, 1972.

[3] A. E. Musson, Erie Robinson. Science and Technology in the Industrial Revolution [M]. New York: Gordon and Breach, 1989.

[4] A. H. John. The Industrial Development of South Wales, 1750 – 1850 [M]. Cardiff: University of Wales Press, 1950.

[5] Baron F. Duckhamand Helen Duckham. Great Pit Disasters [M]. Newton, Abbot: David & Charles, 1973.

[6] Ben Fine. The Coal Question: Political Economy and Industrial Change from the Nineteenth Century to the Present Day [M]. London: Routledge, 1990.

[7] B. J. Mccormick. Industrial Relations in the Coal Industry [M]. London: The Macmillan Press Ltd. , 1979.

[8] Bernard R. Cooper, William A. Ellingson. The Science and Technology of Coal and Coal Utilization [M]. New York: Plenum Press, 1984.

[9] Bernard Elbaum, William Lazonick (Eds). The Decline of the British Economy [M]. Oxford: Clarendon, 1986.

[10] B. R. Mitchell. Economic Development of the British Coal Industry 1800 – 1914 [M]. Cambridge: Cambridge University Press, 1984.

[11] B. R. Mitchell. British Historical Statistics [M]. Cambridge: Cambridge University Press, 1988.

[12] B. W. Clapp. Document in English Economic History: England Since 1760 [M]. London: G. Bell & Sons Ltd. , 1976.

[13] Craig Calhoun. The Question of Class Struggle: Social Foundations of Popular Radicalism During the Industrial Revolution [M]. Chicago: Uni-

versity of Chicago Press, 1982.

[14] Charles More. The Industrial Age: Economy and Society in Britain 1750 – 1995 [M]. London and New York: Longman, 1989.

[15] Claire L. Carlson, Jame H. Swisher. Innovative Approaches to Mined Land Reclamation [M]. Carbondale: Southern Illinois University Press, 1987.

[16] C. R. Fay. English Economic History: Mainly Since 1700 [M]. Cambridge: W. Heffer & Sons Ltd. , 1940.

[17] David Edgerton. Science, Technology and the British Industrial Decline, 1870 – 1970 [M]. Cambridge: Cambridge University Press, 1996.

[18] D. Le Jeune. Mining Machinery and Transport [M]. London: Virtue and Company Ltd. , 1959.

[19] Duane Lockard. Coal: A Memoir and Critique [M]. Charlottesville: The University Press of Virginia, 1998.

[20] Eric Pawson. The Early Industrial Revolution: Britain in the Eighteenth Century [M]. New York: Barnes & Noble Books, 1979.

[21] Ferdinand E. Banks. The Political Economy of Coal [M]. Massachusetts Toronto: D. C. Heath and Company, 1985.

[22] Frank Atkinson. The Great Northern Coalfield, 1700 – 1900 [M]. Barnard Castle: Durham County Local History Society, 1966.

[23] Friedrich Klemm. A History of Western Technology [M]. London: George Allen and Unwin Ltd. , 1959.

[24] George B. Baldwin. Beyond Nationalization—The Labor Problems of British Coal [M]. Cambridge: Harvard University Press, 1955.

[25] Gilbert Stone. The British Coal Industry [M]. London and Toronto: J. M. Dent & Sons, Ltd. , 1919.

[26] Graeme J. Milne. North-East England, 1850 – 1914: The Dynamics of a Maritime – Industrial Region [M]. Woodbridge: The Boydell Press, 2006.

[27] H. A. Clegg, Alan Fox, A. F. Thompson. A History of British Trade Unions Since 1889, Vol. 1, 1889 – 1910 [M]. Oxford: Clarendon, 1964.

[28] Henry Pelling. A History of British Trade Unionism [M]. Harmondsworth: Penguin Books, 1963.

[29] I. C. F. Statham. Coal Mining Practice [M]. London: The Caxton Publishing Company Ltd., 1958.

[30] I. G. Richards, J. P. Palmer, P. A. Barratt. The Reclamation of Former Coal Mines And Steelworks [M]. Amsterdam: Elsevier, 1993.

[31] James A. Jaffe. The Struggle for Market Power Industrial Relations in the British Coal Industry, 1800 – 1840 [M]. Cambridge: Cambridge University Press, 1991.

[32] James Hinton. Labour and Socialism: A History of the British Labour Movement, 1867 – 1974 [M]. Brighton: Wheatsheaf, 1983.

[33] James Taylor. British Coal Mining Explosives [M]. London: George Newness Ltd., 1958.

[34] Jean-Pierre Dormois, Pedro Lains. Classical Trade Protectionism 1815 – 1914 [M]. London: Routledge, 2006.

[35] John Benson. British Coal-miners in the Nineteenth Century: A Social History [M]. Dublin: Gill & Macmillan, 1980.

[36] John Benson, R. G. Neville, C. H. Thompson. Bibliography of the British Coal Industry [M]. Oxford: Oxford University Press, 1981.

[37] John Benson. British Coal-miners in the Nineteenth Century: A Social History [M]. London and New York: Longman, 1989.

[38] John Braithwaite. To Punish or Persuade: Enforcement of Coal Mine Safety [M]. Albany, NY: State University of New York, 1985.

[39] John Langton. Geographical Change and the Industrial Revolution: Coal-mining in South-West Lancashire, 1590 – 1799 [M]. Cambridge: Cambridge University Press, 1979.

[40] John Sinclair. Coal Mining Law [M]. London: Sir Isaac Pitman & Sons, Ltd., 1958.

[41] John U. Nef. The Rise of the British Coal Industry [M]. London: George Routledge & Sons, Ltd., 1932.

[42] J. D. Chambers. The Workshop of the World: British Economic History 1820 – 1880 [M]. London: Oxford University Press, 1961.

[43] J. T. Ward, R. G. Wilson. Land and Industry: The Landed Estate and the Industrial Revolution [M]. New York: Barnes & Noble, 1971.

[44] Judith Alfrey, Tim Putnam. The Industrial Heritage: Managing Resources and Uses [M]. London and New York : Routledge, 1992.

[45] Martin Daunton. State and Market in Victorian Britain: War, Welfare and Capitalism [M]. Woodbridge: The Boydell & Brewer, 2008.

[46] M. H. Wong, J. W. C. Wong, A. J. M. Baker. Remediation and Management of Degraded Lands [M]. Boca Raton: Lewis Publishers, 1999.

[47] Michael Dintenfass. Managing Industrial Decline: The British Coal Industry Between the Wars [M]. Columbus: Ohio State University Press, 1992.

[48] Michael Pollard. The Hardest Work Under Heaven: The Life and Death of the British Coal Miner [M]. London: Hutchinson & Co Ltd., 1984.

[49] N. F. R. Crafts. British Economic Growth During the Industrial Revolution [M]. Oxford: Clarendon, 1985.

[50] N. K. Buxton. The Economic Development of the British Coal Industry from Industrial Revolution to the Present Day [M]. London: Batsford Academic, 1978.

[51] Pamela Nightingale. Trade, Money, and Power in Medieval England [M]. Hampshire: Ashgate Publishing Ltd., 2007.

[52] Pat Yale. From Tourist Attractions to Heritage Tourism [M]. Huntingdon: Elm Publications, 1991.

[53] Paul M. Sweezy. Monopoly and Competition in the English Coal Trade 1550 – 1850 [M]. Westport, Connecticut: Greenwood Press, 1972.

[54] Peter Mathias. The First Industrial Nation: An Economic History of Britain, 1700 – 1814 [M]. New York: Scribner, 1969.

[55] Peter Mathias. The First Industrial Nation: The Economic History of Britain 1700 – 1914 [M]. London and New York: Routledge, 2001.

[56] Phyllis Deane, W. A. Cole. British Economic Growth 1688 – 1959: Trends and Structure [M]. Cambridge: Cambridge University Press, 1962.

[57] Phyllis Deane. The First Industrial Revolution [M]. Cambridge: Cambridge University Press, 1979.

[58] R. C. Smart. The Economics of the Coal Industry [M]. Westminster: P. S. King & Son, Ltd., 1930.

[59] R. Church. The History of the British Coal Industry, Vol. 3: *1830 – 1913*: Victorian Pre-Eminence [M]. Oxford: Clarendon, 1985.

[60] Reed G. Geiger. The Anzin Coal Company, 1800 – 1830 [M]. Newark: University of Delaware Press, 1974.

[61] Richard Fynes. The Miners of Northumberland and Durham: A History of Their Social and Political Progress [M]. London: The University of Oxford, 1873.

[62] Robert Galloway. Annals of Coal Mining and the Coal Trade [M]. London: The Colliery Guardian Company Ltd., 1971.

[63] Robert Lindsay Galloway. Annals of Coal Mining and the Coal Trade [M]. London: The Colliery Guardian Company Ltd., 1898.

[64] Robert Lindsay Galloway. The History of Coal Mining in Great Britain [M]. London: Macmillan, 1882.

[65] Royden Harrison, Jonathan Zeitlin (Eds). Divisions of Labour: Skilled Workers and Technological Change in Nineteenth Century England [M]. Sussex: Harvester, 1985.

[66] R. Nelson Boyd. Coal Mines Inspection: Its History and Results [M]. London: W. H. Allen & Co. , 1879.

[67] R. Page Arnot. The Miners: Years of Struggle [M]. London: George Allen & Unwin Ltd. , 1952.

[68] T. J. Baldwin, R. H. Berry, R. A. Church, M. V. Pitts. Cash Flow and Corporate Finance in Victorian Britain: Case form the British Coal Industry 1860 – 1914 [M]. Exeter: University of Exeter Press, 2000.

[69] T. S. Ashton, J. Sykes. The Coal Industry of the Eighteenth Century [M]. Manchester: Manchester University Press, 1929.

[70] T. S. Ashton. The Industrial Revolution [M]. Oxford: Oxford University Press, 1948.

[71] T. S. Ashton, Joseph Sykes. The Coal Industry of the Eighteenth Century [M]. Manchester: Manchester University Press, 1964.

[72] W. Ashworth, M. Pege. The History of the British Coal Industry, Vol. 5: 1946 – 1982: The Nationalised Industry [M]. Oxford: Clarendon, 1985.

[73] W. N. Atkinson, J. B. Atkinson. Explosions in Coal Mines [M]. London: Longmans, Green & Co. , 1886.

[74] W. S. Jevons. The Coal Question: An Inquiry Concerning the Progress of the Nation, and the Probable Exhaustion of Our Coal-mines [M]. London: Palgrave Pulishers Ltd. , 2001.

[75] Warington W. Smyth. Coal and Coal Mining [M]. London: Crosby Lockwood and Son, 1890.

五、英文论文

[1] A. Beacham. The Present Position of the Coal Industry in Great Britain [J]. The Economic Journal, 1950, 60 (237).

[2] A. Beacham. Efficiency and Organisation of the British Coal Industry [J]. The Economic Journal, 1945, 55 (218/219).

[3] A. Beacham. Price Policy in the Coal Industry [J]. The Journal of Industrial Economics, 1953, 1 (2).

[4] Amy Hewes. The Task of the English Coal Commission [J]. Journal of Political Economy, 1926.34 (1).

[5] Andrew M. de Neuman. Some Economic Aspects of Nationalization [J]. Law and Contemporary Problems, 1951.16 (4).

[6] Arthur J. Taylor. Labour Productivity and Technological Innovation in the British Coal Industry, 1850 – 1914 [J]. The Economic History Review, New Series, 1961.14 (1).

[7] Barry Supple. The Political Economy of Demoralization: The State and the Coalmining Industry in America and Britain Between the Wars [J]. The Economic History Review, 1988.41 (4).

[8] Barry T. Hirsch, William J. Hausman. Labour Productivity in the South Wales Coal Industry: Reply [J]. Economica, 1985.52 (27).

[9] Brian Clouston. How Britain Is Cleaning Up Its Mine Ruins [J]. Landscape Architecture Magazine, 1977.67 (3).

[10] C. E. V. Leser. Production Functions and British Coal Mining [J]. Econometrica, 1955.23 (4).

[11] Chirs Evans, Owen Jackson, Göran Rydén. Baltic Iron and the British Iron Industry in the Eighteenth Century [J]. The Economic History Review, 2002.55 (4).

[12] C. L. Mowat. The Anatomy of British Nationalization [J]. The Antioch Review, 1949.9 (3).

[13] D. C. Coleman. The New Age of Technology, 1750 – 1900 [J]. Economica, 1960.27 (106).

[14] David Greasley. Fifty Years of Coal-mining Productivity: The Record of the British Coal Industry Before 1939 [J]. The Journal of Economic History, 1990.50 (4).

[15] E. C. Rhodes. Output, Labour and Machines in the Coal Mining

Industry in Great Britain [J]. Economica, 1945. 12 (46).

[16] Eric Clavering. The Coal Mills of Northeast England: The Use of Waterwheels for Draining Coal Mines, 1600 – 1750 [J]. Technology and Culture, 1995. 36 (2).

[17] Frederic Meyers. Nationalization, Union Structures, and Wages Policy in the British Coal Mining Industry [J]. Southern Economic Journal, 1958. 24 (4).

[18] Geoffrey D. Gooch, Reinhold Castensson. The Transfer of Technology from Great Britain to Sweden 1825 – 1850: A Study of the International Diffusion of Machine Technology [J]. Geografiska Annaler, Series B: Human Geography, 1991. 73 (3).

[19] Gerard Turnbull. Canals, Coal and Regional Growth During the Industrial Revolution [J]. The Economic History Review, 1987. 40 (4).

[20] Gregory Clark, David Jacks. Coal and the Industrial Revolution, 1700 – 1869 [J]. European Review of Economic History, 2007. 11 (1).

[21] H. D. H. The Reports of the Coal Industry Commission [J]. The Economic Journal, 1919. 29 (115).

[22] Ian Rutledge, Phil Wright. Coal Worldwide: The International Context of the British Miners' Strike [J]. Cambridge Journal of Economics, 1985. 9 (4).

[23] John Benson. English Coal-miners' Trade-union Accident Funds, 1850 – 1900 [J]. The Economic History Review, 1975. 28 (3).

[24] Joseph A. Hasson. Developments in the British Coal Industry [J]. Land Economics, 1962. 38 (4).

[25] John Benson. Coalminers, Coal-owners and Collaboration: The Miners' Permanent Relief Fund Movement in England, 1860 – 1895 [J]. Labour History Review, 2003. 68 (2).

[26] John G. Treble. Productivity and Effort: The Labor Supply Decisions of Late Victorian Coalminers [J]. The Journal of Economic History,

2001.61 (2).

[27] John G. Treble. The Pit and the Pendulum: Arbitration in the British Coal Industry, 1893 – 1914 [J]. The Economic Journal, 1990.100 (403).

[28] John Langton. Proletarianization in the Industrial Revolution: Regionalism and Kinship in the Labour Markets of the British Coal Industry from the Seventeenth to the Nineteenth Centuries [J]. Transactions of the Institute of British Geographers, 2000.25 (1).

[29] Keith Parker. Mine Water Management on a National Scale: Experiences from The Coal Authority [J]. Land Contamination & Reclamation, 2003.11 (2).

[30] K. S. Lomax. Coal Production Functions for Great Britain [J]. Journal of the Royal Statistical Society. Series A (General), 1950.113 (3).

[31] Lisa Reeve Stearns. A Priority for Worker Health and Safety: Lessons from the British Coal Mines [J]. Contemporary Crises, 1983 (7).

[32] Mary E. Murphy. Nationalization of British Industry [J]. The Canadian Journal of Economics and Political Science, 1952.18 (2).

[33] M. B. Hammond. The Coal Commission Reports and the Coal Situation [J]. The Quarterly Journal of Economics, 1924.38 (4).

[34] Michael Dintenfass. Entrepreneurial Failure Reconsidered: The Case of the Interwar British Coal Industry [J]. The Business History Review, 1988.62 (1).

[35] M. J. Daunton. Down the Pit: Work in the Great Northern and South Wales Coalfields, 1870 – 1914 [J]. The Economic History Review, New Series, 1981.34 (4).

[36] Neil K. Buston. Entrepreneurial Efficiency in the British Coal Industry Between the Wars [J]. The Economic History Review, 1970.23 (3).

[37] P. E. H. Hair. Mortality from Violence in British Coal-mines, 1800 – 50 [J]. The Economic History Review, New Series, 1968. 21 (3).

[38] Peter Cromar. The Coal Industry on Tyneside 1771 – 1800: Oligopoly and Spatial Change [J]. Economic Geography, 1977. 53 (1).

[39] Peter Ackers. Colliery Deputies in the British Coal Industry Before Nationalization [J]. International Review of Social History, 1994. 39 (3).

[40] P. W. J. Bartrip. British Government Inspection, 1832 – 1875: Some Observations [J]. The Historical Journal, 1982. 25 (3).

[41] Raymond Turner. England Coal Industry in the Seventeenth and Eighteenth Centuries [J]. The American Historical Review, 1921. 27 (1).

[42] R. C. Estall. The London Coal Trade [J]. Geography, 1958. 43 (2).

[43] R. H. Tawney. The British Coal Industry and the Question of Nationalization [J]. The Quarterly Journal of Economics, 1920. 35 (1).

[44] R. K. Webb. A Whig Inspector [J]. The Journal of Modern History, 1955. 27 (4).

[45] Robert Millward. The 1940s Nationalizations in Britain: Means to an End or the Means of Production? [J]. The Economic History Review, 1997. 50 (2).

[46] Roy Macleod. Instructed Men and Mining Engineers: The Associates of the Royal School of Mines and British Imperial Science, 1851 – 1920 [J]. Minerva: A Review of Science, Learning and Policy, 1994. 32 (4).

[47] Samuel Rezneck. Seventy-five Years of Progress in the Mineral Industry, 1871 – 1946 [J]. The Journal of Economic History, 1949. 9 (1).

[48] Sidney Pollard. A New Estimate of British Coal Production, 1750 – 1850 [J]. The Economic History Review, 1980. 33 (2).

[49] Simon Ville. Total Factor Productivity in the English Shipping Industry: The North-East Coal Trade, 1700 – 1850 [J]. The Economic History Review, 1986. 39 (3).

[50] Stanislas Wellisz. Strikes in the Coal-mining [J]. The British Journal of Sociology, 1953.4.

[51] Stephen Hughes. The International Collieries Study [J]. Occasional Paper for the World Heritage Convention, 2004.26 (2).

[52] Trevor Boyns, Judith Wale. The Development of Management Information System in the British Coal Industry, 1880 – 1947 [J]. Bussiness History, 1995.38 (2).

[53] Trevor M. Thomas. Recent Trends and Developments in the British Coal Mining Industry [J]. Economic Geography, 1958.34 (1).

[54] W. H. B. Court. Problems of the British Coal Industry Between the Wars [J]. The Economic History Review, 1945.15 (1&2).

[55] William H. Wynne. The British Coal Strike and After [J]. Journal of Political Economy, 1927.35 (3).

后　记

　　无论是 17 世纪荷兰的泥炭、19 世纪英国的煤炭，还是 20 世纪美国的石油资源，这些化石燃料体系的建立、更迭是工业化最重要的标志之一，对近现代国家经济的发展与社会的变迁具有重大意义。在现代世界史上，能源优势有助于转化成经济优势，不仅能够建立起高效有竞争力的经济体系，而且有能力负担起昂贵而先进的军事机器，影响地缘政治优势，从而在国际政治中发挥巨大的作用。因此，对能源史的研究具有极大的意义。遗憾的是，关于能源史的研究一直为国内世界史学界所忽视，迄今尚未有学者对其做出全面且系统的研究。

　　从 21 世纪初期我即开始关注能源史这一问题，特别是与泥炭、煤炭行业相关的研究，并搜集和整理能源史、煤业史资料。2010 年，我曾与任晓刚在《史学理论研究》发表题为《能源与近代荷兰经济发展的关系》一文，以荷兰泥炭作为切入点，探讨了能源在近现代西方资本主义强国中所扮演的"发动机"角色，对能源作用有了进一步的认知。相比于黄金时代荷兰的泥炭产业，英国的煤炭产业更受关注。煤炭是由埋在地下的植物经过数百万年的压力形成的一种能源。在英国，有四大煤炭生产地，分别是苏格兰低地、纽卡斯尔周围地区、中部地区和南威尔士。从英国天然的地理位置看，煤炭资源靠近海边，尤其是纽卡斯尔周围地区和南威尔士。这意味着煤炭可以运往任何一个轮船可以到达的地方，且生产成本相对低廉、稳定，满足着全社会对能源产品不断扩大的需求。英国不是唯一储有丰富煤炭资源的国家，但它是最早且高效利用煤炭的国家，为冶炼钢铁开辟了道路，使万能蒸汽机的运转成为可能，推动了铁路等交通运输工具的飞速发展，是支撑英国人创造财富的最强有力的后盾之一。可以说，工业革命以来英国经济的巨大增长都依赖于煤炭所提供的能源，它建立了世界上技最先进、最有活力和最繁荣的现代工业经济。

  基于此，我开始系统研究英国煤炭产业的历史。有部分硕士研究生参与到我的研究当中，作为他们毕业学位论文的选题，并共同完成相关主题的研究。参加这一研究主题的学生有 2007 级丁伟，2008 级吴云霞、王松涛、杨辉，2009 级路盼盼，2010 级胡莉，2011 级吕富渊，2013 级潘悦等，他们分别展开了关涉英国煤炭产业发展及其相关问题的研究。经过多年断断续续的努力，才最终使本书得以问世，它是师生共同协作的结果。希望本书能够对世界能源史、英国煤业史等研究有所裨益，也诚望读者和专家对本书的不足之处予以批评指正。

  最后我要感谢为本书提出宝贵意见的专家学者，感谢研究生们努力和辛苦的付出，感谢陕西师范大学出版总社刘东风社长和邓微编辑的支持与付出。

马瑞映
2019 年 8 月 30 日